现代社会学文库第二辑

China Society

# 中国社会

李培林 ◎主编

SSAP 社会科学文献出版社
SOCIAL SCIENCES ACADEMIC PRESS (CHINA)

# 《现代社会学文库·第二辑》
# 出版说明

1998年，社会科学文献出版社筹划出版了《现代社会学文库》，希冀汇总中国社会学优秀作品，引介国外社会学优秀成果，推动中国社会学的发展。十多年过去了，这套文库粗具规模，在社会学界获得了良好的反响，对中国社会学的发展作出了其应有的贡献。时至今日，中国社会学的恢复重建已经过去了三十多年。在这三十多年中，中国社会学从无到有，逐渐走向成熟，学术从业者的训练也逐步专门化，并有大批海外学子学成归来。在此，有必要在社会学面对中国发展现实的基础上，在学术从业者构成以及知识生产条件发生变化的背景下，重新组织一套社会学研究丛书，以推动中国社会学在新时代的进一步发展。

社会科学文献出版社近十年来在社会学图书的出版方面着力甚多，陆续出版了多套社会学丛书，比如《清华社会学讲义》、《社会学教材教参方法系列》、《社会学人类学论丛》、《中山大学社会学文库》、《民族与社会丛书》等，并已经成为中国最主要的社会学著作出版基地。在这种条件下，《现代社会学文库·第二辑》的取向将是两个方面，一是可以普遍推广的社会学讲义。这类讲义必有丰富的基础理论知识，以及鲜活的中国经验，必有对过往经验的反思以及基于实践的创新。二是基于中国社会转型的实证研究和理论专著。学者基于扎实的调查而形成的著作是重点。此类著作当有深刻的理论思索，在一定程度上可以作为研究范本。

中国社会的伟大转型产生了丰富的中国经验。社会学学者当能生产出更加丰富的知识，才能无愧于这个我们身在其中的伟大时代。社会科学文献出版社也愿以微薄的力量参与其中。愿此套文库的出版能够对中国社会学的知识生产作一份贡献，也愿与社会学界的朋友一道，共同推动中国社会学在中国社会新成长阶段的更大发展。

社会科学文献出版社

2011 年中于北京华龙大厦

# 目录

# 第一章
# 中国社会与中国经验

李培林

中国是一个具有数千年历史文化传统的东方大国。由于她的东方文化、表意文字和长期的不发达状况，对于发达的西方来说，长期以来她是一个遥远的、东方的和神秘的国度。但是，被拿破仑称为“睡狮”的中国，在近几十年却通过经济体制改革实现了巨大的社会变迁。“睡狮”似乎真的醒来了，而且震动了世界。人们在重新思考，这对于既有的世界经济政治体系来说，究竟意味着什么？中国究竟是一个什么样的国家？怎样认识中国社会和中国经验？

## 第一节　中国传统社会的基本特征

传统社会是一个较为模糊的概念，在西方社会学中，它是指原始社会之后和资本主义社会之前的社会，与此相对应的“现代社会”，实际上是指资本主义社会。在这里，我们所说的中国传统社会主要是指从秦以降到辛亥革命持续两千余年的中国封建社会。这个社会虽然从制度上被埋葬了，但它的一些结构性特征却积淀在中国的文化中，从深层次上潜移默化地影响和规定着中国人的行为。从总体上说，中国传统社会的特征大致可以概括为五点，即稳定性、封闭性、刚性、整合性和二元一体性。

### 一　传统社会的稳定性

中国由秦以降的两千多年，一直滞留在封建社会阶段，它几乎占去中国有信史可考的传统文化史的全部。在此阶段，历史表现为同一形式的不同王朝的更迭和同一社会制度的“再生产”。虽然政治上已从贵族统治转变为高度集中的官僚专制统治，经济上已从分田制禄的领主经济（landlord economy）转变为“履亩而税”、佃田而租的地主经济（landowner economy），但本质未变。虽然有频繁的战乱和规模宏大的农民起义，传统中国却始终维持为一个再生力极强的专制帝国。这种结构稳定性在社会学理论中是相对于结构变迁而言的，它与物理学或经济学中相对于“非平衡”的“平衡”概念含义不同——在不平衡的社会发展中，社会结构也可能是高度稳定的。从这里也可以看出，结构稳定和社会稳定也有一定区别，在稳定的社会中，仍然蕴含着结构振荡和结构冲突；而在社会结构的变革和转型过程中，也仍然可以有社会稳定。

关于中国传统社会结构的高度稳定性，有些历史学家认为是由历史发展的自然循环定律决定的。朝代更替和治乱相循都是根据“天人合一”原则建立的社会原型的周期表现，这同演义小说家所说的“合久必分、分久必合”的“天下大势”，实在没有太大的区别。也有思想似乎深刻一些的哲学家把这种稳定性的原因归结为中国人缺乏“时间”和“历史”的“观念”，如黑格尔称中国为“空间的国家”。还有一些人提出技术的和自然的理由，如缺乏引起结构变迁的技术发明，缺乏便于结构开放的对外贸易海岸线，等等。较为新近的提法，是援用自然科学的理论体系，认为这种高度稳定性（超稳定性）是由于封闭系统中靠近平衡态的“动乱周期振荡”起到调节作用的结果。

实际上，中国传统社会结构的高度稳定性应当从经济基础中寻找根源。马克思曾依据有关东方社会的文献，指出自给自足的小农经济是理解亚细亚社会结构高度稳定的钥匙。他说：“这种公社的简单的生产机体，为揭示下面这个秘密提供了一把钥匙；亚洲各国不断瓦解，不断重建和经常改朝换代，与此截然相反，亚洲的社会却没有变化。这种社会的基本经济要素的结构，不为政治领域中的风暴所触动。”（马克思，1975/1867：397）从历史上看，单纯的游牧经济结构是极不稳定的，古代单纯依靠游牧经济的亚历山大帝国和伊斯兰帝国都很快就瓦解了；欧洲特别是古希腊罗马的牧农混合经济是一种亚稳定经济结构，它比游牧经济具有更强的适应和维持能力，同时又有较多变异和选择的可能性；而中国自给自足的单一小农经济则是一种高度稳定的经济结构，中国历史上战乱频仍，帝国依旧，从根本上说是有这种高度稳定的经济结构作为基础。

## 二 传统社会的封闭性

社会结构可以分成封闭结构和开放结构。封闭结构由于缺乏新要素导入，所以自身的模式维持能力和惰性极强；而开放结构由于处在经常性的物质交换和信息流通中，结构分化和产生新结构的可能性（不是必然性）极大。

中国传统社会结构的封闭性当然和自然地理环境有关。中国西面有高山阻隔；东南面虽面临大海，但在航海工具极不发达的时候，大海无疑也是天然屏障；而北面在秦朝就修筑了万里长城，在抵御游牧民族侵略的同时，这也切断了牧农结合的通道。但是，自然地理原因并不能说明一切，社会结构的封闭性有其更深刻的经济原因。

中国由于多山少地（山地占2/3，海拔1000米以上的占40%），很早就感到耕地不足的威胁，从而开始毁林开荒和向精耕细作发展，加之人口增长和维持霸业所需的庞大常备军，粮食变得异常重要。中国历代的重农抑商政策，是有其功能上的要求的。朱元璋把“广积粮”当成称王之本，也自有他的道理。历代帝王重视兴修水利和屯田，都与粮食需求有关。而粮食的极大需求是促成封闭的单一小农经济的重要原因：精耕细作的生产方式把社会经济单位划分成最小的家庭，把土地分割成无数碎块，造成一个个封闭的、自我变革能力极差的自给自足生产系统；其生产率和生活水平都很低，但由于自给自足状态得以勉强维持和交通与贸易的地形限制，社会对外来经济的需求和对外贸易的机会都极少，从而强化了单一农业的封闭体系。在西方，从公元前6世纪希腊人开始的商业殖民，到中世纪的十字军远征和近代的英西战争，实质上都是商业战争，是为了争夺陆地和海上贸易交通线的控制权。而中国封建社会的历次战争，目的都是为了夺取土地和扩展疆域，实质上都是土地战争，即使秦始皇授意的海上东渡寻仙和明朝郑和的七下西洋，也都不是出于商业目的的经济行为。

当然，经济和自然地理并非解释中国社会结构特征的唯一维度，下面我们就从其他方面对中国社会结构的特征作进一步的考察。

## 三 传统社会的刚性

社会结构的刚性特征是相对于弹性特征而言的，所谓刚性结构，是指社会结构的应变性和可塑性较差。它有三个规定性：其一，结构内部不易萌生和生长新要素；其二，结构倾向于抗拒和抵制外来的新事物；其三，即使在外力的作用下，结构也不易改变以适应新环境，它要么维持原型，要么解体。可见结构刚性的特点是同高度稳定性及封闭性的特点紧密相连的。

中国自给自足的小农经济在其自身发展中曾有两次新要素的萌生和改变结构的机遇，但都被高度集中的官僚专制统治扼杀和阻碍了。第一次机遇是商业的萌生。由于中国各地经济的差异性及其发展的不平衡，在农业经济较发展的地区，有一部分农业剩余产品可用于交换并进而转化为商品，从而直接或间接地拓展市场，促进市场经济的发展。但是，由于这种转化的媒介在中国主要是赋税和地租，所以商业和官吏、地权结成一体，加之官本位体制和抑商政策的限制，步入仕途或买官位成为社会升迁的唯一途径，这样本来可以积累起来的商业资本多半转化为官场贿赂和购置地产的资金，交通、市场、税制、货币等商业手段也都首先成为政治统治手段，这阻断了小农经济走向农商结构的通道。第二次机遇是手工业向工业转化的可能性。在中国历史上的一些繁荣鼎盛时期，手工业作为农民的副业获得极大的发展，手工业向制造业的转化本来是一条合理的发展道路，西欧近代初期的制造业就多半是从农村手工业转化而来的。但在中国，这条发展的“通路”又一次遇到集权专制官僚的阻碍。中国过去较为普遍和较为发达的盐、铁、酒、碾米、印刷等手工业，都在不同程度上逐步转化为官业或官僚垄断之业。这些手工业的盈余更多的是被转用于官僚们非生产的消费，而不是变成扩展生产的资本，这是中国产业资本不发达的重要原因之一。也正是由于官僚统治扼杀了社会孕育的一切新事物的萌芽，作为小农经济对立物的商、工、市民阶层始终未能在中国历史上扮演重要的政治角色，来自人民的反叛都是农民起义，而不是市民起义。它们都止于促成王朝的崩溃，而没有导致社会革命。

此外，中国传统社会结构的刚性特征还可以从技术传播的角度考察。科学技术是社会结构变迁和发展的关键因素，但在传统中国，技术往往仅是个人的技艺，是保障个人生活来源的手段。技术多是通过父子或家庭单系传授，祖传绝技或祖传秘方的说法是很普遍的，很多技术发明都因单系传授道路的阻断而被埋没。这在考古发现中已屡见不鲜。由于技术得不到广泛而快速的传播，科学知识的积累和总结甚为困难，技术往往上不能形成系统的科学理论，下不能得到普遍的应用。可见中国系统的科学理论的难产是不能仅用中国人缺乏抽象思维来解释的。另外，由于官僚阶级的主要兴趣并不在生产上，所以技术一经出现或公开，就首先成为他们手中的玩物，罗盘用于看风水，火药用来造鞭炮，外国来使送入宫内的众多机械钟表，在王公大臣的眼里都不是先进技术的凝结物和象征，而是观赏宝物和贡品。

由此看来，中国传统社会结构的刚性特征首先表现在对内生的和外来的新要素的固有排斥上，一切新事物都只有在不对原有社会结构形成威胁的情况下才能存在。

## 四　传统社会的整合性

社会结构的整合本来是相对于结构分化而言的，但在传统中国，社会结构的整合性具体表现为民族同化、文化融合和社会一统。

就民族而言，中国古有“五胡”、“四夷”之说，系指匈奴、鲜卑、女真、契丹等民族。在稍近的时期又有“七族四夷”之说，七族指汉、满、蒙、回、藏、苗和东部沿海居民；四夷则是指汉族之外的东夷、西戎、南蛮、北狄，其实是对汉族四周少数民族的蔑称。但是，众多的少数民族以汉族为地域和文化中心同化为一个统一的中华民族，却是事实。某些历史学家把元朝和清朝的建立称为异族的征服，实在是一种误解或大汉族主义的表现，因为蒙、满实为中华之同族，而非异族。汉族之所以在民族同化中处于中心位置，是因为它是以稳固的小农经济为基础并处于中央平原的农业民族，游牧民族虽在军事上征服了它，却无法在经济上超越自给自足的小农体系，为了统治的需要，也就不得不采用与这些基础相适应的宗法组织形式、儒家文化和道德伦理。

就思想体系上的文化而言，儒家学说的历史变化过程可概括为“以夏变夷，而非变于夷”，孔孟之道先后吸收、融合了名法、谶纬、道佛，并进而提出“中学为体”，真所谓“万变不离其宗”。这其中的奥秘，在于孔孟学说的一体三用：上可成为官僚统治阶级“替天行道”的理论依据，中可成为教化万民、维系社会的治国之术，下可成为修身养性的伦理手段。孔孟之道不事鬼神，不是迷信；不信奉上帝真主，不是宗教；不言万物之道以无为本，不是玄学；不追索自然本源、“自然法”，也不是“元物理学”意义上的形而上学（metaphysics）。它强调的是“天人合一”、“体用不二”，实际上是一种伦理—政治哲学。正是这一特点和它的实用功能，使它能够在历代统治者的维护下融合其他的和外来的思想体系，也使鼓吹它的士大夫们在不能达而“兼济天下”时，可以去避而“独善其身”。

就社会而言，它本是由无数具有自由意志的个人行动者组成的，但在“大一统”的观念指导下，七族四裔、三教九流、男女尊卑都被限制和整合在差序格局的社会结构中。所谓“差序格局”，按费孝通的解释，是“一根根私人联系所构成的网络”，是以“己”为中心一个一个人推出去的“有差等的次序”（费孝通，1985/1948：27～28）。中国古有“五伦”、“十义”之说，“五伦”指君臣、父子、夫妇、兄弟和朋友，“十义”指父慈、子孝、兄良、弟悌、夫义、妇听、长惠、幼顺、君仁、臣忠。这些到汉武帝时被提炼和概括为三纲五常，即所谓君为臣纲、父为子纲、夫为妻纲和“仁、义、礼、智、信”。从表面上看，这其中除了君臣是政治关系外，其他都是家庭伦理关系。实则不然，因为中国的特点是伦理政治，国和家是相通的，“国家”乃“国”与“家”的融合物，“身修而家齐，家齐而国治，国治而天下平”。一张由亲缘关系为纽结构成的等级化庞大网络渗到社会的每一个角落，甚至每一个人的每一个毛细孔。一切社会关系似乎都有一种连带责任：一人当官，鸡犬升天；一人犯法，九族株连。其结果是：整体淹没了个体，道统专制扼杀了自由创造，等级体系泯灭了民主意识。

## 五　传统社会的二元一体性

维护社会关系的有序一般有两种手段，一是外在的法——法理，二是内在的法——伦理。二元一体指的就是法理和伦理的一体化。

人们常说中国不是“法治国家”，而是“礼治国家”或“人治国家”，并把“礼”等同于道德伦理，这种说法是很不确切的。中国并非有天无法。早在秦朝时，死刑的方式就有戮、弃市（弃杀于市）、腰斩、车裂、阬（活埋）、凿颠（凿顶）、抽肋、囊扑（以囊盛受刑人，扑而杀之）、枭首、夷族，此外还有徒刑、笞刑、徙边、禁锢等。这些刑法后来日臻完善，发展成中国封建时代著名的五刑：墨（即黥）、劓、刖、宫和大辟，就是脸上刺字、割鼻、断足、去势和斩。直到清光绪新政变法，才“参酌各国法律”，废除了凌迟、枭首、戮尸、缘坐、刺字等酷刑。可见中国并非无法，而是中国人的法律概念着重指刑法，民法和私法很不发达，民法和私法的功用多半由“礼”替代。中国的“礼”有强制性一面，甚至会“杀人”，只要读读鲁迅的《狂人日记》就会明白这一点。很多礼的规范实际上是不成文的法，是一种宗法，这是“礼”和道德伦理的不同之处。所以说，“礼”实际上是法理和伦理的融合物，是“刑”的延续。“礼”和“刑”的区别只是“王道”和“霸道”的区别，二者的功用都是维护封建社会关系的有序。

在传统中国，法理和伦理的融合是经由“政治”这个中介环节的：一方面，政治是伦理政治，治国和治家是相通的；另一方面，法律被纳入政治，二者合为一体，所谓“人治”，实际上是权力和法律的融合。这样，封建官吏身兼司法权（法律）、行政权（政治）和亲族权（伦理）三重角色，县官既是审判官也是所谓的父母官。中国传统社会结构的二元一体性使中国的社会关系更为复杂，它既是亲缘关系和伦理关系，也是政治关系和法律关系。

从总体上说，中国传统社会结构的高度稳定性、封闭性、刚性、整合性和二元一体性这五大特征是互为条件、互为补充的。解释这些结构特征应当坚持两个原则：一是把经济结构看做社会结构的基础层次，注意从经济角度分析中国社会结构的特性；二是把社会结构看做整体文化的积淀物，努力从多种维度探索社会结构特征形成的条件，不把经济当做解释的唯一维度。

现代中国社会几经变革，已经发生了翻天覆地的变化。但是，由于传统在地域的空间积淀和代际的时间延续，我们仍然可以在人们的某些观念和行为中时隐时现地看到传统社会结构特征的影响和制约，从深层次上发现这些结构特征的顽强存在。

## 第二节　中国近现代社会变迁

中国传统社会自鸦片战争以来发生了深刻的变化，这种变化与以往不同的特点是，它更集中地表现为社会结构的变迁、变革、转型和发展。

### 一　鸦片战争：第一个转折点

鸦片战争是中国近代社会结构性发展的第一个转折点。这次战争的重要性并不在战争本身；对于中国的封建统治阶级来说，这次战争相比于五胡侵凌、辽金入侵和臣服于所谓异族，实在算不了什么国耻。问题的关键在于，这次战争是中国封建文化和西方资本主义文化的第一次正面冲突，中国的失败不仅仅是统治者的失败，也是整个制度的失败。中国的门户被大炮轰开之后，对外通商致命地打击了自给自足的小农经济体系，使它开始缓慢解体。这种解体意味着封建官僚统治的稳定的、封闭的自然经济基础从根本上动摇了。经济基础的动摇带来社会阶级的重组、社会关系的调整，以及思想体系、教育制度的变化。一向主张“以夏变夷”和“天不变，道亦不变”的封建统治阶级也分裂出倡导洋务运动和变法图强的一派。但是，我们应认识到，鸦片战争只是起到变迁启动器的作用，唐宋以来中国缓慢而确实的社会经济发展才是孕育新的生产方式的真正土壤，这是可以由整个社会发展史来说明的。鸦片战争虽然动摇了高度稳定的中国传统社会结构并打破了封闭，但新的社会结构并未建立。

## 二　辛亥革命：第二个转折点

辛亥革命可以说是中国近现代社会结构性发展的第二个转折点。辛亥革命的伟大成就，并不仅仅在于它推翻了清王朝，更重要的是它至少在形式上埋葬了数千年的封建专制统治。随后几次复辟帝制的闹剧，不过是埋葬仪式的插曲和余波罢了。辛亥革命的意义首先是政治上的，因为它并不曾彻底地铲除专制官僚统治赖以生存的封建经济基础。对此，孙中山先生是很清楚的，他为“中国同盟会”确立的革命宗旨就是“驱逐鞑虏、恢复中华、创立民国、平均地权”。在他看来，推翻清王朝和建立民国并不是革命成功的标志，只有经济上平等了，才能谈得上民族平等和民权平等，所以他临终还有“革命尚未成功”的遗恨和嘱咐。但是，随着传统社会经济基础的动摇和政治制度的被埋葬，传统社会的整合机制不能继续发挥作用了，社会结构迅速分化瓦解，社会陷入地方割据、军阀混战、新旧交替、内外冲突的状态中，中国变成一个半封建半殖民地的社会。

## 三　中华人民共和国成立：第三个转折点

中华人民共和国的成立可以说是近现代中国结构性发展的第三个转折点。毛泽东在“人民英雄纪念碑”的碑文上向死难烈士致敬时，不仅上溯到“三年”和“三十年”，而且还“由此上溯到一千八百四十年”，这显然是把鸦片战争之后的中国革命看做一个具有阶段性特征的统一过程。中华人民共和国的成立是对中国向何处去的回答，也是对中国的两种命运、两种前途作出的选择，但它还不标志着社会主义秩序的建立，而是标志着从新民主主义社会向社会主义社会过渡的开始和社会结构的重组。通过对农业、手工业和资本主义工商业的社会主义改造，较为完整的社会主义经济体系初步建立。但这个原计划“在一个相当长的时期内”完成的改造过程，由于诸种原因在三四年中就完成了。中华人民共和国成立后在各个领域取得了举世瞩目的伟大成就，但不容否认，在社会结构特别是经济结构的重组过程中，在不短的一段时间内，人们的注意力过多地集中于生产关系和上层建筑，而忽视了生产力本身。从生产关系表现形式上看可以说是“一大二公”的人民公社，从以生产力为标准的规模经济角度看，则依然是小农的生产方式和生产水平。摧毁旧的社会结构很难，但建立和重组新的社会结构更难，这就决定了整个社会结构重组过程必然是坎坷的和曲折的。

## 四　改革开放：第四个转折点

1978 年肇始的改革开放在某种意义上说是中国近现代社会结构性发展的第四个转折点。关于这种提法，可能会有一些争议，但是，随着历史的发展和时间的推移，人们会越来越明显地看到这次改革对中国社会结构的转型和发展所具有的深远意义。在一些人看来，从人民公社体制向家庭联产承包制的转变或许并不是结构性发展，而是结构性倒退，是倒退到一家一户的小农经济。这涉及如何看待社会化生产和规模经济的问题。当然，生产规模是不能也不应忽视的，不过这不仅仅是指生产的土地规模。由于中国人多地少和耕地逐年锐减，普遍出现家庭农场的可能性极小，但生产规模更应从投入和产出的量来分析。如现在农村某些地区出现的“庭院经济”形式，虽然土地规模很小，但投入产出的规模可观，这种量的积累必然会带来质的变化。再从生产组织看，现在很多社区建立了农、工、商或产、供、销一体化组织，各种农村经济服务组织也在迅速兴起，它们大大冲破了原有体制的地域限制，形成越来越广泛的社会经济组织网络。这也是一种规模的扩大，是一种新的分工协作形式。最后，对社会化生产的分析还必须深入流通领域。改革以来，农村实行多种经营，越来越多的农产品直接或间接地投入商品流通，交换和贸易对农民有了真实的意义，农民生活消费的商品率也在逐年提高，农村自给自足的封闭体系被彻底打破，城乡和工农之间的相互依赖关系更加紧密。所以说，家庭联产承包制不是返回到而是超越了传统的小农经济，它离社会化生产不是更远，而是更近了。整个社会结构正在由于这一变革而在静悄悄地转型，但结构性冲突也变得愈加明显和激烈。

以上是中国近现代社会结构性发展的四个阶段：第一个阶段是传统社会结构缓慢解体的时期；第二个阶段是传统社会结构迅速分化和连续振荡的时期；第三个阶段是社会结构的重组时期；第四个阶段是社会结构的转型时期。对这四个阶段我们在此只是作了粗线条的勾勒。

## 第三节 改革开放以来的社会变迁

中国改革开放以来巨大而快速的社会变迁，造成社会结构的深刻变动。这种社会结构的变动，是理解和观察中国社会变迁的重要方面。相对于中国经济体制改革来说，社会结构的变动是更加长期、更加深层、更加广泛的变化。

### 一 工业化和城市化的进程

改革开放以来，伴随着经济的高速增长，产业结构也发生快速变化，一、二、三产业在GDP总量中所占比重，由1978年的31∶45∶24变为2008年的11.3∶48.6∶40.1。在这段时间内，中国的服务业增长迅速，工业平稳发展，而农业在国民经济中所占比重急剧下降。从中国目前的产业结构来看，中国已经进入工业化的中期。

与此同时，中国的城市化也在快速推进。新中国成立初期的1949年，中国城镇人口只有5700万，城镇化水平为10.6%，比1900年世界平均水平还低3个百分点，是一个典型的农民大国。1949～1978年，城镇化水平逐步提高，1978年达到19.7%，但长期低于20%。改革开放以后，中国工业化发展迅速，大大加快城市化进程。从1949年到1978年的29年中，中国城市化水平仅提高7个多百分点；而从1978年到2008年的30年中，中国的城市化水平从19.7%升至45.7%，比1978年提高了26个百分点。目前，中国城市数量达到655座，比1978年增加462座，其中百万人口以上特大城市118座，超大城市39座。

但相对于工业化进程来说，中国的城市化是滞后于工业化的，例如目前农业产出占GDP的比重只有10%左右，但在就业人口中，从事农业劳动的还有45%，在乡村生活的常住人口仍占总人口的55%左右。城市化发展的滞后，与中国城乡分隔的户籍管理制度有密切关系，这种状况造成城乡发展的巨大差距。目前城镇家庭人均收入约为农村家庭人均收入的3倍，非农劳动者的人均收入约为农耕劳动者年均收入的 5 ~ 6 倍，这也是中国产生 2.5 亿农民工的一个重要原因。

## 二 人口和家庭结构的变化

中国人口结构类型已经发生了历史性转变，由高出生率、高死亡率、低增长率，经过高出生率、低死亡率、高增长率的阶段，转变到低出生率、低死亡率和低增长率。1952 ~ 2008 年，中国总人口从 5.7 亿增加到 13.28 亿，出生率从 37.00‰下降到 12.14‰，死亡率从 17.00‰下降到 7.06‰，自然增长率从 20.00‰下降到 5.08‰。促使这种人口转型的主要因素是经济发展、社会转型和计划生育政策。中国从 20 世纪 70 年代初期开始实行计划生育政策，从 80 年代初期开始在城市户籍人口中严格实施“一对夫妇一个孩子”的生育政策。随着出生率的快速下降，中国的人口结构发生了重大转变，总和生育率由 20 世纪 70 年代初期的 6 左右降到了目前的 1.8 左右，这一变化使得中国少生了 3 亿人，社会负担系数持续下降，对中国的经济社会发展作出了巨大贡献。但与此同时，在不到 30 年的时间里，中国人口已经从年轻型跨过中年型而进入老年型。2005 年全国 1% 人口抽样调查显示，中国 60 岁及以上年龄人口占总人口的 12.9%，65 岁及以上人口占总人口的 9.07%。未来几十年，中国将先后迎来劳动年龄人口、总人口、老年人口三个高峰。据测算，2016 年 15 ~ 64 岁的劳动年龄人口将达到 10.1 亿左右的峰值，21 世纪 30 年代总人口达到 15 亿左右的峰值，40 年代 65 岁以上老年人口将达到 3.2 亿的峰值。

随着人口结构的变化，中国家庭结构和代际结构也发生了重大变化。家庭结构日益核心化，扩大家庭和主干家庭日益减少，核心家庭成为占主导地位的家庭结构模式。家庭人口规模从 1982 年的 4.41 人下降到 2006 年的 3.17 人。代际结构的变化则突出表现为每代人口规模的变化，在城镇逐步开始形成“四二一”型代际结构，亦即祖辈 4 人，父辈 2 人，子辈 1 人；在农村逐步开始形成“四二二”型代际结构。人口老龄化以及家庭小型化，对中国传统以家庭养老为主的养老模式提出了严峻挑战。

## 三 区域发展结构的变化

中国的发展还存在巨大的区域不平衡，这种不平衡历史上就有，但改革开放以后进一步加剧。中国地理上有一条从北方黑龙江省瑷珲（今黑河）

到南方云南省腾冲的分界线。这是一条人口分界线，约有94%的人口居住在约占全国土地面积42.9%的东南部地区，约6%的人口居住在约占全国土地面积57.1%的西北部地区。人口的这种分布与自然条件有关，因为这也是一条气候分界线，它基本上与中国400毫米等降水量线重合，该线的西北一方多属于干旱少雨地区。同时，这还是一条历史分界线，该线东南是历史上中原王朝长期控制的疆域。

改革开放以后，东南沿海地区率先对外开放，发展比较快，区域发展差距进一步扩大。1978～2006年，东部、中部、西部的GDP份额之比（以西部地区为1），从2.36∶1.82∶1变为3.17∶1.68∶1；人均GDP之比（以西部人均GDP为1）从1.94∶1.20∶1变为2.63∶1.23∶1；总的趋势是中西部差距缩小，而东部与中西部的差距扩大。

## 四 所有制结构和利益格局的变化

中国在改革开放之前，实行高度集中的计划经济体制，在所有制方面追求单一的公有制，基本上只存在全民所有制和集体所有制两种公有制形式。改革开放以后，经济体制改革打破单一公有制经济格局，个体经济发展相当快，并随之出现了雇工在八人以上的私营经济。设立经济特区和沿海部分地区开放以后，涉外三资企业作为新的经济成分出现。公有制经济本身也产生多种形式，出现跨城乡、跨所有制界限、跨地区、跨行业的经济实体。现在，新的经济体系已包括国有经济、集体经济、个体经济、私营经济和其他经济等多种成分，形成了以公有制为主体、多种所有制成分并存的新的所有制结构。

所有制结构的变化和社会分工的精细化带来了职业群体结构和社会阶层结构的变化，这不仅仅表现在从业类别上，而且表现在社会地位、社会声望、生活方式、收入状况、文化水准、消费结构、人际交往等各个方面。改革前职业群体结构和社会阶层结构高度均质化的状况已经改变，并越来越朝着多样化方向发展。目前中国社会已经形成工人、干部、农业劳动者、专业技术人员、职员、企业经理、个体劳动者、私营企业主等主要职业群体。社会阶层结构的分化和企业群体的多样化造成了利益需求的多层次化，利益差距、利益摩擦和利益冲突的问题日益突出。在改革开放后的30多年中，中国已经从一个收入分配非常平均的国家变成收入差距较大的国家。据有关部门和学者的统计分析，衡量收入分配集中程度的基尼系数，在经历了改革开放最初几年的下降之后，从1985年起便不断攀升，从1984年的0.25左右提高到2006年的0.49左右。

## 五 组织结构的变化

改革开放以前，政府管理社会和个人的基础组织，是一种普遍的“单位制组织”，国家机关、非营利事业部门、企业和农村人民公社，都属于这种“单位制组织”。“单位制组织”不仅仅是工作场所，而且也是生活共同体和社会管理部门。“单位”几乎负责所属人员的生老病死等一切事务，而单位成员对“单位”具有很强的依赖性。在这种情况下，保障社会生活、管理社会行为、调节社会关系和解决社会生活中发生的一切矛盾，主要都是通过“单位”来进行的。人员和资源都被“单位化”了，很难进行社会流动，社会也缺乏活力。改革初期的1978年，中国有4亿多“社会劳动者”，其中只有不足0.04%的劳动者在“单位制组织”以外工作（即15万“城镇个体劳动者”），绝大多数劳动者都隶属“单位制组织”，包括7400多万“全民所有制单位”职工和2000多万“城镇集体所有制单位”职工；至于农村的3亿多“社会劳动者”，则全部都是“人民公社”的“社员”。

改革开放以后，随着所有制结构的变化，各种“非单位组织”大量产生，这些新产生的工作部门一般都采用市场聘任制。目前，城镇中约60%以上的从业人员在“非单位制组织”中工作，农业劳动者在人民公社解体和实行家庭联产承包责任制以后，也几乎全部脱离了“单位制组织”的管理。

此外，随着政府转变职能的改革以及社会体制的改革，特别是由于住房的自有化、社会保障的社会化、就业和后勤服务的市场化，原来的“单位制组织”管理的范围大大缩小，社会管理的基础组织，也发生从“单位制组织”向“社区组织”的变化。人们对社区服务的需求大大增加，以居住地管理为主要形式的社区建设快速发展。

社会管理方式的变化，使各种连接政府与个人的民间社团组织快速发展。根据民政部统计，改革开放初期，中国登记注册的社团组织仅有2000多个，而到2008年底，依法登记的社会组织已经超过41.37万个，专职工作人员超过475万人，兼职工作人员超过500万人，注册的志愿者超过2500万人。在各级民政部门备案的城乡社区社会组织有20万个，未备案的社会组织超过100万个。目前，社会组织仍以每年10%～15%的速度在发展，在现实中发挥越来越大的作用。

## 第四节 改革和发展的“中国经验”

世界经济增长的重心，正在逐步从大西洋向太平洋和亚太地区转移，这种趋势在国际金融危机之后更加明显。处在亚太地区并拥有13亿人口的中国，经过30多年经济的高速增长，形成了不同于世界现代化历史上其他发展模式的“中国道路”和“中国经验”。“中国经验”可以说是世界现代化经验的一个重要组成部分，它有这样几个规定性：第一，“中国经验”不同于“中国模式”、“中国奇迹”等概念，它不仅仅指“成就”，也包括“教训”，包括走过的发展道路的一切经历；第二，“中国经验”特别指一些因为中国特定的人口规模、社会结构、文化积淀特点而产生的新的发展规则，一些对深化关于现代化道路的认识有探索意义的东西；第三，“中国经验”是开放的、包容的、探索中的经验，它还没有完全定型，还在实践中不断发展，它尊重其他的经验选择，它不是作为“西方经验”的对立面而建构的“东方经验”，它也不强调自己的世界普适性。中国经验的产生说明了历史发展的多样性并开启了新的历史发展前景。“中国经验”可以从很多不同的角度加以概括，以下是从社会发展的角度概括的中国经验的主要特征。

### 一 关于中国“渐进式改革”的假说

中国的经济改革是一个探索的过程，而且是一种在经济上没有其他退路、又没有明确发展参照系的情况下进行的探索。它因“摸着石头过河”（trial and error）的特点和“放权让利”（decentralization）的启动过程而获得了“渐进式改革”（incremental reform）的称号。在世界经济低迷、实行“激进改革”的原社会主义国家未出现预期经济繁荣的情况下，中国的经济却在高速增长，这种反差使人们开始认真思考，中国发生的“奇迹”的“奥妙”究竟在哪里？有些西方中国经济问题专家合乎逻辑地推想到中国采取的独特的“渐进式改革”道路，并谈论“渐进式改革的收益”（Murrel，1992：79～95）和“无私有化的进步”（拉斯基，1993：1～14）。

学者们在分析中国30多年来的经济高速成长中，往往倾向于采用两种比较分析框架。一种是“东亚新兴经济体”比较分析框架。因为在东亚新兴经济体的发展过程中，人们很容易找到一些具有共性的东西：如高储蓄率、高投资率、外向型经济、充分的劳动力供给、注重教育和人力资本、企业家族主义、政治和政策的稳定、儒家文化传统等（帕金斯等，1992：203～260）。但是，这种分析模型也存在一些脆弱之处：第一，当这种分析走向去寻找诸如儒家传统、储蓄偏好、经营意识，甚至使用汉字、用筷子吃饭等文化特征时，就陷入了一片茫茫的迷雾之中，一切结论似乎都难以找到现代科学所要求的确切依据，至多也不过是在重复韦伯（M. Weber）从新教伦理中探求资本主义根源的老命题。而自从布罗代尔（F. Braudel）从“日常生活”入手揭示生活世界、市场经济和资本主义以来（布罗代尔，1992），人们对那种同构比较方法产生越来越多的疑虑。第二，把自由主义经济模型导入这种分析后，产生了一系列的困难。因为除香港地区之外，东亚的其他国家和地区都存在着不同于西方的政府角色，企业的组织结构也存在明显的差异。特别令人棘手的是，如何解释东亚国家和拉美国家在经济成长中形成的鲜明对照。第三，这种分析往往不能充分考虑体制变量，而中国近30年的经济高速成长与经济体制的改革密切相关，这是在东亚其他国家和地区的发展过程中不曾有过的一种特殊性。

所以，更加注意制度分析的学者，更倾向于把中国与东欧和苏联国家进行比较，采用与“东亚新兴经济体”不同的“转轨国家”的比较分析框架。因为这些国家有一个共同的体制起点，即过去都是实行高度集中的计划经济体制，市场转型又都是近20多年来社会生活的主题，而且体制变革结果的不同可以合乎逻辑地从变革方式的差异中得到解释（Nee and Start，1992）。这些学者似乎并不像人们所想象的那样，特别注重体制变革中政治体制的差异，在他们当中的一些学者看来，这说明不了实质性问题。他们甚至认为中国实际的底层经济生活比东欧和苏联更加“资本主义化”和“自由市场化”，因为中国从来就没有建立起像苏联那样坚固的高度集权的“统制经济”（command economy）。他们的关注点更集中在体制变革的程序差异上：一方是从政治体制变动入手，另一方是从经济体制改革开始；一方是矛盾的中心一开始就集中在大城市，另一方是改革从最广大的农村起步；一方是首先解决所有权的问题，另一方是首先实行放权让利；一方是突变式的体制易帜，另一方是渐进式的体制调整；一方是动外科手术的“休克疗法”，另一方是舒筋活血、退热祛寒的“中医疗法”。但是，这种分析方法也有一些脆弱点：一是容易忽略那些最一般的、最不成问题的经济增长要素，如投资的增长、技术的引进、产业结构的调整、对外贸易的扩展等；二是把体制变革的“程序”单纯地作为理性设计的结果，而实际上这种“程序”是无法选择的社会结构条件和各种社会力量互动的必然产物，并不是一种历史的偶然选择；最后，这种分析往往不可避免地暂时舍弃考察被比较的双方在发展阶段、文化背景以及民族或宗教整合程度上的差异。

中国的学者似乎也在关切着同样的问题，“渐进式改革”就是一些学者对中国改革“特色”的最典型概括。学者们希望总结这种渐进式改革的经验，并从“理论上”解释这种改革的运行机制，探讨其在何种程度上具有理论上的普遍意义和特殊价值。

一种有代表性的观点是“农村—城市渐进模型”或“结构效率论”，即认为渐进式改革的成功，在于“改革推进的主体部门”是传统管理体制和发展战略下最受“压抑”的农业、轻工业等“效率瓶颈”环节，其需求缺口大、进入成本低，“所代表的既得利益较少，对之进行改革所遭到的抵制较弱，因而改革风险小、成本低”，“有现成的机制可以替代旧机制”。总之，“中国改革前的经济问题主要表现在结构和效率上，经济改革的典型推进方式是：着眼于提高效率而对管理体制的某些环节进行改革，管理体制的松动为在传统战略下受到压抑的部门提供了发展的机会，同时形成了新型经济主体及其进入，并在增量上对扭曲的经济结构作出调整，这种进入形成了竞争，对其他部门的效率改进提出了要求，改革由此成为一个不断的过程”。这派观点还认为，对于中国的渐进式改革，稳定和速度“两种改革主张”的“同时存在和相互制衡是十分必要和有益的”，它既“维持了改革的渐进性和非激进性”，同时“保证了改革的不可逆转性”（林毅夫、蔡昉、李周，1994：37～39）。

另一种有代表性的观点是“体制外—体制内渐进模型”或“双轨过渡论”，即认为改革的“渐进道路”的实质涵义，“渐进道路”与“剧变道路”的根本区别，不是一个改革在时间上快与慢的问题，不是对旧体制改革中的“秩序”问题（比如是先改革价格后改革企业，还是相反；或者，是先改革宏观管理体制还是先改革产权关系，等等），也不是“分头推进”还是“整体规划”的问题，而是是否能够发展“新体制经济”并用它逐步替代旧体制，在新体制成分的成长过程中，逐步实现对旧体制的改革。所谓“新体制经济”绝不仅仅是在管理体制上是新的，不在于表面上是为

"市场"生产还是为"计划"生产，受计划调节还是受市场调节，它们与旧体制的差别首先是在产权关系上，"对于一个传统的国有制为主要形式的公有制经济来说，指的主要就是各种非国有或非公有经济成分"。新体制经济为整个经济提供了一个"体制增量"和"收入增量"，形成了改革的"补偿费用"，降低了体制的"转换成本"，同时它的一个重要特征，就是"将存在一个相当长时期的体制双轨阶段"（樊纲，1993：106～111）。

实际上，这两种观点存在许多共同之处：一是他们的分析似乎都是以新制度经济学派和公共选择学派作为理论背景；二是他们都强调渐进式改革的优点是成本低（进入成本或转换成本）、风险小，可以获得改革的"收益补偿"；三是他们都认为制度变迁中的某种矛盾运动（"两种改革主张的相互制衡"或"双轨过渡"）是中国渐进式改革的必要条件或重要特征。

双方所不同的只是：渐进式改革究竟是主要表现为经济结构的转换还是产权关系的替代，增量和稳定机制究竟是主要来自"进入成本"较低的"效率瓶颈"部门还是"转换成本"较低的"新体制经济"。而在现实当中，这两个部分又有很大一块是重合的。

但是，这两种阐述都没有解决两个根本性的问题：一是渐进式改革究竟是主要表现为"实践的结果"，还是"人为设计的理性模式"？换句话说，究竟是改革的成就使渐进式改革获得了"价值合理性"，还是渐进式改革的"工具合理性"使改革取得了成就？二是改革的"渐进性"过程究竟是由人们的理性控制决定的，还是社会结构条件本身决定的，使改革获得这种形式的基础因由是什么？

## 二　改革实践不是遵循既定的理性模式

当人们提出中国改革的"特色"是"渐进式改革"，并进而论证这种改革形式的工具合理性时，实际上已经隐含着一个重要假设，即渐进式改革是人们主观设计的一种理性模式，改革的实际过程正始终遵循着这一模式。如果这个命题只是说改革不是一蹴而就的，有一个持续发展的过程，那么它就没有实质性的理论意义，因为任何社会变革都有一个体制转换的过渡期，而且时间的长短也不是单从形式变动上可以判断的。

中国的改革是在基于对过去经验教训的总结、同时又没有既定的发展参照系的情况下进行的，改革的"摸着石头过河"恰恰说明了中国改革在开始的时候并没有一个根据经济理性设计的完备方案。政策对于改革的启动、指导和推动作用是毋庸置疑的，但是，在体制变革的过程中，政策滞后于（或脱离于）现实发展的情况也经常发生。经济体制改革在本质上是从一种制度化结构向另一种制度化结构的过渡，在这里制度不仅仅是经济发展的变量，也是整体社会发展的变量。经济改革作为一个新体制的制度化过程，它的所谓“渐进性”更主要表现为政策对现实生活“生动创造”的选择过程。现实生活不断“创新”（这种创新活动从未停止过，而在改革氛围中更加活跃），政策界定又能不断通过“灵活地选优”使现实的“创造”制度化（这并非总是可能的或可以实现的），才是中国改革的实际过程。

中国农村家庭联产承包责任制的“制度化”就表现为这样一种过程。包产到户在中国农村由来已久，“文化大革命”中对“三自一包”（自留地、自由市场、自负盈亏和包产到户）的大批判使这种简单的家庭经营形式几乎绝迹。但“文化大革命”刚一结束，它就“春风吹又生”，早在1977年就又在安徽、四川等地相当普遍地出现，并显示出其调动生产积极性的有效性。1978年12月中共中央十一届三中全会通过并要求试行的《中共中央关于加快农村发展若干问题的决定（草案）》和《农村人民公社工作条例（试行草案）》，虽然肯定了“社员自留地、家庭副业和集市贸易是社会主义经济的必要补充部分”，但仍然规定“不许包产到户、不许分田单干”，人民公社的制度“稳定不变”（《中共中央文件汇编》，1992：105）。与此同时，现实中发展着的包产到户越来越显示出其解决温饱、发展生产的作用，并形成扩展之势。到1980年9月，中共中央在《关于进一步加强和完善农村生产责任制的几个问题》的座谈会纪要中，强调农村生产要从实际出发，“允许多种经营形式、多种劳动组织、多种计酬办法同时存在”，认为在边远山区和贫困落后地区“可以包产到户，也可以包干到户”，“没有什么复辟资本主义的危险”，而“在一般地区”，“就不要搞包产到户”（《中共中央文件汇编》，1992：141）。直到1982年，人民公社已在全国范围内普遍解体后，中共中央在当年制定的《当前农村政策的若干问题》中首次提出：联产承包制“是在党的领导下中国农民的伟大创造”，《中华人民共和国宪法》修正案也重新规定，乡是中国农村的基层政府。到1984年，全国有569万个生产队，有563.6万个实行了包干到户，占99%；全国有18792.5万个农户，有18145.5万个实行了包干到户，占97%。同年中共十二届三中全会通过的《中共中央关于经济体制改革的决定》，对农村改革做了总结："中国经济体制改革首先在农村取得了巨大成就。长期使我们焦虑的农业生产所以能够在短期内蓬勃发展起来，显示了中国社会主义农业的强大活力，根本原因就在于大胆冲破'左'的思想束缚，改变不适合中国农业生产力发展的体制，全面推行联产承包责任制，发挥了八亿农民的巨大的社会主义积极性。"（《中共中央文件汇编》，1992：292）

以上这个政策对"生活创造"的"灵活选择"并加以"制度化"的过程，就是改革的实际进程；在如此广大的地域和人口规模中，在短短的3～4年时间就完成农村经营制度和财产制度的变革，很难仅仅用"渐进式模式"来概括其特征。包括后来乡镇企业的"异军突起"以及数以亿计的农民工进城，实际上都超出了所有人的预料①。况且，改革首先从农村开始并在农村中取得"出乎预料"的成就，并不是完全出于一种完备理性设计的主观选择，而是有其客观的必然性。中国的改革从农村开始，而且是从农村相对来说比较贫困的地区启动，这绝不是出于历史的随意性：从产业部门来看，农业是比较利益的洼地，而贫困地区是洼地中的低谷。

处于比较利益低谷的人们，求生存、求发展的欲望也最为强烈。但是，当这种欲望处于受压抑状态时，它并不能转变为启动体制改革的现实力量。因此，体制变革还需要另外两个条件，这就是生存、发展能量的释放和社会领导层对体制变革具有收益预期。

改革前中国实行的是高度集中的计划经济，但相对于城市来说，农村是计划经济统制薄弱的区域。这不仅因为农村的集体经济较之城市的国营经济受行政统制的力度相对弱一些，还因为农村存在许多"山高皇帝远"的地方。当权力中枢的变动促成政策上的某些变化时，这种变化会迅速地传递到等待着这种变化的体制的"神经末梢"，从而使农民求生存、求发展的欲望首先在这种欲望最强烈而且禁锢最早松动的地方释放出来。作为"家庭联产承包制"先声的"包产到户"和"大包干"，改革后最早在最为贫困的、交通不便的或行政区划的"三不管"交界地区出现，并非一种偶然现象。当然，"包产到户"的最初出现，也并不是什么有意识的变革行为，而只是一种本能的谋生手段。

---

① 邓小平说（1993：238），"农村改革见效非常快，这是我们原来没预想的"，又说，乡镇企业的异军突起，"这是我个人没有预料到的，许多同志也没有预料到，是突然冒出这样一个效果。"

在中国的生产要素供给中，资金和技术都是相对紧缺的，而劳动力是相对充裕甚至过剩的，在农业部门就更是如此。而改革初期，正是百废待兴，需要安定团结，恢复生产，解决温饱问题的时候。同时国家面临财力不足，难以注入大量启动资金等问题。这样，可以通过大量增加劳动投入发展生产、出现问题社会震动相对较小，又能够提供供求缺口较大的农副产品的农业部门，就自然成为最初的社会领导层抱有收益预期的体制改革领域。但即便如此，在改革初期人们对体制改革的收益预期并不能说是十分清楚的。计划经济统制在远离中心的边缘区域的松动，只是出于“生产自救”的考虑，但正是边缘区域的经济体制变化启动了体制改革的列车，它的一路推进带来了“出乎意料”的收获，改革由此成为不可逆转的潮流。

这个过程说明：第一，改革并不是始终遵循一种既定的理性设计的模式，因为实践的结果经常是“出乎意料”的；第二，推动改革的基础动力来自人们求生存、求发展的能量的释放；第三，在改革自上而下自觉地推进这种形式的背后，是一个自下而上的自发变革过程。

## 三　改革道路的选择是利益整合的结果

中国的经济体制改革是从高度集中的计划经济体制向社会主义市场经济新体制的过渡。关于市场经济体制，人们已经设计出无数的“理想模式”，这些模式大多数都属于一种“纯粹理性”，是排除了无数偶然性和特殊性之后的推导结果，就如同根据真空条件下所进行的物理试验结果所得出的结论。这种理想模式是十分必要的，因为不如此我们就没有任何把握现实的理性根据，但是如果认为“现实过程”完全遵循“理想模式”，那就过于天真了。更为重要的是，经济生活只是社会生活的一部分，仅仅根据经济参数（这些参数大多数情况下也是不周全的）、舍弃许多非经济的社会参数而设计的经济改革“理想模式”，就更有可能实际上离现实生活很远，所以改革中往往出现看似周密的方案一经试点或落实就全然变形的情况。

市场理性按照经济的成本—收益核算，向人们展现了一条收益较高的改革进程的轨迹，但市场理性本身是无所谓渐进不渐进的，它只追求市场效率，而不是在各种可能性中作出选择。在各种可能性中作出选择的是政府理性，但政府理性也不是信息绝对完备又能够神机妙算的“电脑”。政府理性也是有限的，甚至可能会有失误，特别是不可能考虑到所有的“社会成本”。所以，现实发展的真实轨迹，在大多数情况下是处于市场选择和政府选择之间，是一条最接近社会利益相对协调、利益的摩擦和冲突成本较小而收益较高的曲线。在计划经济的“再分配”体制下，政府理性曾期望通过社会利益的“均质化”（homogenization）降低社会摩擦成本、刺激发展的积极性，但结果是付出了牺牲效率和福利增长的沉重代价；在市场规则的支配下，市场理性要求通过社会利益的“异质化”（heterogenization）促进效率，但因社会冲突的爆发而适得其反的可能性也始终存在；所以，实际的发展进程往往是遵循着群体生活的“社会理性”，在社会各阶层利益的较量、磨合和妥协中选择保持相对的效率和相对的利益协调的路线前进。

把经济行为从理论上抽象出来作为一种纯粹的状态进行分析是可能的也是必要的，但现实中不存在脱离整体社会生活和群体生活的经济行为。在群体生活中，包括经济秩序在内的社会秩序是不可能从个人寻利冲动的自由发挥中自发地生长出来的，而且也不可能建立一种理想的机制，使所有人的这种冲动都对整体福利的增长具有积极意义。因为这种冲动尽管在很多人那里是福利增长的动力，但在另一部分人那里也可能是利益冲突的因由或只是廉价的激情。无论在怎样一种现实的“公平分配”社会，社会的整体福利都不可能与所有的社会成员保持均匀的关系，它一定是与部分占据着更有利的资源位置的成员保持更紧密的关系。换句话说，伴随着整体福利的增长，一部分人的巨大获益也会产生另一部分人的利益受损或相对利益位置下降，帕累托式的“福利最大化”是一个可以靠近但不可能完全达到的目标。所以说，在社会生活中，特别是在体制转轨时期，个人以及群体之间的利益摩擦和冲突是难以避免的，因此，必须考虑到这些摩擦和冲突可能会有意义地改变社会的（和经济的）运行规则和运行轨迹，必须在社会核算中把利益摩擦和冲突的激化可能产生的成本考虑进去，从社会核算而不仅仅是经济核算的角度考虑“福利最大化”和“理性选择”的问题。如果离开了对社会各利益群体的利益差别和利益冲突、利益制衡和利益妥协的考察，任何关于所谓最佳的（或合理的）改革进程的选择，不管是出于知识精英的理性设计还是出于领袖人物的远见卓识，都可能会沦为“伊甸园”式的空想。在社会转型时期，即便是在福利总量持续增长的阶段，我们也无法完全排除另外一种可能性，即社会冲突的激化和爆发会改变制度创新的方向、进程和结果。

社会结构的一些最基本的实体要素，如家庭、企业组织以及“社会潜网”等非正规制度，是一种特殊的资源配置形式，是既不同于市场调节也不同于国家干预的“另一只看不见的手”。它们的形成既受各种历史因素、文化因素和其他非经济因素的影响，也是各种利益关系较量、磨合和妥协的结果，而不仅仅是受“利润最大化”法则的支配或政府的“理性安排”。这只“手”的存在意味着，要根据群体生活的普遍法则对经济学的某些既定的暗含假设作出新的修订（李培林，1994）。在现实中，中国改革的实际进程绝不是理性设计方案的复制，它要取决于参加这一改革的各方的利益较量和磨合，最终的发展曲线必然是各方利益整合的结果。如果一项改革对参与的群体来说，意味着的不是获得利益而是失去既得利益，或者一部分人的获益要以另一部分人的失去利益为代价，总是有很大风险的。所以，改革的过程往往都伴随着利益的让渡和补偿，而所谓“渐进不渐进”，只不过是改革成本是“分期支付”还是“一次结清”的表现。支付形式也是利益整合的结果，而不是完全由市场法则或政府理性决定。

## 第五节 中国经验的基本要点

### 一 经济体制转轨与社会结构转型的同步进行

除了政治制度的差异，中国的发展不同于东亚新兴工业经济体以及苏东转轨国家的一个很重要的特点，就是经济体制转轨与社会结构转型的同步进行。近30年来，经济体制变革的主题，往往使人们把社会结构的变化单纯视为经济改革的自然结果或伴随现象。而实际上，社会结构的转型本身，就是一种推动经济社会发展的独立力量。中国与苏东国家相比，除了改革的步骤和目标的巨大差异，还有一个容易被人们忽视的巨大差异，就是社会结构的差异。苏东国家在改革之前，基本已经实现了工业化，农业也基本完成技术对劳动的大规模替代，社会结构产生了变动的瓶颈和整体的刚性。而中国在改革和发展中，社会结构的弹性很大，其变动具有很大的空间，在基层运作中也存在很大的灵活性。所以，当改革调动起人们的积极性和创造力的时候，整个社会充满了活力。农业中技术对劳动的替代，农村劳动力向非农产业的迅速转移，乡村人口向城市的大量集中，都给社会带来巨大的收益。

### 二 渐进式改革成为中国改革的普遍规则

渐进式改革的基本特点，是采取先易后难，循序渐进，通过试点、“双轨制”和微调进行体制改进、过渡的办法。这种改革方式的优点，是政府比较容易控制改革的进程，把改革自上而下的战略部署与基层自下而上的创造积极性结合起来，通过试错，及时总结经验和教训，校正改革的步骤，使改革在不断深入的同时保证社会的稳定。从农村的家庭联产承包责任制、乡镇企业发展、小城镇建设，到国有企业改革、破除城乡二元结构和建立覆盖城乡的社会保障体制，都凝聚了很多基层创造的改革经验。中国渐进式改革的另一个特点是从经济领域向政治、社会和文化领域的扩展和推进，就业体制、社会保障体制、收入分配体制、户籍体制、单位体制、立法体制、基层民主建设、党内民主建设、文化产业发展等方面，改革都在不断地进行。

渐进式改革也有它的缺点，即改革的摩擦成本较高。新旧体制的交替要经过一个较长过程，其间往往容易造成制度的真空和无序局面。因为中国是一个大国，各地的情况都有各自的特殊性，在“全国一盘棋”的前提下，一方面政府要求各地服从统一的发展战略安排，另一方面政府又很难掌握充分的信息来制定使各地都能够顺利操作的具体方案。所以经常出现的情况是，中央的政策在执行中与原有的利益格局产生冲突和矛盾，致使政策的落实出现扭曲和变形，形成“上有政策，下有对策”的局面。市场发育初期假冒伪劣产品的泛滥、改革中产生的腐败和权钱交易、垄断部门形成的既得利益、社会组织发展中的鱼龙混杂等，都是“摩擦成本”较高的表现。

从改革初期到今天，尽管一些国内外的机构和学者对中国的渐进式改革有很多批评，或者认为中国已经到了改变这种改革方式的时候，但中国从价格的双轨制，投资的双轨制，到通过“下岗”体制向失业体制的并轨，到汇率向浮动制的渐进过渡，“渐进式”至今仍是中国改革的重要特征。随着时间的推移，人们反而越来越认识到，渐进式改革大概是一个大国在“稳定优先”的前提约束下，规避改革风险的有效办法。但是，中国渐进式改革的经验表明，要使改革成功，建立新体制比打破旧体制要困难得多，也重要得多。

## 三 社会稳定优先原则和积极的民主化探索

中国在改革的过程中，高度重视社会稳定，积极而谨慎地进行民主化探索，这也是中国改革的一个特点。但这个特点是被西方主流社会批评最多的，这种批评一部分是基于理论上的推论，更多则是意识形态和国家利益的驱使。按照传统的现代化理论，民主化是工业化的先导或至少是伴随现象，但对民主化的界定，却是多种多样的。东亚一些国家（如新加坡和马来西亚）在快速发展中，也曾受到过来自西方的“非民主”甚至“独裁”的指斥。因为依照西方的标准，几十年中在李光耀治理下的新加坡和马哈蒂尔治理下的马来西亚，虽然经济上获得巨大成功，但并不是民主政治国家，而是东亚“威权”国家。不过回归之前英国港督治理下的香港地区，似乎并未被纳入“威权”，因为其符合英国皇室体制的“英国民主”。与此同时，完全移植美国政治法律体制的菲律宾，在“民主体制”下却一直经济不振，社会动荡。

西方现代化理论中关于经济发展和社会进步与特定“民主政治制度”相联系的论断，因为东亚国家和地区的经验以及苏东的变化结果而经历着重新审查，这种审查由于“中国经验”而变得更加具有现实意义。中国的实践取向是，对“政治制度”优越性的判断，不能根据理论的原则，而要基于事实和实践的结果，看其是否有利于经济发展、社会进步和人民生活福利的普遍提高。民主的优点是可以发挥人民群众的创造性，使任何权力都得到监督和制衡，使广大人民群众的权利和利益得到充分保护。但民主也存在利益协调成本过高、损害运行效率甚至出现“多数人暴政”的陷阱。

中国在发展中强调民主与法治的内在联系，一方面坚持政治体制改革中的“稳定优先”原则，另一方面积极推进基层民主选举和党内民主的探索，期望在实践的探索中形成符合中国发展需要的社会主义民主法治体系，建设一种不同于选举民主和代议民主的“协商民主”制度。在快速发展中中国政府、企业界、知识界和民众在社会稳定问题上逐步达成的共识，成为快速转型中的政治财富。

## 四 快速增长中的非平衡发展

中国虽然实现了经济的快速发展，但在发展中出现了严重的不平衡状态。一是城乡之间发展很不平衡。一方面中国有非常现代化的城市，如北京、上海、深圳、杭州等，可以与西方发达国家的大城市媲美；另一方面中国还有广大的农村地区未进入现代化生活，还有数千万的绝对贫困人口，甚至在农村地区还有相当一部分人没有使用上清洁的饮用水。二是区域之间发展很不平衡，在全球化的背景下，国际上的“中心—半边缘—边缘”经济社会格局也影响到中国内陆的区域格局，中国区域发展出现三个不同阶段的并存，即工业化初期的资本积累阶段、工业化中期的产业升级阶段和工业化后期的结构转型阶段并存。这种特点也带来了中国需要同时面对不同性质发展问题的现实，出现诸多的两难选择。比如中国既要发展劳动密集型企业，以便通过扩大就业来消化庞大的新增劳动力和农村转移劳动力；也要加快技术创新和产品更新换代，以便通过提高产品附加值来消化不断提高的劳动力成本和减少贸易摩擦；还要不断加大保护环境和节约能源的力度，以便能够可持续的发展。三是贫富之间的发展不平衡。中国在30多年快速增长的过程中，从一个收入分配过于平均的国家变成一个收入差距比较大的国家，一方面中国有不少人进入了世界富人排行榜，另一方面绝大多数人还处于较低的收入水平。

## 五　注重发挥劳动力的比较优势

中国作为发展中的国家，就资本、技术和劳动力这三大生产要素来说，具有比较优势的是劳动力。中国在制造业方面获得的一定的竞争优势，或者被人们称为“世界工厂”，在很大程度上是因为中国凭借低成本劳动所建立的竞争优势。但是，中国劳动低成本的黄金时代，将随着未来劳动供求关系的变化而走向终结，这个时代可能最多还能保持十年的时间。中国一些地区开始出现的“民工荒”现象，可能是未来劳动成本将逐步增加的征兆。中国需要考虑在低价制造之后如何保持比较优势和竞争力的问题，中国未来的经济增长也必须实现从“中国制造”向“中国品牌”的转变，中国劳动力的比较优势也会更加体现在劳动力素质上。因此，要通过大规模的劳动力素质的提高，来促进全社会劳动生产率的极大提高，从而继续保持在国际竞争中的比较优势，以满足中国产业结构和世界经济格局进入新阶段的要求。

## 六　长期坚持低生育率政策

中国从20世纪70年代初期开始实现计划生育政策，对人口实行严格控制，在城市里甚至实行了“一对夫妇一个孩子”的措施。在这一政策的执行中，农村中也发生过一些粗暴的过火做法，并因此受到国际上一些舆论的批评。但30多年持续实行低生育率政策，却使中国避免了可能的人口灾难，中国因这一政策少生了3亿多人，节省了近30万亿元的抚养费用。中国每年“生一个加拿大、死一个葡萄牙、净增一个澳大利亚”的情况早已不复存在，中国已渡过最困难的人口控制阶段。人口的控制使中国获得了发展的机会和生活水平提高的切实收益。比如中国和印度都是经济快速成长的国家，但在20世纪50年代，中国的人均GDP低于印度，到90年代初期，中国和印度的人均GDP还基本在一个水平线，但现在中国的人均GDP已经是印度的三倍左右。

人口总量、人口结构和人口素质的变化，对中国这样一个有十几亿人口的大国来说，会改变很多发展的结果和规则。中国的人口增长对发展的要求是非常苛刻的，直到现在，中国总人口每年仍然净增长600多万，而且绝大多数分布在农村。中国必须保证较高的经济增长和社会发展速度，才能够在人口增长的情况下实现生活水平的普遍提高和社会结构的转变。中国与人口零增长甚至负增长的国家相比，面临完全不同的对经济增长速度的要求。

## 七　大规模减少贫困人口

中国在严格控制人口增长的同时，农村贫困人口大幅度减少。改革开放以后，随着经济的增长和反贫困政策的实施，中国数亿人摆脱了贫困，为全球反贫困事业作出了重要贡献。1978～2007年，中国农村尚未解决温饱的绝对贫困人口数量已从2.5亿下降到1487万，占农村总人口的比重由30.7%下降到1.6%。世界银行2007年公布的数据表明，过去20多年里，全球脱贫事业成就的67%来自中国，如果没有中国的贡献，全球贫困人口将呈增加趋势。中国也成为目前全球唯一提前实现联合国千年发展目标中贫困人口减半的国家。按照2009年3月新确定的1196元贫困标准［这个标准大体相对于世界银行一天消费1美元（购买力平价PPP $ 计算）］的贫困线标准，我国现有贫困人口达4007万人，主要集中于中西部的600个县。

目前农村贫困缓解速度明显放慢，剩余贫困人口脱贫越来越难，已经脱贫的人口中返贫现象严重。农民因病、因子女上学负债导致贫困的现象增多，城乡间、地区间的收入差距扩大趋势难以扭转，城镇人口中因疫病、失业等原因产生的新贫困问题有所增加，反贫困任务仍然十分艰巨。

## 八　注重教育等人力资本投入

注重教育曾被作为日本和东亚国家实现跨越性发展的一条经验，而对中国来说，这方面的潜力更大。因为中国人口出生率的快速下降，使社会总负担系数（老人和小孩占总人口的比例）呈下降趋势，中国目前正处于劳动力供给充足的时代，通过提高劳动力的素质提高竞争力的空间很大，这对中国来说，是一个快速发展的人口机遇。

中国人注重教育，有文化传统的因素，但独生子女的政策，进一步强化了家庭的教育投资倾向。2000 年以后，在城镇居民消费结构中，教育等方面的支出已成为食品支出之后的第二大消费。在近几年的城市居民储蓄目的的调查中，子女教育也被排在包括养老、住房、医疗、就业等选项的第一位。中国每年毕业的大学生 20 世纪 90 年代初还只有 100 多万人，2009 年已上升到 600 多万人，人均受教育年限由 1982 年的 5.2 年提高到 2008 年的 8.3 年。当然，就人口总体素质来说，中国与发达国家还有较大距离，中国的大学毛入学率目前还只有约 25%，远低于发达国家的 60% 以上。

中国人口问题正在发生巨大转变，人口的关键问题正在逐步从总量问题转向人口素质问题和人口结构问题。人口素质提高的巨大弹性，以及从人口大国和人力资源大国向人才大国的转变，使中国具有大幅度提高生产效率和知识产出能力的潜力，从而弥补了中国在发展中资本和技术的相对不足，推动着中国经济强劲增长。

## 九　坚持对外开放和超越意识形态的国际合作

中国的改革与对外开放是紧密相关的，对外开放的进程与渐进改革的进程几乎是同步的。对外开放也呈现从沿海到内陆、从经济领域到社会文化领域、从一般竞争性领域到垄断领域的渐进过程。在引进先进的技术、吸引外资投入的同时，中国还采取了“走向世界”步骤，通过海外的投资、兼并、合作、援助，参与世界范围的资源配置和国际秩序的建构。对外开放给中国带来了巨大的收益，中国不仅在一般技术领域迅速地缩短与发达国家的差距，而且成为世界投资的热点地区。特别是中国采取的超越意识形态的国际合作战略，为中国赢得了广泛的外交空间。这种国际合作战略，一是把和平、发展、合作视为时代的主题，把经济全球化视为发展的大势，不是拒绝而是因势利导；二是坚持互利合作的务实做法，不使历史文化、社会制度、意识形态成为合作的障碍；三是坚持多边主义，参与构建互信、互利、平等、协作的世界经济社会新体系，对一些普遍价值的争论正面提出自己的主张；四是树立负责任的大国形象，冷静处理各种突发事件，为中国的经济社会发展创造长期的和平环境。

## 十 努力克服环境、资源与快速发展的矛盾

中国由于其十几亿的庞大人口，面临经济发展、生活水平提高、消费能力扩大与环境、资源条件的尖锐矛盾。西方发达国家在现代化原始积累的过程中，也伴随着在全世界范围内对资源的残酷争夺，政治成为经济的延续，而战争成为政治的延续。人类仅 20 世纪 100 年所消耗的能源总量就远远超过之前几千年能源消耗量的总和。技术进步创造的能源替代，似乎难以满足生产和消费的快速增长，能源和资源短缺使经济危机的可能性始终存在。

快速发展一方面也迫使中国在更广阔的范围内获得资源和能源的供给，另一方面为了保证经济的安全中国又不得不主要依靠国内的资源和能源的供给。无论有怎样的资源和能源支撑，中国这样庞大人口的现代化，都不可能复制其他发达国家高消费的生活方式。随着环境保护意识的增强，人们对治理环境的巨大代价也有了新的认识，但环境的变化曲线与收入分配的变化曲线一样，都还很难预测什么时候能出现总体状况改善的拐点。不过，在环境、资源条件的硬约束下，“低碳经济”、“循环经济”、“环境友好型社会”、“资源节约型社会” 等概念，正在为中国塑造一种新的发展理念和生活理念。

### 思考题

1. 如何认识中国传统社会的基本特征？
2. 反映中国近现代重大社会变迁的主要标志是什么？
3. 中国改革开放以来发生了哪些深刻变化？
4. 您认为“中国经验”的内容、特征和意义是什么？
5. 您认为中国的变化会对世界产生什么影响？

## 参考文献


白雪梅，2004，《教育与收入不平等：中国的经验研究》，《管理世界》第 6 期。

边燕杰主编，2002，《市场转型与社会分层——美国社会学者分析中国》，北京：生活·读书·新知三联书店。

布罗代尔（Braudel，Fernand），1992，《15～18 世纪的物质文明、经济和资本主义》（第一卷），顾良、施康强译，北京：生活·读书·新知三联书店。

陈那波，2006，《海外关于中国市场转型论争十五年文献述评》，《社会学研究》第 5 期。

陈晓宇、陈良、夏晨，2003，《20 世纪 90 年代中国城镇教育收益率的变化与启示》，《北京大学教育评论》年第 2 期。

陈宗胜，1991，《经济发展中的收入分配》，上海：上海三联书店。

丁任重、陈志舟、顾文军，2003，《"倒 U 假说"与我国转型期收入差距》，《经济学家》第 6 期。

都阳、高文书，2005，《中国离一元社会保障体系有多远》，《中国劳动经济学》第 2 卷。

樊纲，1993，《渐进之路：对经济改革的经济分析》，北京：中国社会科学出版社。

费孝通，1985/1948，《乡土中国》，北京：生活·读书·新知三联书店，1985。

傅玲、刘桂斌，2008，《解决收入两极分化的途径探讨》，《统计与决策》第 13 期。

福泽谕吉，1982，《文明论概略》，北京：商务印书馆。

管晓明，2006，《倒 U 假说的推演及其在中国的检验》，《山西财经大学学报》第 5 期。

国务院课题组，2006，《中国农民工调研报告》，北京：中国言实出版社。

韩留富，2009，《长三角居民收入差距不断拉大》，《长三角观察》第 3 期。

洪兴建、李金昌，2007，《两极分化测度方法述评与中国居民收入两极分化》，《经济研究》第 11 期。

黄宗智（Huang，Philip C. C.），2000/1986，《华北的小农经济与社会变迁》，北京：中华书局。

——，2000/1990，《长江三角洲小农家庭与乡村发展》，北京：中华书局。

怀特（Whyte，W. F.），1994/1943，《街角社会：一个意大利贫民区的社会结构》，北京：商务印书馆。

吉尔兹（Geertz Clifford），1999/1983，《地方性知识》，王海龙、张家瑄译，北京：中央编译出版社。

金喜在，1996，《当代中国居民收入分配研究》，吉林：东北师范大学出版社。

金耀基，1993，《儒家伦理与经济发展》，金耀基：《中国社会与文化》，香港：牛津大学出版社。

拉斯基（Lasky，T. G.），1993，《无私有化的进步：中国国有工业的改革》，《国外社会学》第6期，第1~14页。

赖德胜，2001，《教育与收入分配》，北京：北京师范大学出版社。

李春玲，2004，《断裂还是碎片——当代中国社会阶层分化趋势的实证分析》，北京：社会科学文献出版社。

李实、罗楚亮，2007，《中国城乡居民收入差距的重新估计》，《北京大学学报》（哲学社会科学版）第2期。

李培林、陈光金、张翼、李炜，2008，《中国社会和谐稳定报告》，北京：社会科学文献出版社。

李强，2003，《影响中国城乡流动人口的推力与拉力因素分析》，《中国社会科学》第1期。

林毅夫、蔡昉、李周，1998，《中国经济转型时期的地区差距分析》，《经济研究》第6期。

——，1994，《论中国改革方式》，《中国农民》第2期。

林耀华，1989/1944，《金翼——中国家族制度的社会学研究》，庄孔韶、林宗成译，北京：生活·读书·新知三联书店。

林幼平、张澍，2001，《20世纪90年代以来中国收入分配问题研究综述》，《经济评论》第4期。

刘国光，2005，《进一步重视社会公平问题》，《经济参考报》4月16日第五版。

刘精明，2006，《劳动力市场结构变迁与人力资本收益》，《社会学研究》第6期。

陆学艺主编，2010，《当代中国社会结构》，北京：社会科学文献出版社。

马克思，1973/1853，《不列颠在印度的统治》，载《马克思恩格斯选集》（第二卷），北京：人民出版社。

——，1975/1867，《资本论》（第一卷），北京：人民出版社。

马广奇，2000，《中国经济市场化进程的分析与度量》，《求实》第10期。

帕金斯（Parkins，D. H.）等，1992，《走向21世纪：中国经济的现状、问题和前景》，陈志标编译，南京：江苏人民出版社。

萨义德（Said，E. W.），1999，《东方学》，北京：生活·读书·新知三联书店。

石美遐，2007，《非正规就业劳动关系研究》，北京：中国劳动社会保障出版社。

孙立平，2008，《社会转型：发展社会学的新议题》，《开放时代》第2期。

万广华，2006，《经济发展与收入不平等：方法和证据》，上海：上海三联书店/上海人民出版社。

——，2008，《不平等的度量与分解》，《经济学（季刊）》第8卷第1期。

王奋宇等，2001，《中国城市劳动力流动：从业模式·职业生涯·新移民》，北京：北京出版社。

王小鲁、樊纲，2005，《中国收入差距的走势和影响因素分析》，《经济研究》第10期。

魏特夫（Wittfogel，K. A.），1989/1957，《东方专制主义》，徐式谷译，北京：中国社会科学出版社。

吴要武、蔡昉，2006，《中国城镇非正规就业：规模与特征》，《中国劳动经济学》第3卷。

杨宜勇等，2000，《就业理论与失业治理》，北京：中国经济出版社。

杨志明，2009，《国际金融危机下的中国农民工问题及对策》，《中国党政干部论坛》第5期。

游钧主编，2008，《2006~2007年：中国就业报告》，北京：中国劳动社会保障出版社。

余英时，1987，《中国近代宗教伦理与商业精神》，台北：联经出版公司。

曾湘泉，2006，《我国就业与失业的科学测量和实证研究》，《经济理论与经济管理》第6期。

周业安，2004，《市场化、经济结构变迁和政府经济结构政策转型——中国经验》，《管理世界》第5期。

中共中央文献研究室，2004，《邓小平年谱》（下），北京：中央文献出版社。

《中共中央文件汇编》，1992，北京：中共中央党校出版社。

Amsden, Alice H., 1989, *Asia's Next Giant: South Korea and Late Industrialization*, New York: Oxford University Press.

Chayanov, A. V., 1986/1925, *The Theory of Peasant Economy*, Madison: University of Wisconsin Press.

Deyo, Frederic C., 1995, "Capital, Labor, and State in Thai Industrial Restructuring: The Impact of Global Economic Transformations", In Jozsef Borocz & David Smith, eds., *A New World Order? Global Transformation in the Late Twentieth Century*, Westport, CT: Praeger.

——, 2000, "Reform, Globalization, and Crisis: Reconstructing Thai Labour", *Journal of Industrial Relations* (Australia), 42, 2 (June).

Fukuyama, F., 1993, *End of History and the Last Ma*, London: Hamish Hamilton.

Geertz, C., 1973, *The Interpretation of Cultures*, New York: Basic Books.

Huntington, Samuel, 1996, *The Clash of Civilization and the Remarking of World Order*, New York: Knopf.

Krugman, Paul, 1994, "The Myth of Asian Miracle", *Foreign Affairs* 73.

Krueger, A. O., 1992, *Economic Policy Reform in Developing Countries*, Oxford: Basil Blackwell.

Lynd, R. & Lynd, H., 1929, *Middletown*, New York: Harcourt Brace Jovanovich.

——, 1937, *Middletown in Transition*, New York: Harcourt Brace Jovanovich.

Malinowski, B. K., 1922, *Argonauts of the Western Pacific: An Account of Native Enterprise and Adventure in the Archipelagoes of Melanesian New Guinea*, London: Routledge and Kegan Paul.

Mills, C. Wright, 1970, *The Sociological Imagination*, Harmondsworth: Penguin Books.

Murrel, P., 1992, "Evolutionary and Radical Approaches to Economic Reform", *Economics and Planning*, Vol. 25. pp. 79 – 95.

North, D. C., 1990, *Institution, Institutional Change and Economic Performance*, Cambridge: Cambridge University Press.

Nee, V. and Start, D. (eds.), 1992, *Remaking the Economic Institutions of Socialism*: China and East Europe, California: Stanford University Press.

Popkin, S., 1979, *The Rational Peasant: The Political Economy of Rural Society in Vietnam*, Berkeley: University of California Press.

Schultz, T. W., 1964, *Transforming Traditional Agriculture*, New Haven: Yale University Press.

Scott, J. C., 1976, *The Moral Economy of the Peasant: Rebellion and Subsistence in the South – east Asia*, New Haven, Conn.: Yale University Press.

——, 1985, *Weapons of the Weak: Everyday Forms of Peasant Resistance*, New Haven: Yale University Press.

Skinner, G. W., 1964 – 1965, "Marketing and Social Structure in Rural China", *Journal of Asian Studies*, 3 parts. 24. 1, 24. 2, 24. 3.

Veblen, T., 1994/1899, *The Theory of the Leisure Class*, New York: Dover Publications, Inc.

Wade, Robert, 1990, *Governing the Market: Economic Theory and the Role of Government in East Asian Industrialization*, Princeton: Princeton University Press.

——, 2000, "Wheels within Wheels: Rethinking the Asian Crisis and the Asian Model", *Annual Review of Political Science* 3.

Ware, C. F., 1977/1935, *Greenwich Village: 1920 – 1930*, New York: Octagon Books.

Warner, W. L. (ed.), 1963, *Yankee City*, New Haven & London: Yale University Press.

World Bank, 1993, *The East Asian Miracle: Economic Growth and Public Policy*, New York: Oxford University Press.

# 第二章
# 家庭与婚姻

杨善华

## 第一节　中国当代城乡家庭制度变迁的背景

### 一　行政等级金字塔与社会发展的梯级模式

在 1949 年之后的计划经济时代，中国城乡社会中存在一个行政等级金字塔。这种行政等级金字塔不仅将城乡社会中的个人按照其身份类别（城市居民和农民，城市中又分为工人和干部）安排在一定社会等级的位置上，同时也赋予中国的城市一定的行政级别（省级、副省级、地级、县级），从而让它们在这样的金字塔上占据一定的位置，这就造成了作为区域社会的中国大中小城市相互之间的同质性与异质性。

在计划经济体制下，社会的各类资源是由国家垄断和分配的。既然国家行政管理采取的是中央集权、分级管理的模式，那么相对来说地方政府的行政级别越高则权力也就越大，这当然也包括对资源的分配与控制。这样，在中国社会的行政金字塔上处于不同级别的各类城市，其占有资源的能力和可能性显然有明显的不同。加上历史传统、地理位置与人口素质的不同，各城市不仅在 1949 年后仍保留了以往的特征（尽管这些特征在改革前实行计划经济的年代或许正逐渐趋向模糊），而且也导致各城市拥有不同的发展条件，在社会现代化进程中处于不同的发展阶段。这使得中国各地区及各城市在开始经济体制改革之时不可能站在同一起跑线上，并在开始经济体制改革之后迅速拉开了相互间的差距。

应该指出的是，经过 20 多年城市经济体制改革之后，因为地理、资源和人口素质的优势加上政策的倾斜与政策空间的人为拉大这样一些原因，东南沿海一些中小城市的经济实力、发展速度与城市规模可能远远超过中西部内陆地区与之相类似的城市，甚至超过中西部地区的省级和副省级的大城市。

中国农村的社会发展存在一种梯级模式，如果以发达的商品经济和工业化作为现代化的一个标志，则以工业文明及城市文化为一端，以传统的农业文明和乡土文化为另一端，大致就会形成以下两种梯级结构：①沿海—内地—边远地区；②大城市—中等城市—县城—乡镇—村落。在经济体制改革后加速的农村现代化进程中，工业文明及城市文化显然会扩展其影响，瓦解传统农村社区的自然经济，促使农村社会分化和社会文化变迁（雷洁琼，1994：7）。这样一种梯级结构随着20世纪80年代开始的东部沿海农村地区的工业化和城市化进程在那里已经日益不明显，但在中西部尚未开始工业化进程的农村地区依然清晰可见。

## 二　农村家庭联产承包责任制与城市经济体制改革

中国共产党第十一届三中全会召开之后，在全国推开的农村家庭联产承包责任制极大地改变了农村的面貌。以家庭联产承包责任制为改革方向和内容的农村经济体制改革，其实质是集体向农民家庭转让土地使用权（作为农业最基本的生产资料的土地仍是公有的，只是把所有权和使用权、经营权分离开来，由过去的集体经营改为家庭承包）。这种责任制的主要形式是“包干到户”。[①] “包干到户”的前提是集体将土地等生产资料按一定的原则（家庭人口多少，土地好坏，离家远近等）固定给农民使用。“包干到户”与“包产到户”的最大区别是它的劳动报酬计算不再采取工分形式，分配也不再由以往的基本核算单位（生产队或生产大队）负责。农民从承包土地所得的劳动成果中提取应交（卖）给国家的部分与应交给集体的部分（作为公共积累或其他非生产性开支），剩下的归自己所得。因此，“包干到户”这种形式取消了生产队的统一核算与统一分配，使得承包土地的农民家庭有了生产资料，有了生产经营自主权和分配权，名副其实地成了组织生产的基本单位，承担原来由生产队或生产大队执行的功能。生产队和生产大队作为农村生产经营的管理和组织单位的意义已经不复存在，

① 对于这种责任制农民有非常通俗的表达：“大包干，大包干，交够国家的，留足集体的，剩下都是自己的。”

因此家庭联产承包责任制的普遍推行实际上意味着政社合一的人民公社制度的瓦解。

由于新体制的普遍实行，农民从集体经济下吃“大锅饭”的劳动者和自然经济下的小生产者变成了相对独立的商品生产者。这是农村经济体制改革导致的一个最大的变化。农民必须自己与社会交换劳动和劳动成果，他们劳动创造的价值必须通过与市场的交换才能实现，他们生产所需的种子、肥料、能源等生产资料也必须通过市场才能得到。成本和效益成了每个农户必须考虑的问题。与此同时，过去由集体承担的风险也随之落到每个承包土地的农民头上。他们必须面对化肥、农药与饲料涨价，粮食收购价太低，卖粮困难，饲养家禽和家畜亏本等一系列问题，因为这些问题现在与他们自己和他们家庭的发展有着直接的利害关系。这使得他们的家庭必须采取相应的对策来适应这样的变化，因此也会导致农村家庭制度及作为家庭制度具体表现的家庭功能、家庭结构与家庭关系出现相应的变迁。

中国城市的经济体制改革首先是以通过放权让利搞活、调整国家、企业与个人的利益关系，扩大企业生产经营自主权以调动国有制企业及职工的生产积极性为先声，随后演变成向市场经济转型的、以减员增效为目标的企业所有制的改革与城市财税体制的改革。而这一改革的直接后果是导致中国城市社会的分化。

与西方社会的个人分化不同，中国城市社会的分化主要体现在组织间或集团间的分化上。从宏观上看，城市社会的分化既表现为城市与城市间的区域分化，也表现为城市内组织（单位）之间的分化。就同一城市而言，社会分化既表现为体制内的组织和群体（主要是指受计划经济体制控制的国有企事业单位）与体制外的组织和群体（如合资与外资企业、民营企业）间的分化，也表现为体制内的组织和群体之间的分化。

区域和组织（集团）分化的结果，是使具有相同身份但处于不同地域和组织中的人不再享有同等的社会地位与经济收入。地方政府在投资、就业、税利、保障、流动等方面的政策也由于各类产业、各种所有制所占比重发生变化而有所偏重，这种偏重势必会影响个人的选择空间与生活方式。

中国城市社会分化的一个首要标志在于新的社会位置大量迅速增加。由于原来控制人们身份改变的行政措施的有效性减弱甚至消失，社会成员由利益机制推动，大量流向一些收入较高的产业，这导致社会流动迅速增加。

因此，城市经济体制改革以来的社会分化与社会变迁，加大了处于不同类别、不同等级之中的城市间的异质性，也加大了处于同类、同级的城市间的异质性，拉大了它们在社会现代化进程中的差距。而且，即使在同一城市中，处于不同组织（单位）中的个人，也随着单位之间的分化、社会流动的增加而拉大了在收入、职业声望、社会地位和权力（这里指广义的社会权力，而非单指行政权力）方面的差距。因此，城市经济体制改革导致的社会分化是20世纪80年代之后影响城市家庭并导致其变迁的第一动因。

## 三 20世纪90年代以来城乡社会由计划经济向市场经济的转型

### （一）改革开放：从短缺经济到买方市场

到了20世纪90年代，中国的经济开始由原来的计划经济向社会主义市场经济转型，出现了新的飞跃。从社会角度来说，这意味着资源的重组和再分配及市场竞争机制的建立；从个人角度来说，这意味着城镇的老百姓将永远告别“铁饭碗”时代，浮沉于市场经济的大海，面对由此带来的一切风险，同时也面对比以前更多的机会。与相当多的国有企业不景气同时并存的则是民营企业、合资和外资企业的进一步发展。可以说，这是城市社会进一步分化的一个前提。从此以后，城市居民发现他们自己正在日益远离稳定和可预期的生活。在一部分人富裕起来的同时，也有一部分人发现他们与别人相比正变得日益贫困。而对于愿意且有机会致富的人来说，他们发现享受更好的生活的同时也意味着更多的付出，所以他们在品尝生活的丰富的同时也必然要体会生活的艰辛。

对广大农民来说，城镇居民在20世纪90年代所体会到的一切，他们在80年代家庭联产承包责任制普遍推行后已经经历了。但是他们看到90年代的市场竞争远比80年代激烈和残酷，他们的利益意识日益明晰，谋取个人与家庭利益的欲望也更加强烈。正因为这样，在寻求比原来更多的利益和更好的发展机会之欲望的驱动下，农村剩余劳动力的外流也对城乡社会产生了更深、更广的影响。另一方面，财税体制改革也给农村社会带来了新的冲击，地方政府有了相对来说比以往更大的运作空间，他们的利益意识进一步觉醒。但由于各地原有资源及社会经济与文化发展程度的差异，这一前提给各地提供了不同的发展机会，从而拉大了各地经济与社会发展的差距，进一步加剧了区域之间的分化。发展较慢的中西部地区在前进的路上则因相对缺乏资金、资源和发展机会等而步履艰难。由于财政困难，那些地区农民的负担加重，从而引发了县乡（镇）政府和农民之间的矛盾。这是伴随着经济高速发展而出现的新问题。

诸如此类的问题使中国城乡的普通百姓一方面惊讶地看到在那么短的时间里，计划经济时代印发的票证已经成为历史的陈迹，市场上货源充足，只要有钱什么都能买到，在某种意义上，以往的短缺经济正在变成和已经变成“买方市场”；另一方面他们也看到，在大多数人生活水平有不同程度提高的同时，贫富之间的差距却在日益加大。东部发达地区工业生产的相对过剩与中西部地区广大农村的贫穷、落后与低购买力同时存在。当今中国社会的现实概括来说就是变动和分化。

### （二）分化和不确定性

承接20世纪90年代初以来的变迁，在90年代中期之后，中国城乡的经济体制改革进入一个关键时期。这个时期的一个显著特征是，向社会主义市场经济体制转型导致原有体制的一些结构性痼疾充分暴露，引发了一些深层次的矛盾。这些矛盾既有经济体制和经济结构方面的，也有社会分层和行政区域方面的。对于中国的经济体制改革来说，它们都是我们必须面对和必须解决的问题。这些问题的表现形式可能多种多样，但归根结底都是资源如何更合理有效地配置和如何根据社会公平的原则去调整已有的利益格局的问题。正因为如此，经济体制改革才会在这样广的范围中涉及那么多人的切身利益。对于中国城乡的普通老百姓来说，他们发现他们将面对一个具有越来越高不确定性的社会。可以说，这也是向市场经济转型和农村的非农化过程带来的新问题。

与此同时，区域与群体的分化也影响到在区域与群体中生活的个人。个人之间（亦包括家庭之间）也出现了明显的分化。贫富的差距不仅体现在区域与区域、群体与群体之间，也体现在生活于不同区域和群体之中的个人之间，包括生活在同一区域和群体中的个人之间。这样一种分化是在城乡社会中生活的每个人都能感受到的。在城市中，人们看到这样的分化首先体现在体制内外的个人之间，即在国有制和非国有制的企业、在新兴产业（如计算机与网络）和传统产业中工作的个人之间。分化也体现在同一体制内的不同部门工作的个人之间。在农村中，这样的分化则首先体现在已经实现了工业化和尚未实现工业化的地区之间，以及同一区域内（这个区域可能是省、市，也可能是乡和村）处于社会结构中不同地位的人之间。

更值得我们注意的是，在社会分化加剧的同时，一种功利性文化也正在城乡社会兴起。一部分人对道德和传统价值的漠视引起了社会上有识之士的深深忧虑，在这部分人眼中，对个人成就评价的主要尺度只有财富与权力。这样一种价值观和评价尺度同样也对城乡社会产生了不可低估的影响。不择手段地追逐财富和权力，以金钱换取权力或以权力换取金钱这样的腐败现象正在深入侵袭社会的机体，改变着人们的观念。

## 第二节　城乡家庭制度变迁的特征与机制

### 一　城市家庭制度的变迁

20 世纪 90 年代初期，我们曾对城市社会变迁对居民家庭的影响有过以下分析：对于家庭的主要成员来说，城市经济体制改革带来的经济发展使他们中的绝大多数人的收入有了程度不同的提高，从而使他们所在家庭的收入的总体水平有了相应的变化，不少家庭的收入大幅度增长；而主要由企业或其他种类的“单位”经济效益不同带来的收入分化也程度不同地导致了家庭成员收入的分化。另一方面，城市中多种经济成分并存，私有制企业、三资企业的发展以及第三产业的发展，创造了大量新的就业位置，使个人职业流动从无到有、从少到多。家庭成员的职业分布与社会地位也发生了相应的变化。收入分化与由社会流动带来的收入变化改变了家庭成员原来的收入格局，特别是改变了作为家庭核心成员夫妻的收入结构。与此同时，随着市场经济的发展，家庭成员的价值观念也发生了很大的变化。这不仅表现为一种功利性文化及其评价机制的引进（由过去根据动机评价行为变为根据后果评价行为），也表现为风险意识的大大增强。可以说城市经济体制改革导致的社会变迁对城市家庭的影响，首先在于改变家庭的收入水平与收入格局，改变家庭成员的职业及与此相连的家庭成员的社会地位及家庭成员的价值观念。这三方面的变化进而影响到家庭的各个方面——家庭的诸项功能、家庭结构与家庭关系。在这里，家庭的收入水平与收入格局、家庭成员的职业与社会地位、家庭成员的价值观念是中间环节，即是由社会到家庭的一个进入口。而在这十年中变化最显著也最快的则是家庭的消费功能。如此便构成了一个理论假设，这个假设曾在《当代中国城市家庭研究》一书中以图表形式有清楚的表述（沈崇麟、杨善华主编，1995：9）。

而在此之后的中国城市家庭，基本上仍沿着上述假设中提出的方向与目标实现其变迁。从宏观社会背景看，城市社会向社会主义市场经济转型的趋势已不可逆转，社会经济的运行已带有明显的社会主义市场经济的特征。随之而来的是处于不同地区中的各个城市以及城市中的各类企事业单位之间更剧烈的竞争和分化。这种竞争和分化的一个结果是一批国有企业中的职工的“下岗”和因企业不景气导致的结构性失业。这使由单位效益不同导致的不同地区家庭之间、同一城市不同家庭之间或者同一家庭的不同成员之间的收入分化更为显著，从而强化了不同家庭之间收入分化及原有的家庭收入格局的性别与代际变动的趋势。与 20 世纪 80 年代相比，大城市中居民的市场经济意识与市场风险意识增强了，如果说购买商品住房或汽车除了财产积累外还带有一种消费上的考虑，那么投资于股票或证券市场则是这种市场经济意识与市场风险意识的明显表现。总之，90 年代以来的中国城市（尤其是大城市）中的居民更深切地感到自己生活在一种变幻的、不确定的环境中，与周围人的竞争、攀比使他们时时感受到生活的压力。因为时间也已变成资源，所以生活的节奏也越来越快。这将导致大城市居民的心态和价值观念的进一步变化。

## 二 农村家庭制度的变迁

1987 年，在对“经济体制改革以来农村婚姻和家庭的变化”的课题研究中我们认为，在中国农村的现代化进程中，农村社会变迁的最终方向是趋向工业化和社会现代化；并在此基础上建立了研究假设：农村家庭联产承包责任制是中国农村社会经济体制和社会结构的重大变革，它导致不同地区农村家庭生产功能的不同变化，因此也将对农村的家庭和婚姻发生影响，但这种影响不是线性和单一的，传统的规范和观念对家庭、婚姻的变化起阻滞或推动作用，并且家庭、婚姻的变化本身又制约着农村社会的发展（雷洁琼主编，1994：6）。

十年之后，我们可以明显地看到，中国农村的现代化进程大大加速了，并在地域上影响到更为广大的地区。由于城乡一体化进程也在加速，所以以往的城乡二元结构的壁垒正在不断被侵蚀，城市中发生的各类问题正在不断波及农村或正在被农村再生产出来。一般说来，农村的现代化是通过农业劳动力向非农产业部门的流动实现的，这些劳动力可以在当地被乡镇企业吸纳，也可以通过向城市（尤其是大城市）转移并找到新的职业从而给当地经济带来新的活力而间接实现。因此从宏观社会背景上加以考察，我们首先可以看到的是不同地域之间农村社会分化的加剧，在经济发展程度和收入水平高低这两方面，不同地区的差异均非常显著。换言之，经济发达的农村地区正在迅速城市化。但是，在经济较为落后即现在仍基本保持单一农业经济的地区，家庭的经济结构与收入结构也在发生变化。其主要表现在，农业虽然仍是家庭的主业，但农业收入在家庭总收入中所占比重正在降低。在相当一部分家庭中，农业收入已经不构成家庭收入的主要来源。这表明，不少农户已经成为兼业户。因此，抛开地区之间的分化，中国农村家庭在经济上的变化可以“非农化”来刻画。“非农化”的主要含义是农业不再成为农民家庭的主业。它包括，在农民家庭的收入构成中，来自农业的收入已经不构成收入的主要来源；在农民的生活中，农业生产已经成为一种兼业，或者已经被农民看成一种兼业；以往作为农民命根子的土地正因为各种原因日益减少，最终的结果是农民没有了土地，完全与农业无缘，彻底转向其他行业，成为非农业劳动者，其生活方式和价值观念也随之发生变化，日益趋同于城市居民。

## 三　社会变迁对城乡家庭的影响

在这样的社会变迁背景之下，我们对城乡家庭的变迁可以建立如下判断。

### （一）社会变迁对城市家庭的影响

伴随着市场竞争的日益加剧和日益增多的下岗工人的再就业，家庭主要成员的职业流动趋势亦被强化，这种职业流动将改变他们的职业与社会地位之分布，从而使他们在家庭中的地位与相互关系发生变化。在原有社会保障体系的改革力度进一步加大，个人在就业、医疗、伤残、意外事故及养老等方面必须承受比以往大得多的风险的时候，家庭成员间的相互支持就成为应对外界变化的一个必要前提。这在一方面固然增强了家庭的凝聚力，使家庭成为一个温暖的避风港；但在家庭成员的相互支持发生问题时，维系家庭成员的纽带就会变得十分脆弱，从而增加家庭破裂的危险。

从家庭关系方面来说，家庭收入格局的性别与代际变动趋势的加大将使原来已初步确立的男女平权的夫妻关系模式发生某种微妙的变化（尽管不大），少数已婚妇女将在一个不确定的时间内仍要依靠丈夫的收入为其生活来源（至少是一部分）；在经济结构的变动中，年轻一代将进一步确立其在职业竞争中的优势地位，从而在家庭中确保一种代际平等关系的建立，并在涉及自身生活的各种问题上取得更多的发言权，也以此为自己争得更大的生存和选择的空间。但是，传统的角色模式与行为规范仍在发生影响，在某种程度上它通过协调家庭内部的人际关系维护着家庭的稳定。

在家庭功能方面，20 世纪 90 年代以来的变迁趋势仍将持续。但是一些原来已逐步外移的功能（如养老）随着社会保障制度的进一步改革及企业经济效益分化的加大又有加强的趋势。家庭之间消费水平的差距也会随家庭收入水平分化的加大与人们价值观念的变化而进一步增大。另一方面，由于消费观念和消费行为模式的不同，同一城市不同家庭之间、不同城市的家庭之间的消费投向的差别也会随之增大，而且属于个人的消费有可能在家庭消费中占据更大的份额。

在家庭结构①方面，家庭小型化的趋势仍将持续，但是，这种小型化将进一步表现为空巢家庭比例的增加和由于部分家庭成员日益明显的个人本位倾向导致的家庭凝聚力的降低。而且，随着家庭稳定性减弱及离婚率的升高，家庭类型的变动可能会更频繁。

**（二）社会变迁对农村家庭的影响**

对经济仍然较为落后的农村地区的多数家庭来说，因为其生产功能主要与农副业生产连在一起，所以家庭经济结构与收入结构的这种变化也意味着家庭作为生产的唯一组织单位的重要性正在逐渐降低（应该指出，生产功能的变化存在一种多方向的趋势，因为在一些已经走上工业化道路的农村地区，一些经营个体企业的家庭亦有可能联合已分家另过的原来的家庭成员，强化其非农的生产功能），一部分家庭的重心正在向提供家庭收入主要部分的家庭成员倾斜（这可能是基本的经济单位正在从家庭转向个人的一个标志），显然，这样的家庭成员并非都是户主（家长）。这种倾斜的结果，势必会改变家庭原来的权力结构，导致权力的分散。这种分散在性

① 这里讨论的结构还带有家庭成员在家庭中的地位及相互关系相对固定化和由家庭内的地位、权利和义务制约的行为准则的意义。

别与年龄上都会有所表现，使过去的主从型的人际关系逐步向平权型的人际关系转化。加上农村家庭富余劳动力的就业多以进入城市打工为出路，这种地域的流动也使原来家长对家庭成员的控制力逐渐减弱，多种因素的联合作用必将导致这些地区原有的父系父权的家庭制度走向瓦解。

以往经济发达但集体化程度较高的农村地区，也正面临集体财产因承包而向私人逐步转移的问题。对于这些地区来说，经济所有制结构的这种变化也会对他们的家庭与婚姻产生影响。

总之，在联产承包责任制实行了近16年之后，随着农村社会的现代化进程，家庭的生产功能在经历了一段恢复与加强的历程之后正面临一个逐步减弱的总趋势。这将会对那些经济落后的农村地区的家庭与婚姻产生新的影响。

在家庭结构方面，当前农村的现代化将加速家庭小型化的趋势（这种趋势的发展基本与城市的情况相类似）。在家庭关系方面，两代人之间、夫妻之间将随着个人拥有经济独立而日益发展出一种平等的关系——虽然在经济发展的不同地区还会有程度上的不同。而在另一方面，由于传统文化的阻滞作用，家庭的角色模式仍将带有浓厚的传统文化色彩。在家庭网络方面，随着父系父权家庭制度的瓦解，姻亲在家庭生产和生活中将发挥越来越大的作用。同时，随着商品经济向家庭的渗透和社区市场的发育，农民不仅在生产中，甚至在日常生活与亲友的交往中都将带有越来越浓的理性色彩和利害方面的考虑。在家庭的其他功能方面，生育偏好虽然仍然是农民不得不考虑的问题，但随着经济的发展会呈现一种逐渐淡化的趋势。农村的消费功能将随着农村市场的发育而增强。换言之，即使是在仍为单一农业经济的农村地区，农民家庭消费中自给的比例也将越来越低，而对大宗耐用消费品的需求将会进一步增加。随着大众传媒的进一步普及，原来经济落后的农村地区的农民家庭也将逐步获得真正意义上的闲暇。在农民的婚姻方面，随着年轻一代经济上的日益独立，他们将逐步挣脱包办婚姻的枷锁，开始实现从“家族婚”到“个体自主婚”的转变。而且，伴随着农村现代化进程，年轻一代出于对自己今后发展的考虑，将会逐渐推迟自己的初婚年龄。与此同时，在一部分生活逐渐富裕起来的农村地区，通婚圈也将出现变化，近距离的通婚（如同乡、同镇的婚姻）与村内婚的比例有可能迅速增加。

由以上分析可知，虽然中国广大农村由于区域分化在家庭变迁方面存在程度的不同，但总的趋势则是相同的，都是在社会现代化的背景下，家庭制度的诸方面向现代城市家庭靠近。当然，对仍处于单一农业经济、保持小生产方式的相对落后的农村地区来说，这种家庭变迁可能刚处于萌芽状态。

## 第三节　社会转型中的婚姻

### 一　婚姻文化模式：从家族婚到自主婚

从社会学视角来看，“婚姻”是男女两性之间一种特定的社会关系。

“对一夫一妻制来说，结婚是由社会批准的男女之间的特殊社会关系，它是形成家庭的基础和家庭的核心。”（E. C. 库兹明、B. E. 苗诺夫主编，未正式出版）在《婚姻和家庭的起源》一书中，苏联学者Ю·И·谢苗诺夫则认为：“婚姻是两性关系的一定社会组织。它必须以结婚双方负有一定的为社会所承认的权利和义务为前提。凡未经社会核准的两性关系都不是婚姻，即使这种关系具有长久的性质亦一样。”（Ю·И·谢苗诺夫，1983：181）西方则把婚姻关系看做一种契约关系，比如美国学者古迪纳夫认为：“婚姻关系是一种协议和有效契约，规定一个人建立起对某女子在性方面的持续性权利，（除非在相同的协议下）该项权利优先于目前或以后与她有性关系的任何人，该协议的时效直到由该协议所产生的契约终止为止。在此契约中，涉及女子可以合法生育子女。”（转引自基辛，1986：144）

因此，婚姻的本质在于它的社会性，即“婚姻”这种两性关系必须得到社会的承认。而且，因为这种关系男女之间还相互产生了权利和义务（首先是“性”方面的权利和义务），并且这种权利和义务也得到社会的认可。

由婚姻的社会性所决定，婚姻的本质特征是它的规范性。正是由于规范性，婚姻才有了社会文化的意义，也正是由于规范性，某种婚姻行为才产生了行为模式，具有广泛的同一性。众多的婚姻行为模式相沿相习，经世代沉积就成为一种文化模式。

一般来说，某一特定社会的婚姻文化模式应该包括婚姻的三个阶段——婚姻的缔结和成立、婚姻关系的维持、婚姻关系的解除或消亡——中的全部行为规范。作为文化模式，它包括两个部分：①成文部分

（正式的），由国家或社会权威正式颁布的制度、律令（如婚姻法）；②不成文部分（非正式的），靠社会舆论或道德力量控制的社会风俗。

因此，由婚姻的本质所决定，社会的婚姻关系之发展变化是受社会的生产方式制约的，这种制约是通过社会生产方式对婚姻文化模式的影响实现的。

在中国传统社会中，婚姻着眼的是两个家族和家庭的利益，而不是当事人的幸福。这与小生产的生产方式（以家庭为组织生产的单位）是一致的。《礼记·昏义》中说："昏礼者，将合两姓之好，上以事宗庙，而下以继后世也，故君子重之。"在儒家眼中，婚姻之所以重要，是因为：①密切了两个家族的关系；②有人可祭祀男方死去的祖先；③传宗接代，保证财产的家内继承。宗法制度下，祖宗崇拜是头等大事，但祭奉祖宗必须是男性嫡嗣，因此，婚姻的目的就在产生这样的合法子嗣，保证"香火"延续不绝，同时解决产业的家内继承。因此，传统社会中的婚姻必须率先满足家族和家庭的利益，它在制度上也表现为"父母之命，媒妁之言"的包办婚姻。我们可以把这样的婚姻称为"家族婚"，以与在现行婚姻法"婚姻自由"观念主导下流行的自由恋爱、自己决定未来配偶的"自主婚"相区别。当然，从婚姻文化模式的维度去考察家族婚和自主婚，我们就会发现婚姻的这种特征必然会体现在从结识途径到婚姻关系确立的过程中。

就结识途径来说，一般可以分为三类：①父母包办；②中间人介绍（一般又包括专职媒人介绍、亲戚介绍和朋友、同学介绍等类别）；③自己认识（实际上，"自己认识"这一类，还可分成自己认识自己缔结婚约和自己认识但托中间人帮助订立婚约两种）。

就婚姻决定方式来说，一般可以分为五类：①父母决定；②父母决定但征求本人意见；③本人和父母共同决定；④自己决定但征求父母意见；⑤自己决定。

很明显，在结识途径和婚姻决定方式的类别中，排列靠前者都带有浓厚的家族婚色彩，排列靠后者则带着浓厚的自主婚的色彩。

我们1986年对北京、上海、天津等18个大中城市的18～35岁在业青年的调查表明，虽然"自己认识"这一类比例有很大增长，但"中间人"介绍这一类仍占有很大比重。在已有对象或已结婚的1080名青年中，经中间人介绍确定恋爱关系的仍占49.26%。1998年进行的"现代城乡家庭研究”的调查资料表明，在上海和成都这两个城市中，“自己认识”的比例分别为41.85%、41.88%；而经过中间人介绍的比例则为53.89%及58.12%（其中上海进入统计的样本数是798，成都是788）。而青浦、太仓和宜宾三个农村地区“自己认识”的比例比起上海和成都来都远低得多，分别是10.00%、10.67%与6.04%。反过来，这三地经人介绍的比例分别是90.00%、89.00%与93.96%。如果再细分，在经人介绍缔结的婚姻中，这三个农村地区父母和亲戚介绍的比例分别是：青浦31.00%、太仓41.00%、宜宾45.64%。这种情况表明，大多数青年男女还只能在婚姻中间人提供的有限候选人中选择自己未来的配偶，从而在一定程度上还是接受婚姻中间人作出的安排。在农村更是如此。而这三个农村地区通过父母、亲戚介绍的比例非常高也在一定程度上表明农村地区的婚姻仍更多地带有传统“家族婚”的色彩。

再以婚姻决定方式来说，对五地（上海、成都两市和青浦、太仓和宜宾三县市）被调查者的婚姻决定方式的统计结果表明，各地类别分布的差异显著。表2-1中的数字则更说明类别分布的差异主要来自城乡之间的差异。

**表2-1 五地被调查者的婚姻决定方式***

单位：%

| 婚姻决定方式 | 上海 | 成都 | 青浦 | 太仓 | 宜宾 | 总计 |
|---|---|---|---|---|---|---|
| 父母决定，不征求本人意见 | 0.88 | 1.15 | 1.01 | 2.01 | 4.76 | 1.58 |
| 父母决定，征求本人意见 | 5.90 | 4.62 | 28.62 | 29.10 | 20.41 | 12.77 |
| 本人和父母共同决定 | 17.34 | 4.49 | 32.66 | 22.41 | 34.35 | 17.76 |
| 本人决定，征求父母意见 | 62.81 | 75.13 | 30.98 | 38.13 | 29.25 | 55.88 |
| 本人决定，不征求父母意见 | 12.06 | 14.62 | 6.73 | 8.36 | 10.88 | 11.64 |
| 其他 | 1.01 | 0.00 | 0.00 | 0.00 | 0.34 | 0.36 |
| 个案数 | 796 | 780 | 297 | 299 | 290 | 2462 |

* Pearson $\chi^2$（20）= 565.90；Pr = 0.000.

表2-1显示，上海和成都“父母决定，不征求本人意见”或“父母决定，征求本人意见”的比例都很低（两者相加，上海的比例是6.78%，成都是5.77%）。这两地被调查者决定自己婚姻的主要方式是“本人决定，征求父母意见”这一类，比例分别为62.81%与75.13%；其次是“本人决

定，不征求父母意见”这一类，两地的比例分别为 12.06% 与 14.62%（但上海有 17.34% 的被调查者选择了“本人和父母共同决定”这一类），这很清楚地说明了 1949 年后大城市中的青年在婚配过程中已经有了相当大的决定权。但农村中的情况却与此相反。我们可以看到，青浦、太仓和宜宾的“父母决定，不征求本人意见”和“父母决定，征求本人意见”这两类的比例之和分别是 29.63%、31.11% 和 25.17%（宜宾的这两类比例虽然比起青浦和太仓来略低，但它完全由父母决定的比例很高，为 4.76%。这反映出宜宾在婚姻决定方式方面除了具有农村的共性外还有自身的特性，它的“本人决定，不征求父母意见”类的相对略高的比例正说明了这一点），而它们的“本人决定，征求父母意见”和“本人决定，不征求父母意见”这两类的比例之和则分别为 37.71%、46.49% 和 40.13%。这说明了在 1949 年之后，农村中青年在决定自己婚姻大事时的自主权并不是很大。

而从三个农村地区（青浦、太仓和宜宾）分结婚年代与被调查者的婚姻决定方式的交互分类表（见表 2-2、2-3、2-4）中我们可以看出，青浦全由父母决定的比例和“父母决定，征求本人意见”的比例虽然都在下降（父母决定的比例一直很低），但后一类的比例（包括“父母和本人共同决定”这一类）在下降的过程中呈现明显的波动性；而“本人决定，征求父母意见”的比例虽然在上升（50 年代为 10.53%，90 年代为 58.62%），但也有明显的波动，所以只能说在“婚姻决定方式”这一问题上青浦大体上有向“自主婚”发展的趋势，但现在还不是非常明显。太仓的情况则与青浦有所不同。其“本人决定，不征求父母意见”的比例呈下降趋势（50 年代为 14.29%，90 年代为 5.88%，而青浦同期的这一数字是 5.26% 与 0.00%），尽管中间也有波动。这说明，在现阶段，在决定婚姻的方式方面，“本人决定”在太仓并不是一种主要模式；但“本人决定，征求父母意见”这一类有明显的上升趋势（50 年代为 7.14%，90 年代为 61.76%）。与此同时，它的“父母决定，征求本人意见”的比例则有明显下降（50 年代为 42.86%，90 年代为 11.76%）。这两者的变换意味着青年人得到了更多的婚姻自主的权利（也可以说这是相对青浦而言），但中间的波动又使人觉得这种变化还带着某种不确定性。宜宾的数据表明，宜宾在“婚姻决定方式”方面带有浓重的传统社会的痕迹，虽然“父母决定”的比例在一开始（50 年代）就不是很高，并且总趋势在下降，但它的“本人决定，不征求父母意见”的比例也有明显的下降。有意思的是，它的“本人和父母共同决定”这一类有显著的上升（虽然中间也有波动），从 50 年代的 22.78% 上升到 90 年代的 40.00%。除此之外，“父母决定，征求本人意见”这类比例在经历某种程度的波动后也在上升（50 年代为 16.46%，90 年代为 22.22%），这表明宜宾的青年在择婚方面虽然比 1949 年前有了相对多的自主权，但基本上还要经过父母的同意才能定下亲事。综合上述婚姻自主性的有关数据分析，我们不难看到，尽管 1949 年以来乃至农村的改革开放已经较为深入的今天，就婚姻的自主性程度而言，三地农村的情况有所改观，但并未从根本上改变。即使在经济较为发达的农村地区，如上海郊区的青浦，婚姻关系的缔结仍未完全脱离父系父权制家庭家族婚的传统模式。

**表 2－2　不同结婚年代青浦被调查者婚姻决定方式***

单位：%

| 婚姻决定方式 | 1949～1959 年 | 1960～1969 年 | 1970～1979 年 | 1980～1984 年 | 1985～1989 年 | 1990 年后 | 总计 |
|---|---|---|---|---|---|---|---|
| 父母决定，不征求本人意见 | 5.26 | 2.00 | 1.03 | 0.00 | 0.00 | 0.00 | 1.02 |
| 父母决定，征求本人意见 | 47.37 | 32.00 | 23.71 | 33.33 | 29.41 | 17.24 | 28.81 |
| 本人和父母共同决定 | 31.58 | 40.00 | 32.99 | 24.24 | 41.18 | 24.14 | 32.20 |
| 本人决定，征求父母意见 | 10.53 | 16.00 | 36.08 | 36.36 | 17.65 | 58.62 | 31.19 |
| 本人决定，不征求父母意见 | 5.26 | 10.00 | 6.19 | 6.06 | 11.76 | 0.00 | 6.78 |
| 个案数 | 19 | 50 | 97 | 66 | 34 | 29 | 295 |

* Pearson $\chi^2$（20）＝34.75；Pr＝0.021.

**表 2－3　太仓不同结婚年代被调查者婚姻决定方式***

单位：%

| 婚姻决定方式 | 1949～1959 年 | 1960～1969 年 | 1970～1979 年 | 1980～1984 年 | 1985～1989 年 | 1990 年后 | 总计 |
|---|---|---|---|---|---|---|---|
| 父母决定，不征求本人意见 | 7.14 | 5.56 | 1.05 | 1.79 | 0.00 | 0.00 | 2.01 |
| 父母决定，征求本人意见 | 42.86 | 25.93 | 31.58 | 30.36 | 33.33 | 11.76 | 28.86 |
| 本人和父母共同决定 | 28.57 | 24.07 | 22.11 | 23.21 | 20.00 | 20.59 | 22.48 |
| 本人决定，征求父母意见 | 7.14 | 29.63 | 36.84 | 41.07 | 40.00 | 61.76 | 38.26 |
| 本人决定，不征求父母意见 | 14.29 | 14.81 | 8.42 | 3.57 | 6.67 | 5.88 | 8.39 |
| 个案数 | 14 | 54 | 95 | 56 | 45 | 34 | 298 |

* Pearson $\chi^2$（20）＝27.78；Pr＝0.115.

表 2-4 宜宾不同结婚年代被调查者婚姻决定方式*

单位:%

| 婚姻决定方式 | 1949～1959年 | 1960～1969年 | 1970～1979年 | 1980～1984年 | 1985～1989年 | 1990年后 | 总计 |
|---|---|---|---|---|---|---|---|
| 父母决定，不征求本人意见 | 10.13 | 9.52 | 0.00 | 2.70 | 4.00 | 0.00 | 4.44 |
| 父母决定，征求本人意见 | 16.46 | 19.05 | 22.95 | 27.03 | 18.00 | 22.22 | 20.48 |
| 本人和父母共同决定 | 22.78 | 33.33 | 40.98 | 32.43 | 42.00 | 40.00 | 34.47 |
| 本人决定，征求父母意见 | 30.38 | 23.81 | 26.23 | 32.43 | 28.00 | 33.33 | 29.35 |
| 本人决定，不征求父母意见 | 20.25 | 14.29 | 9.84 | 5.41 | 6.00 | 4.44 | 10.92 |
| 其他 | 0.00 | 0.00 | 0.00 | 0.00 | 2.00 | 0.00 | 0.34 |
| 个案数 | 79 | 21 | 61 | 37 | 50 | 45 | 293 |

* Pearson $\chi^2$ (25) = 35.09; Pr = 0.087.

我们还可以将介绍人“向谁提亲”作为考察婚姻自主程度的另一个指标。如果中间人首先向当事人的父母提亲，则意味着当事人对自己终身大事的决定权相对较小；反之，则相对较大。统计结果表明，在“介绍人首先向谁提亲”这一问题上，城乡差别相当显著。上海和成都进入统计的分别是462人和457人（只有双方认识通过中间人介绍的才进入统计，下同）；中间人首先向本人提亲的比例分别是75.32%和75.71%，而青浦、太仓和宜宾的同类比例分别是49.25%、37.83%和38.93%。三地农村中间人首先向父母提亲的比例则是45.15%、60.67%和58.57%。从数据上看，青浦的情况与上海和成都更为接近。这说明，虽然青浦农村的青年相识时在很大程度上仍要依靠专职的媒人，但就提亲形式看，他们享有的自由度还是要大于太仓和宜宾的农村青年。

据此我们看到，农村地区的婚姻正处在由家族婚向自主婚转变的过程中，这种变化显然是受到了生产方式变迁程度的制约。在青浦和太仓这样工业化程度较高的地区，婚姻已日益表现出自主婚的特征。

## 二 现阶段城乡婚姻的特征

婚姻稳定反映的是男女当事人婚姻关系的现实，即维系婚姻的纽带是否继续存在及其牢固程度。当然这种现实也折射出当事人对婚姻关系的看法。由于维系婚姻的纽带有多种，感情只是其中一种，所以婚姻稳定程度和当事人感情的好坏之间并无必然联系。而婚姻质量除了折射男女当事人婚姻的实际情况外，还反映出当事人对婚姻关系的主观感受（满意程度，在某种意义上，它对婚姻的意义可能比对当事人婚姻实际情况的测定还重要），即对当事人婚姻主客观情况的一个度量。因此，当事人婚姻的稳定与他们婚姻质量的高低之间不一定是一致的（当然，可以想见，婚姻质量高的，其婚姻肯定是稳定的）。我们的调查数据和我们对现实生活的观察都说明了这一点。

表2-5的数据说明，双方当事人至调查时仍均为初婚的比例除了成都略低一点（91.25%），上海和三个农村地区都超过了93%，太仓甚至超过96%。而离婚的比例（含曾经离过婚又再婚的比例）则都没有超过5%，两个城市都在4.5%左右，而农村则在2%以下。这是对现状的一个统计，但由于包含了对再婚情况的统计，所以已经将所有曾离异的被调查者的情况都包括在内了。由表2-5可以得出的一个结论是，这五个地区的家庭中婚姻关系是高度稳定的（虽然城乡之间在婚姻稳定性方面尚有小的差别）。我们将此与城乡当事人对择偶的考虑联系在一起进行考察，发现两者之间具有高度一致性。也就是说，追求婚姻的稳定是城乡当事人对婚姻的基本态度。这种态度自然也成了城乡婚姻文化模式的重要组成部分（由于感情纽带的强化是20世纪80年代以后的事情，而正是感情纽带的强化才可能导致婚姻关系不稳定因素的增加，因此在婚姻仍然高度稳定的情况下我们就可以说维系婚姻的各种纽带实际上仍在起作用）。面对当前城乡剧烈的社会变迁，这种情况仍无大的变化（即使在上海这样开放的大城市也如此），所以我们可以将此看做中国婚姻的一种特色。

**表2-5 调查对象目前婚姻状况构成**

单位：%

| 婚姻状况 | 上海 | 成都 | 青浦 | 太仓 | 宜宾 | 总计 |
|---|---|---|---|---|---|---|
| 初　婚 | 93.38 | 91.25 | 94.67 | 96.67 | 93.67 | 93.28 |
| 离婚再婚 | 1.50 | 2.00 | 0.67 | 0.67 | 0.00 | 1.28 |
| 丧偶再婚 | 0.25 | 0.50 | 1.33 | 0.00 | 3.00 | 0.76 |
| 离婚未婚 | 3.25 | 2.50 | 0.33 | 1.00 | 0.67 | 2.08 |
| 丧偶未婚 | 1.63 | 3.75 | 3.00 | 1.67 | 2.67 | 2.60 |
| 个案数 | 800 | 800 | 300 | 300 | 300 | 2500 |

如上所述，婚姻稳定与婚姻质量之间并不一定有必然的联系。维系

婚姻可以有多种纽带，稳定的婚姻不一定非要靠在测量婚姻质量方面的最重要的指标——感情来维系。表2－6、2－7、2－8从几个侧面显示出当事人对夫妻关系的满意程度与测定婚姻质量的其他指标之间并非是完全一致的。

**表2－6 五地被调查者对夫妻关系的满意程度**

单位：%

| 满意情况 | 上海 | 成都 | 青浦 | 太仓 | 宜宾 | 总计 |
|---|---|---|---|---|---|---|
| 不满意 | 2.68 | 1.72 | 0.67 | 1.01 | 1.02 | 1.73 |
| 比较不满意 | 2.94 | 2.51 | 1.34 | 1.68 | 2.37 | 2.39 |
| 比较满意 | 30.52 | 36.72 | 32.78 | 26.26 | 26.78 | 31.76 |
| 满意 | 63.86 | 59.05 | 65.22 | 71.04 | 69.83 | 64.13 |
| 个案数 | 783 | 77 | 299 | 297 | 295 | 1751 |

**表2－7 五地被调查者夫妻间交谈频率**

单位：%

| 交谈话题 | 上海 | 成都 | 青浦 | 太仓 | 宜宾 | 总计 |
|---|---|---|---|---|---|---|
| 总是有 | 9.04 | 8.92 | 5.70 | 2.73 | 4.81 | 7.31 |
| 经常有 | 45.35 | 64.18 | 65.77 | 64.16 | 43.64 | 55.84 |
| 有时有 | 35.66 | 22.24 | 23.15 | 25.26 | 41.24 | 29.33 |
| 偶尔有 | 7.88 | 3.20 | 4.36 | 6.83 | 7.56 | 5.82 |
| 无话可谈 | 2.07 | 1.46 | 1.01 | 1.02 | 2.75 | 1.70 |
| 个案数 | 774 | 751 | 298 | 293 | 291 | 2407 |

**表2－8 五地被调查者与配偶意见不一致时是否有争吵的统计**

单位：%

| 争吵情况 | 上海 | 成都 | 青浦 | 太仓 | 宜宾 | 总计 |
|---|---|---|---|---|---|---|
| 经常发生 | 3.75 | 4.13 | 1.01 | 1.02 | 2.41 | 3.03 |
| 有时发生 | 17.57 | 20.64 | 30.54 | 20.48 | 32.30 | 22.27 |
| 偶尔发生 | 59.82 | 59.92 | 44.63 | 54.27 | 53.61 | 56.54 |
| 没有发生 | 18.86 | 15.31 | 23.83 | 24.23 | 11.68 | 18.16 |
| 个案数 | 774 | 751 | 298 | 293 | 291 | 2407 |

从表2－6可以看到，两市和三地农村对婚姻关系（从婚姻这一侧面看夫妻关系，可以将它等同于婚姻关系）的满意程度是很高的，“不满意”

的比例上海为2.68%，成都为1.72%，青浦为0.67%，太仓为1.01%，宜宾为1.02%。如果与“比较不满意”的比例加在一起，则这一比例分别为5.62%、4.23%、2.01%、2.69%和3.39%。五地“满意”和“比较满意”的比例加在一起分别为94.38%、95.77%、98.00%、97.30%和96.61%，且“满意”的比例均超过了50%。这说明不论是城市还是农村，绝大多数被调查者对婚姻的主观感受均较好。①

但如果把表2－7、2－8、2－9对照起来看，我们就会发现对婚姻关系的满意程度和夫妻交流情况、夫妻间有无争吵及争吵时是否有动手情况之间并不是完全一致的（尤其是和夫妻交流情况）。也就是说，在对婚姻质量加以考量的时候，其客观指标和主观指标之间完全可能存在某种程度的不一致。当然我们不能将夫妻之间偶然的动手和争吵（甚至经常的口角）作为婚姻质量差的一个有力依据（民间所谓“夫妻无隔夜之仇”、“打是亲来骂是爱”从一个侧面反映出这种判断的合理性），婚姻关系的好坏有时确实很难仅以外在的指标来衡量（事实上这种不一致的存在表明，婚姻满意程度作为一种主观感受，在量度婚姻质量的诸多因素中可能是最重要的，一些外在的指标可能倒是处于一种次要的地位，即它对婚姻质量的影响尚未达到像对婚姻关系的满意度那样举足轻重的地步）。② 当然，婚姻质量有其自身演变的规律，这就是所谓的“U”形曲线，即一般来说，婚姻质量（包括夫妻对婚姻的满意度）在双方刚结婚时可以达到一个比较高的水平，随着结婚年代的推移逐渐下降，在中年时期到达最低点；而当夫妻步入老年时代时又开始回升。然而将上面列示的几张表联系起来看，我们可以推测这些被调查者的婚姻质量即使存在“U”形曲线，波峰和波谷之间的距离也要小于一般“U”形曲线这两者之间的距离。

---

① 要指出的是，两个当事人对婚姻的主观感受会有差异，但在这里我们只调查了一方。从1993年我们所做的七城市家庭研究的数据看，双方感受截然相反的比例很低，即如果有差异，也只是程度上的。所以这一资料仍可信（参见沈崇麟、杨善华主编，1995）。

② 徐安琪等在《中国婚姻质量研究》一书中认为，婚姻质量组合量表应由夫妻生活满意度、物质生活满意度、性生活质量、双方内聚力、婚姻生活情趣和夫妻调适结果6个分量表组成，也就是说婚姻质量可以从这6个侧面去度量，并将影响婚姻质量的因素（解释变量）分成人口特征和个人资源、两性资源差异（复合）、家庭结构和关系特征、婚前因素、双方一致性、性别角色差异、性意识和互动模式及配偶替代意识等8类（徐安琪、叶文振，1999）。

表 2-9 五地夫妻争吵时相互之间动手打人的情况比较*

单位:%

| 动手情况 | 上海 | 成都 | 青浦 | 太仓 | 宜宾 | 总计 |
|---|---|---|---|---|---|---|
| 妻子经常 | 0.48 | 0.79 | 1.41 | 4.03 | 1.19 | 1.26 |
| 丈夫经常 | 0.48 | 1.26 | 0.70 | 0.37 | 1.19 | 0.82 |
| 妻子偶尔 | 2.24 | 3.31 | 3.52 | 1.10 | 3.95 | 2.80 |
| 丈夫偶尔 | 6.56 | 14.33 | 7.75 | 3.66 | 20.95 | 10.48 |
| 双方从不 | 90.24 | 80.31 | 86.62 | 90.84 | 72.73 | 84.64 |
| 个案数 | 625 | 635 | 284 | 273 | 253 | 2070 |

* Pearson $\chi^2$ (16) = 98.28; Pr = 0.000.

总体来说，虽然婚姻稳定和婚姻质量之间并不存在必然的联系，但从上海、成都及青浦、太仓和宜宾的调查数据看，两者之间却存在某种一致性。其原因是这些地方的被调查者对婚姻的满意度绝大多数都很高或较高，而对婚姻的满意度又是量度婚姻质量的主观指标，所以这些地方大多数夫妻的婚姻质量应该说还是比较高的。

## 第四节 家庭制度变迁与社区情理

### 一 影响城乡家庭制度变迁的因素

奥地利历史学家赖因哈德·西德尔曾在《家庭的社会演变》一书中指出生产方式对家庭制度变迁的带有根本性的影响。可以说生产方式是影响城乡家庭制度变迁的第一和首要的因素。赖因哈德·西德尔（1996）认为，家庭发展的历史不可分割地与生产方式发展的历史紧密相连并赋予工业化及生产力的发展以一种十分重要的地位。我们对此十分赞同。生产方式对家庭制度的决定性影响体现在它决定着家庭的本质和内涵，因此与小生产的生产方式相适应的只能是父系父权的家庭制度，因为小生产的生产方式决定了一家一户就是一个生产单位，男性以他强健的体魄和从事农耕生产的能力及经验在家庭中无可否认地占据着主导地位。但是当农村的工业化进程开始的时候，农村的劳动力开始从农业流向非农产业部门，家庭作为一个生产的组织单位所起的作用逐渐减弱，家长的经验和能力对家庭来说也不再是至关重要的。随着社区工业化步伐的加快，农业收入在家庭总收入中所占比重越来越低；加上家庭成员都是以个人身份进入非农产业部门的，他们的收入也逐渐不采取集中保管的形式由家长掌握和支配。这样代际关系及夫妻关系随着年轻一代和女性所取得的经济独立而趋于平等。父系父权的家庭制度就这样被瓦解，代替它的则是夫妻平权、代际平等及双系并重的家庭制度。

影响城乡家庭制度变迁的第二个因素是区域文化（亚文化）。亚文化的一个最大特点是它通过社区舆论来调控和规范社区内人们的行为，从而维护着原有的制度，因为新制度的确立是以人们实行体现新制度的行为为标志的。以农村为例，农村的工业化导致的社会变迁具有质变的性质，农村的生产方式和生活方式“因此离开了几千年来传统模式的轨道，走上了由工业化所开辟的新路。由此而来的农村家庭变迁既然是为了适应新的生产方式与生活方式，同样具有质变性质”（杨善华，1995：177）。即这种家庭变迁的实质是家庭制度的变迁。它标志着父系父权家庭制度的瓦解和一种夫妻平权、代际平等及双系并重的新家庭制度的建立（当然从时间上看，这种新家庭制度代替原来的制度尚需时日）。这样的变迁一旦发生，处于这种变迁中的农村社区就进入了新旧交替的临界期，其社区亚文化也就有了新旧并存、此消彼长的临界期的特点。而原有的具有传统社会特点的亚文化既有和新家庭制度相适应的一面，又有与此不相容和互相冲突的一面。传统文化经世代沉积已成为一种社会文化心理结构，变成一种社区成员的共识；另外，作为一种意识形态，它又具有一种相对独立性，并不随生产方式和生活方式的改变而马上改变，所以就其与新家庭制度不相容和互相冲突的一面来说，它的存在会阻滞和扭曲新家庭制度的变迁，减缓新家庭制度取代原来的父系父权家庭制度的速度，使新家庭制度的各个侧面在变迁过程中出现某种不同步性。这种不同步性既可以体现在家庭功能的变迁方面，又可以体现在家庭结构和家庭关系方面。我们在三地农村的家庭结构、家庭关系和家庭功能的变迁方面已经看到了这一点。从另一个方面来看，带有传统文化色彩的区域亚文化也有与新家庭制度相适应的一面，它有可能把这部分内容融入新家庭制度，使新家庭制度带有区域特色（比如太仓和青浦的“招女婿”和“从妻居”的制度）。因此，亚文化在影响农村家庭制度变迁的时候具有两重性。

对城市而言，区域亚文化也使城市社区保持鲜明的地方特色，从而使每个城市都有它自己的、可与其他城市相互区别的特点。如前所述，改革开放以前的城市被赋予一定的行政级别，在计划经济模式下，各城市发展工业的机会是由中央政府和地方政府通过行政命令和资源分配的方式直接调控的。这样，在中国社会的金字塔上处于不同级别的大中城市，占有资源的能力和可能性显然有明显的不同。历史传统、地理位置及人口素质的不同，使各城市在1949年后不仅仍保留了以往的特征，也导致各城市拥有不同的发展条件，在社会现代化进程中处于不同的阶段（杨善华，1994）。这样的社会经济和文化背景自然也融入了城市的区域亚文化，导致各城市在区域文化方面的差异。这样一种异质性的存在，使城市家庭制度在走向现代化的过程中既有共性的一面，也有可以互相区别的一面。这种特征既体现在家庭功能的执行上，也体现在家庭关系（家庭角色模式）和家庭的生活方式上。根据我们实地调查的感受和体会，一般来说，在走向夫妻平权、代际平等和双系并重的家庭制度的过程中，北方城市比起南方城市来要保留更多的父系父权的家庭制度的残存内容。这种内容在文化和观念的层次深深进入人们的意识，然后反映在人们的行为规范中。这就是北方城市中的夫妻“男主外，女主内”的角色意识相对清晰，角色分工也较南方城市中的夫妻明晰的一个重要原因。在这个意义上，城市的亚文化同样也在阻滞和扭曲着家庭制度的变迁。

影响城乡家庭制度变迁的第三个因素是各级政府颁布实行的政策法令。应该说政策和法规对城乡家庭制度变迁的影响具有一定的强制性，有时甚至具有一定的超前性。因此，当政府的政策调整或者执行压力减轻的时候，实行该政策的地区会出现一定的反弹，减缓变迁速度，甚至使变迁出现某种程度的倒退。政策法规影响的一个明显的例子就是1958年“大跃进”时，党和政府号召妇女走出家门参加社会生产劳动，及随之而来政府制定的对城市新成长的劳动力（大中学毕业生）和社会闲散人员通过由国家分配工作（包括“上山下乡”）所实行的“低工资与充分就业”政策。这些政策的实行，使城市中的妇女充分意识到了自己的就业权利，并实现了经济独立，从而为夫妻平权的家庭制度在城市中的最终确立创造了一个根本性的前提。对于农村来说，家庭联产承包责任制的普遍实行使绝大多数农村地区的家庭重新变成生产的组织单位，生产功能重新成为家庭的核心功能[①]

① 所谓核心功能是指在家庭诸功能中与一定的生产方式相适应，具体体现着一定社会的家庭制度和家庭本质的功能。家庭核心功能的这种作用使它在与其他家庭功能的关系中居于支配地位，而且，只要社会的家庭制度保持不变，核心功能也将保持不变。

(杨善华，1995：11)。因此，农村的家庭制度和生产方式重新回到了相互适应的状态，人民公社时期由于政策的原因导致的家庭制度和生产方式之间存在的不协调得到改变，为下一步农村的工业化以及由工业化导致农村家庭制度的质的变迁准备了条件。

## 二 家庭制度变迁的目标

我们对城市家庭制度变迁的目标曾有过这样的阐述："从总体上说，现今中国城市家庭的变迁目标是建立一种与社会主义市场经济相适应的家庭制度。与以往的家庭制度（特别是和传统的家庭制度）相比较，这种家庭制度更强调把家庭与社会生活分开，把家庭看成是个人私生活的场所，更注重追求个人的幸福及个人情感的满足，从而淡化传统的'家本位'的观念。"（沈崇麟、杨善华主编，1995）但是综观前面的资料分析，我们觉得需要对前述假设（城市家庭制度变迁目标）做一补充，即社会主义市场经济对城市家庭制度的影响必须从两个方面去看，一方面，市场经济导致的价值观念变化和生活资源分配格局的变化都使代际、夫妻之间的独立程度增大，从而使家庭成员之间的关系变得"密中有疏"，产生从"家本位"向"个人本位"的转化；另一方面，中国在向市场经济转型过程中，社会保障制度改革的滞后和制度本身的不健全使城市居民产生不安全感，市场经济本身所带来的不确定性使城市居民产生一种对未来的不可测性，这也会使城市居民退而依靠家庭来应对由此带来的一系列问题，其结果是导致家庭凝聚力的进一步增强。可以说在调查资料中这两方面都体现出来了，而且在国家对经济实行结构调整并导致国有企业大批工人下岗的背景下，第二方面所占的比重似乎还更大一些。因此，城市家庭制度的变迁要想达到最终目标从目前看还将有相当长的路要走。

在讨论农村家庭制度变迁的最终目标时我们有个预设，即我们假定落后地区家庭制度变迁的方向和农村社会变迁的方向是一致的。当农村地区开始它的现代化进程时，农村家庭变迁的最终目标将是建立一种与现代社会相适应的家庭制度，而这种家庭制度可能是与现在城市中的家庭制度很相似或很接近的。落后地区则会在条件具备的时候因袭发达地区社会变迁所走过的道路，因此落后地区的家庭变迁的方向也会与发达地区的家庭变迁方向相一致，只不过它是要往前追赶罢了。当然，如前所述，在变迁过程中我们必须注意区域文化的影响，这种影响将使各地农村的家庭制度在大致类似的情况下保持自己的独特性，或者会有某些曲折和扭曲，甚至或多或少地保留传统的父系父权家庭制度的残余。不过，通过前面的分析，我们已经可以清楚看到像青浦和太仓这样已经高度工业化且它们的非农化也已经达到很高水平的农村地区，那里的家庭制度已经和城市中的家庭制度相当接近，而且农村居民很乐意接受城市人的价值观念、行为规范和生活方式，从而改变自己生活的态度和方式。这就为那里的家庭制度继续“城市化”创造了条件。

## 三　关于社区情理

我们在讨论影响城乡家庭制度变迁的因素时已经指出了区域文化（亚文化）的作用，在这里我们将进一步说明亚文化是如何影响家庭成员的行为进而影响家庭变迁的。在《世纪之交的城乡家庭》一书中我们曾经有过这样的阐述：“在一个相对封闭及文化相对落后的社区中，存在着由地区亚文化决定的某些为在该社区中生活的多数人所认可的行为规范及与此相适应的观念，这些规范和观念可能有悖于一定社会的制度和规范或者与一定社会的制度和规范存在着某种不适应。但因为社区的封闭性且居民的文化层次较低，所以这样的社区行为规范和观念仍得以存在并发生作用。而在社区中生活的人在选择自己行为时，则首先考虑自己的行为能否为社区中的他人所接受，并把它看做是自己行为选择的主要标准。换言之，只要他们的行为能够得到在同一社区中生活的多数人的赞成，他们就认为可行。”（沈崇麟、杨善华、李东山主编，1999：106）上述这种由地区亚文化决定的某些为在该社区中生活的多数人所认可的行为规范及与此相适应的观念，就是所谓的“社区情理”。亚文化就是通过这样的方式发挥作用，从而影响着在农村社区中生活的人的观念和行为，进而影响着他们的家庭和家庭关系。

从上面的阐述我们也可知，农村社区中的居民在选择自己的行为时十分在意自己的行为能否为他人所接受；如果不被接受，他们就会遭到舆论的非议，而这正是他们最担心的。因为在农村社区中，农民之间存在竞争，他们所发生的竞争一般都在社区范围之内，他们在竞争中的参照体系也是与他们生活在同一社区中的人群。与社区外的人相比对他们来说没有实际意义。农民在竞争中获胜的标志是向社区中的他人显示了自己做人的成就（像盖好房、攀高亲、结婚排场大、生儿子或孙子就是这种成就的最突出标志），而这种成就恰恰又高出在社区中生活的他人一头。但这种成就必须得到他人的肯定（舆论上）。如果没有这样一种肯定，他们所取得的成就就会黯然失色，就等于是他们在竞争中没有获胜，他们也将因失去他人对自己的尊重而失去自尊，从而陷入深深的痛苦。[①] 这就是农民的生活逻辑。因此，凡是一个有理智的农民都十分重视他人（这个他人自然是社区中的他人，社区之外的他人对农民是没有意义的）对自己的评价，因而也是非常看重自己的脸面的。这就是社区情理能够发挥重大影响作用的原因。

当然，我们也发现这种社区情理首先是与小生产的生产方式及相对封闭的生活环境相适应的。这也是社区情理能够存在的深层根据。它的行为规范和观念有悖于一定社会的规范和制度，然而仍能存在的原因是它的规范和观念在当地来说存在一定的合理性。从功能主义的视角和立场去解答这一问题，答案就是这种规范满足了当地居民的某种需要。像太仓和青浦这样已经高度工业化的地区，多数家庭的丈夫仍然掌握着日常开支的支配权和家庭事务的决策权，其原因就在于那里的社区情理仍然认为男子是强者，社区和家庭经济的发展主要依赖于男子在事业上的成功；那里的女性也接受男性是强者，是家庭和社区的支撑者这样的观念。而实际情况也与这样的观念和规范相去不远。

农民在决定家庭和个人的行为以适应社会变迁的时候，必须考虑他（们）的行为是否符合社区情理。比如计划生育作为一项基本国策已经为城乡大多数地区的居民所接受，但在有的农村地区仍有计划外生育或超生现象出现，这就是因为当地的社区情理有与这项国策不一致的地方，那里的人们赞同“多子多福”或“无后为大”这样的传统观念，所以虽然可能因超生得子被罚款，但是他却受到了当地舆论的赞扬。因此最终他可能会觉得自己还是赚了。农村家庭制度的变迁之所以会滞后于经济的发展，或与经济的发展出现某种不相适应，恐怕这是一个重要原因。所以，制度的变迁要合乎“情理”，与社区情理相适应，这正是农村家庭制度变迁的一个独特之处。

---

① 正如凡勃伦所指出的，自我尊重只是同伴对自己尊重的反映。因此当一个人在竞争中因表现一般而失去他人的尊重时，这个人就会遭受丧失自我尊重的痛苦。在一个实行竞争制度的社会里，不断更新的压力动机也因此植根于对自我尊重丧失的恐惧之中。在一个充满竞争的社会里，人们是通过和同伴的价值的比较来判断他们自己价值的。由于他们总是渴望超过其同伴，因此他们必然要永远被绑在旋转的地狱车轮上（刘易斯·科瑟，1990）。

至于城市家庭制度的变迁与农村不一样的地方是，城市社区是相对开放的；其次，城市社区只是居民生活的场所，它与居民工作的场所一般是完全分开的。这正是现代社会的一个重要特点。人与人之间也不可能形成像农村社区中的那种关系。再者，城市中人们之间的竞争主要发生在工作场所（单位），因为他们企图得到的各种资源主要也是由工作的单位或有关机构提供的，他们生活的社区解决不了这样的问题。所以一般在城市社区中形成不了农村这样的“社区情理”，城市亚文化对家庭制度变迁的影响是经由与农村不同的途径实现的。

## 思考题

1. 中国城乡家庭制度变迁的特征是什么？
2. 中国家庭变迁机制背后的理论依据是什么？
3. 社会转型期中国城乡的婚姻有什么特点？
4. 你是否认为在家庭制度方面存在城乡一体化的可能？
5. 你如何看待“社区情理”对农民的婚姻行为的影响？

## 参考文献

E. C. 库兹明、B. E. 苗诺夫主编，《社会心理学》，未正式出版。

Ю·И·谢苗诺夫，1983，《婚姻和家庭的起源》，北京：中国社会科学出版社。

基辛，1986，《当代文化人类学概要》，北晨编译，杭州：浙江人民出版社。

赖因哈德·西德尔，1996，《家庭的社会演变》，王志乐等译，北京：商务印书馆。

雷洁琼主编，1994，《改革以来中国农村婚姻家庭的新变化》，北京：北京大学出版社。

刘易斯·科瑟，1990，《社会学思想名家》，石人译，北京：中国社会科学出版社。

沈崇麟、杨善华、李东山主编，1999，《世纪之交的城乡家庭》，北京：中国社会科学出版社。

沈崇麟、杨善华主编，1995，《当代中国城市家庭研究》，北京：中国社会科学出版社。

孙立平，1999，《“过程—事件分析”与对当代中国农村社会生活的洞察》，“中国农村基层组织建设与农村社会可持续发展”国际研讨会论文。

徐安琪、叶文振，1999，《中国婚姻质量研究》，北京：中国社会科学出版社。

杨善华，1994，《中国城市家庭变迁中的若干理论问题》，《社会学研究》第 2 期。

——，1995，《经济体制改革和中国农村的家庭与婚姻》，北京：北京大学出版社。

杨善华、沈崇麟，2000，《城乡家庭—市场经济与非农化背景下的变迁》，杭州：浙江人民出版社。

杨善华编著，2006，《家庭社会学》，北京：高等教育出版社。

张永健，1993，《家庭与社会变迁——当代西方家庭史研究的新动向》，《社会学研究》第 2 期。

Beatrice Paolucci, Olive A. Hall and Nancy Axinn, 1977, *Family Decision Making: An Ecosystem Approach*, John Wiley & Sons.

David M. Klein and Reuben Hill, 1979, Determinants of Family Problem - solving Effectiveness, *Contemporary Theories about the Family*, Free Press.

Hamilton I. McCubbin and Joan M. Patterson, 1983, Family Stress and Adaptation to Crisis: a Double ABCX Model of Family Behavio, *Family Studies Review Yearbook*, volume 1, Sage.

Hareven, T. K., 1982, *Family Time and Historical Time*, Cambridge: Cambridge University Press.

Vern. L. Bengtson and Katherine R. Allen, 1993, The Life Course Perspective Applied to Families over Time, *Sourcebook of Family Theories and Methods: A Contextual Approach*, Plenum Press.

# 第三章 宗族与家族

张小军

本章基于社会学和社会人类学的理论与实践，介绍中国经验视野中的宗族（lineage）（兼论家族［family］）。本章主要包括三项内容：一是宗族的概念辨析，回答什么是“宗族”；二是宗族的存在形态，描述对宗族发生与演变最有代表性的看法；三是土地、国家与革命，分析宗族与国家（治理）的关系，讨论宗族的土地经济对中国社会的影响，并对宗族兴衰的近代社会背景予以简单分析。由此，梳理出理解“宗族”现象的若干具有中国经验特点的社会学和社会人类学观点。

## 第一节 家族与宗族概说

中国的宗族（也包括家族、氏族［clan］）制度，是中国社会中十分有特色的“亲属制度”（kinship），不同于西方或者非洲相近的世系制度（lineage system）。在几千年的社会演变中，宗族在不同年代之间并不是连续的，而是有着十分不同的含义。这是因为中国社会中的宗族一直具有强烈的社会嵌入性，因而其在不同的社会结构中扮演不同的角色，具有不同的功能，被赋予不同的意义。

### 一 家族与宗族界定

何为“宗族”，是本章的核心问题。就一般意义而言，中国宗族是一种亲属制度中的继嗣群体（descent group）现象。这样的从亲属制度角度的回答其实只是表面或者形式上的解释，可以称为宗族的“形式论”。与之不同，宗族的“实质论”强调宗族的社会嵌入性和实践性，即把宗族放在活生生的、具有历史文化脉络的社会实践中，理解其发生、存在和演变的逻辑。正是由此，我们方可看到宗族现象之中国经验，并以此理解中国社会及其宗族的真实蕴含。

家族、宗族和氏族的概念，在一般的社会和文化人类学亲属关系理论中有不同的界定。简单说，家族（family）是一个围绕家庭而扩展的生活群体；宗族（lineage）是一个以某个祖宗为中心建立的血缘群体；氏族（clan）则是一种基于同宗姓的亲属群体。就宗族和氏族而言，在父系的血缘关系下，两者有时候是重合的，即一个同姓的氏族往往具有共同的祖先。而家族与宗族的关系则比较复杂，需要从家与宗族的结构关系上来进行辨析。

家与宗族的结构关系，在中国的人类学和社会学研究中多有论及，因为两者不仅对中国社会本身十分重要，更表征了中国社会在亲属制度上不同于其他社会的某些特点。然而，“家”（jia）（也常常指代家庭、家户甚至家族）与宗族之间不断变化和难以理清的结构关系，并非简单的亲属关系或者亲属制度中的结构关系。其实，只要稍微考察历史，就可以知道宗族在中国的历史时空中并不是一个恒常和连续的现象，但是家庭却延绵不断。例如中国内地20世纪80年代以来的“宗族复兴”，其家庭无论从财产关系还是权力关系上，都很难再说是“土改”以前那种隶属宗族的情形。这一现象提出了一个问题：家庭是否宗族的单位？如果是，家庭何以能脱离宗族而存在？如果不是，宗族为何又联系到家庭？

## 二 家族与宗族之辨

在中国特别是华南社会，自宋以后，才有了比较普遍的基层宗族或者说家族制度，它结合了婚姻和血缘。过往的研究很少问及其产生的条件和原因，家为何自宋代以后在基层社会凝聚成族？为什么宋代以后家会伸展为家族或者宗族，而不是缩小为家庭？回顾过往的研究，对于家与宗族的结构关系，至少有四类不同的观点。

首先，相当多数的研究者都同意以家作为宗族的单位。芮逸夫认为：“家是基于婚姻构成的一种社会单位或亲属团体。”“由亲属团体的概念来说，无论是家族或亲族（kin），宗族或氏族，都是由这种团体扩大而成的”

（芮逸夫，1972：747）。也有学者以为，“家族乃是宗族的最小单位，合若干家族而为房派，合若干房派而为宗族”（陈礼颂，1995：25）。冯尔康亦有类似看法，认为“宗族是由男系血缘的各个家庭，在宗法观念的规范下组成的社会群体”（冯尔康，1994：10）。

另有一些学者将宗族和家族混称。高达观认为：近代中国的家族制度是从宋代兴起的。宋代虽然宗法传统的精神发生动摇，但反而在民间普遍发展了家族制度。这种新的家族制度，即为宗族的组织（高达观，1946：72~73）。冯尔康认为上面的宗族定义“大约用在先秦典型宗法制时代最为合适，汉至清间也基本上适用，唯在宗法具体内容上颇多改变，宗法制规定有某些削弱，因此可以把宗族称为家族”（冯尔康，1994：10）。因宗法衰而宗族变家族的逻辑，其实与高达观的观点有某些相似。谢继昌在讨论中国家族的定义时，理解费孝通关于家之“差序格局”的伸展情形，指出“中国家族的结构原则是与宗族相同的。另外，中国的家好似宗族和部落一样，兼具政治、经济、宗教等复杂功能，是一种事业团体”（谢继昌，1981：57~58）。

第三类的学者从结构的伸缩关系上提出解释。费孝通的“差序格局”说认为：中国的“家并没有严格的团体界限，这社群里的分子可以依需要，沿亲属差序向外扩大”。“中国乡土社会采取了差序格局，利用亲属的伦常去组织社群，经营各种事业，使这基本的家，变成氏族性了。……于是家的性质变成了族”（费孝通，1991：43~45）。吴燕和认为中国家、族观念具有多变性和伸缩性，他引述 Cohen 和 Fried 关于中国家的成员关系具有伸缩性的观点，并指出人类学家要用结构的原则找出绝对的宗族组织是困难的（吴燕和，1985：132，138）。王崧兴同意费孝通的“差序格局”说，指出了家的树大分枝特性：“分裂的特性造成了生活单位之‘家庭’，而结合的特性则形成了‘家’。”“一个大范围的家族群体，即宗族，其成员之间有很清楚的父系继嗣系谱来加以界定”（王崧兴，1989：271~272）。

第四类观点认为家与宗或宗族是分离的。Ebrey 在讨论宋代的家庭观念时，追溯早期家的概念到“国家”，认为家在早期的亲属关系原则中几乎不扮演什么角色，家是一个政治经济的单位，而宗涉及共同的父系祖先，家与宗在早期是不同的，在汉代，两者是十分清楚分开的（Ebrey，1984：222）。陈奕麟由土著观点探讨汉人的亲属关系，指出亲属关系并不一定按照结构性规则来运作。“宗”、“家”、“亲”等概念，我们只能确定其意义和作用不同，甚至它们是各自独立自主的。“宗族”、“家族”、“家庭”等亲属组织，可以受到不同原则的支配影响（陈奕麟，1996：14）。

人类学家其实早就论及了家庭的基础。Maine 强调“家庭是人们由真实或虚构的血缘关系联合成的群体”（Maine，1931：178）。Murdock 定义“家庭是一个社会团体，其内包括两个或多个彼此结婚之不同性别的成人，并且包括已婚双亲之亲生或收养的一个或多个孩子”（Murdock，1960：1）。芮逸夫也持婚姻的看法，认为“家是基于婚姻构成的一种社会单位或亲属团体”（芮逸夫，1972：1～3）。按照婚姻说法，家庭与以血缘关系为基础的宗族不同。许烺光因此指出，“宗族与基于婚姻组织起来的家庭是不相同的”（Hsu，1963：61）。

此外，家也曾是国家管理组织中最小的单位，《周礼》中有：“令五家为比，使之相保；五比为闾，使之相受；四闾为族，使之相葬；五族为党，使之相救；五党为州，使之相赒；五州为乡，使之相宾。”郑玄注曰：“闾，二十五家；族，百家；党，五百家；州，二千五百家；乡，万二千五百家。”其中所谓的族有百家，这个“族”不是宗族，也不是以血缘成族，“家”和“族”之间本来没有血缘的联系。在早期的中国社会中，家不是宗族单位，宗族也不是家的扩展。

基于上述四类观点，我们可知家和宗族本来是两回事，但在宋代以后，特别是在华南社会，伴随着基层家族制度的形成过程，宗族以其整合扩展了家，对以婚姻为基础的家，注入了血缘意义。这一整合使得两个本来不同的东西，即家和宗族相结合，并产生了两个结果：一是家被宗族整合、延展和拉伸，这使得家族与宗族看起来好像是重合的；二是当家被宗族以及户籍、赋役和法律制度等整合时，家又好像是宗族的单位。如此形成了近代的家族（相对宗族）、家户（相对户籍、赋役制度）、家庭（基于婚姻的生活单位）、家（有不同的认同范围和标准）等多义性的家系列。

## 第二节　宗族、家族的形态

按照实质论的观点，宗族发生、存在和演变是一个嵌入社会的生活实践过程。因此，中国历史上的宗族，并不是一个连续的制度和形态；甚至在某些形态下不符合宗族应该遵守的继嗣原则。例如早期的宗族曾经是一个近亲群体，有血缘但是非继嗣（宗祧，descent）。当代“复兴”的宗族已经或正在趋于社团化，其中的继嗣原则只是形式，一般并无实质的财产等继嗣关系。

## 一 宗族的早期历史形态

宗族的早期形态与近代很不相同。“宗族”概念最早的系统解释出自《尔雅·释亲》。对于《尔雅》成书的年代，学者说法不一，一般认为大约是在战国至西汉。它由一批儒生陆续汇集编纂，是我国最早的解释词义的专著，反映了当时和之前的社会和语言。《尔雅·释亲》说“父之党为宗族”，并详细列举了43类宗族成员，包括己身的下七代孙，高曾祖祢的上四代男祖，相应的高曾祖祢上四代王姑，伯父伯母、叔父叔母、姐妹、从祖姑、族祖姑和族祖王母、族昆弟等。

按《尔雅·释亲》的界定，宗族（父党）相对己身，与母党、妻党和婚党、姻党同为己身的近亲群体。《尔雅·释亲》解释了宗族、母党、妻党和婚党、姻党五种“亲”，其中“父之党为宗族”，“妇之父为婚”，“婿之父为姻”，“妇之党为婚兄弟”，“婿之党为姻兄弟”，“母与妻之党为兄弟”。从现在的亲属关系观点看，当时家庭有两个层面：己身和子女是无法直接享有亲戚关系的核心家庭成员，他们只能通过父、母、妻、妇（媳妇）、婿来建立亲属关系；父、母、妻、妇、婿是携带了其他亲属关系的家庭成员，他们各有其党。其中父党是血亲，称宗族。其他四个分别是父亲、己身和子、女的姻亲，即母党、妻党、婚党和姻党，均称“兄弟”。上述原来是五个可称“兄弟”的近亲群体，宗族相对己身，不是宗祧或者继嗣群体，这是与近代宗族的基本区别。在早期社会，兄弟的宗统关系高于父子关系甚至夫妻关系，甚至皇帝的身份也常常有先传兄、后传子的情形。

按照《尔雅·释亲》复原的宗族的范围，是一个环绕“家庭”（己身和子）的不对称的亲属体系（见图3-1）。所谓不对称，是相对人们常说的五服关系。这一宗族体系有以下几个特点。

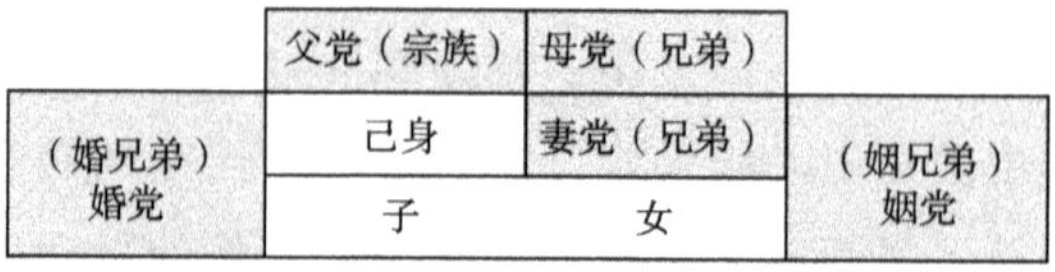

<table>
<tr><td></td><td>父党（宗族）</td><td>母党（兄弟）</td><td></td></tr>
<tr><td rowspan="2">（婚兄弟）<br>婚党</td><td>己身</td><td>妻党（兄弟）</td><td rowspan="2">（姻兄弟）<br>姻党</td></tr>
<tr><td>子</td><td>女</td></tr>
</table>

**图3-1 《尔雅·释亲》中的五个近亲群体**

第一，以父为核心。这里与近世宗族的重要不同是：近世宗族的核心不是父亲，通常是一个得到公认的一世肇基祖，并且包括己身在内。

第二，宗族不包括己身和子，是家的近亲而不是家的扩展。《尔雅·注疏》说宗族“此别同宗亲族”。宗族是己身的近亲群体，核心是父亲，所以有“父之党为宗族”；而同宗亲族是己身的族亲，核心不是父亲。这样的宗族，还不是一个继嗣群体。

第三，从姐妹、姑、王姑、曾祖王姑到高祖王姑，以及从祖姑、族祖姑和族祖王母的单列，说明妇女也可独立作为宗族成员，而近代宗族的规范是妇女一般不能独立上谱，必须随其夫进入宗族。从祖王母和族祖王母当是异姓女性，也入宗族，与后来的宗族观念大相径庭。

第四，由己身上溯四代的祖先不仅有男性的由父至高祖，还并列有女性的四代祖先，包括王母和王姑两个系列，即由母（还包括庶母）到高祖王母，以及从姑到高祖王姑。在宗族这个血缘的近亲群体中，姑姑系列（也是一种姐妹系列）代表的女性之作用是相当重要的。

第五，己身可以是男或者女，芮逸夫在论及《尔雅·释亲》的九族观时也提到母、妻、妇有其宗族（芮逸夫，1950：209～231）。《后汉书·光武十二》说：“十一月丁丑，汉护军将军高午刺述洞胸，其夜死。明日，汉入屠蜀城，诛述大将公孙晃、延岑等，所杀数万人，夷灭述妻子宗族万余人以上。”所谓的“妻子宗族”，应是以妻子为己身的父之党的近亲群体。正因为早期的宗族是近亲群体，且较其他几个最为重要，因此，在战争中，它常常成为战争群体。夷宗灭族，是当时流行的行为。《汉书》中记师古曰：“夷者，平也，谓尽平其家室宗族。”这里的家室不属于宗族，宗族只是家的近亲，所以两者分开称呼。

第六，一个人可以同时成为多个宗族之成员，因为宗族虽然不包括己身，却包含父亲之下的兄弟关系，即己身的兄弟、从兄弟、族兄弟都是宗族成员，己身也是其兄弟的宗族成员，他们互为对方的宗族成员。如此的关系在有权力的大族中扩展，形成了彼此的兄弟宗族。宗族的扩展当时主要是国家之大族借同宗近亲（甚至不一定有血缘关系）聚合的兄弟宗族，是近亲兄弟间横向的扩展。

汉代，是宗族形态的一个转变时期，当时的平民家庭与宗族并没有整合。与国家关系密切的世家大族和平民小家庭是在两个不同的层面运作的。许倬云曾经论及汉代家庭的大小：“由于秦人遗风及秦律遗留的限制，西汉大约以小家庭，即核心家庭为多。……逮及东汉，因为汉世风俗的渐以儒家思想为依据，逐渐有奉父母同居为主干家庭。曹魏以户为课税对象，又无‘异子之科’，家庭自然又更大了。”（许倬云，1967：805）

国家对宗族的制度化可见于北魏的宗主督护制，主要在北方的河北和山西等地实行“立宗主，主督护”，即以宗主同时行使督护（方镇属官）。后来宗族势力增强，怕其冲击国家，又改变以地缘的三长制代替血缘的宗主督护制，即五家为邻，五邻为里，五里为党，邻、里、党各置一长（参见冯尔康，1994）。有趣之处在于：取代宗主督护制的三长制，仍像《周礼》所述，是以家为单位的。这反映出家在不同制度整合之下的灵活性。

自魏、晋、南北朝以降，小家庭几乎成为趋势。顾炎武在《日知录》中引述说：“宋孝建中（454～456年），中军府录事参军周殷启曰：今士大夫，父母在而兄弟异居，累十家而七；庶人父子殊产，八家而五。……魏书裴植传云：……各别资财，同居异灶，一门数灶，盖亦染江南之俗也。”到了唐代，中央政权开始规定对父母在而别籍异财的处罚。

芮逸夫认为，近世的父、子、兄弟同居共财的中国家族模式始于唐律，而“自魏、晋、南、北朝至隋，除少数士大夫之家，尚保持父、子、兄、弟传统的大家庭制外，大多数的家不但是兄弟异居，父、子也多殊产，世风所趋，显然是以小家庭为归的。”宋代以后多采用唐律规定的：“诸祖父母、父母在，而子、孙别籍异财者，徒三年”等鼓励“同籍共居，以敦风俗”的律令，“形成了千余年来父、子、兄弟同居共财的中国家族模式”（芮逸夫，1972）。律令规定之严格，正说明当时兄弟异居的普遍。由《中国人口史》，整理出从汉至明的户均人口资料如下（王育民，1995）：西汉元始二年4.87人，西晋太康元年6.57人，隋大业二年5.17人，唐天宝十四年5.94人，宋大观三年2.24人，元至元廿七年4.46人，明永乐元年5.83人。北宋徽宗时，户均人口只有2.24人，远非大家族规模。虽然户不等于家，但如此低的户均人口仍然是个悬念。王育民认为这主要和当时的赋税制度有关，因为当时的赋税政策是“先富后贫”，越上等户田税越重。虽然政府沿用唐律限制析户，但是大户常常“诡名子户”，即一上等户析成多个子户，将田分散，以逃避赋税，结果户数虚增。另一种是“诡名挟佃”，即主户中一些非品官的地主假佃户之名，寄托于减免徭役的官户，以避徭役，致使漏户漏口。加上许多客户的游移，也使户口登记有大量漏口（王育民，1995：277～297）。这些说明了赋税制度对家庭规模之影响。苏基朗曾经详细评述论证了“丁口说”，认为当时的口为丁口，即只是男丁的数字，实际的户均人口还是在五人上下（苏基朗，1995：163～188）。此外，宋代的战乱和人口迁移也是家庭不稳定和破碎化的重要因素。

宋代一批士大夫提倡重建宗族，目的是为了重建国家秩序。张载曾说：“造宅一区，及其所有，既死则众子分裂，未几荡尽，则家遂不存；如此则家且不能保，又安能保国家?”他因此主张“立宗子法”，“以管摄天下人心，收宗族，厚风俗。”“严宗庙，合族属。”上述说法，明显主张用宗族整合家，以防家的分裂。国家是无数小家组成的大家，以宗族的方式整合起来，才能保国家。程颐则从伦理整合的角度，认为“若宗子立法，则人知尊祖重本，人既重本，则朝廷之势自尊”。这些士大夫都把宗族、宗法之事与国家联系起来，没有这样一个宗族“前结构”的发生过程，后来的所谓“中国家制模式”不可能建立起来。

## 二　宗族的文化创造

宗族的文化创造主要发生在南宋以后的华南地区，先是南宋开始的宗族士大夫化，继而是明代大规模的宗族庶民化。

南宋时朱熹曾设计家礼[①]，主张恢复宗族，宋淳熙六年（1179年），朱熹知南康军，发现庐山白鹿洞书院荒废，感叹“老佛之居以百十计，其费坏无不兴葺”，而儒者之地却“一费累年不复振起”（参见丁钢、刘琪，1992：34）。同年，陆九龄访朱熹，请教如何做小学规矩，朱熹答曰：“只做禅院清规样，亦自好”。[②] 朱熹总结当时的佛寺之持久兴旺有两条：一是有田养寺，二是勤行持操，有一套规矩。这促使他按照佛寺来设计书院和祠堂，形成了集教育、祭祀并能自养和有规矩的书院和宗祠模式。李弘祺（1996）在对宋元时期建阳书院教育的研究中，指出了当地修祠以祀地方儒者的风气，“地方政府授祠田以让儒者家族奉祀，这更成为后代宗族组织的典范。”张小军在对福建阳村的研究中，通过功德佛寺转变为宗祠的历史个案，也讨论了宗族士大夫化的过程，这些研究片段地反映了南宋开始的宗族士大夫化过程，有助于思考在南宋以降儒家渐兴和佛教渐衰的表象下面，佛教和儒家是怎样融合生长的；“国家”又是怎样在其中扮演角色并被百姓

① 一说《朱子家礼》非朱熹所撰。

② 《朱子语类》卷13。

再创造的（张小军，2003）。

宋代以来华南地区的宗族的文化创造，主要表现为宗族从士大夫用国家语言的象征虚构到人们以宗祠、族产、土地、族谱、家庭等来实化（reification）宗族的过程。这一宗族观点认为：第一，宋代以来的宗族主要是文化象征的创造和实践，它不是自然产生的单纯宗祧群体，因此无法从宗祧和亲属制度的角度简单定义；第二，宗族作为文化象征的产品，具有文化产品的一般特性如象征意义、文化手段、文化资源、话语性、伸缩性和历史性等；第三，宗族不是模式化的文化产品，而是日常实践中的文化创造，因此反对将宗族模式化。

在中国社会，"宗族"早已超出了血缘系谱的含义，它也不是完全来自血缘系谱或为其而生。它作为造秩序的文化手段和工具，作为文化价值承传的载体，作为权力文化网络的部分，作为文化的创造，都是应文化造序而生。

明代华南宗族庶民化的研究以华南的历史人类学研究见长。科大卫、萧凤霞和刘志伟曾经论及明清珠江三角洲的宗族创造，随着三角洲沙田的开发，一些靠开发沙田而得益的地方豪强，开始修族谱、造宗族。他们虚构自己的历史，攀附国家的正统政治（如通过虚构的祖先把自己与北方的皇帝拉上关系等），使宗族成为他们扩大自己地方权力的文化手段（Faure，1989；Siu，1989；刘志伟，1992）。土地的开发，表面上是宗族发生的原因，实际上只是宗族发生的可能条件。重要的是通过土地凝聚和转移出来的权力可以通过宗族得到维持和扩展，国家和士大夫的宗族意识形态为发达后的地方豪强提供了一个维持权力、合法控制地方社会和继续牟利的方式。

早期弗里德曼的闽粤宗族研究（Freedman，1958，1966）虽然已经关注到明清时期国家与宗族的功能关系，但是缺少历史的演变脉络，缺少文化的分析。科大卫（Faure，1986，1989）、萧凤霞（Siu，1989）、刘志伟（1992）、郑振满（1992）等先后在广东和福建的研究，特别指出了华南基层社会在明代中期前后有一个宗族的文化创造过程，这一"宗族"，"并不是中国历史上从来就有的制度，也不是所有中国人的社会共有的制度。……明清华南宗族的发展，是明代以后国家政治变化和经济发展的一种表现，是国家礼仪改变并向地方社会渗透过程在时间和空间上的扩展"（科大卫、刘志伟，2000：1）。它涉及户籍、宗教信仰、田赋、沙田开发、水利和农事、移民、新儒家的伦理、国家权力和正统、国家与基层社会的关系等许多方面。

珠玑巷的传说是上面宗族文化创造的一个有趣的例证。珠玑巷一直是珠江三角洲大宗族自认的祖先迁居地，传说之一大致情节如下。

珠江三角洲的许多大宗族都认为他们的祖先在更早的时候从中原南迁，翻越大庾岭后，定居粤北南雄的珠玑巷。宋代因所谓的“胡妃之乱”（《宋史》记南宋度宗的胡贵嫔，因父事牵连而被度宗泣逐出宫为尼。传说却变成了胡妃潜逃出宫至南雄），南雄居民被迫南迁，拿着官府的“路引”（通行证），沿北江迁到珠江三角洲定居。

按科大卫和刘志伟的看法，珠玑巷的故事在明代前中期形成，它并非日本学者牧野巽以为的，是珠江三角洲大宗族在缔结地域联盟中想证明自己来自中原的结果，甚至不是一个关于宗族的传说，因为在这个传说形成的时候，珠江三角洲地区还没有所谓的“宗族”。明初国家的编制里甲户籍，是地方秩序纳入王朝统治的最重要举措，当时除了把地方军事豪强控制的人口收编为军户，还收集无籍之人编入军队屯田，这主要是些被他称而非自称为“户”的本地土著。伴随着广设屯田和编制里甲户籍，人们在他们垦殖的沙田附近定居下来，形成了三角洲上的村落，并引出了两个重要的“划”身份，一是能否入籍而享有入住权；二是民籍与地位相对低下的军籍之差别。要想从“划外”到“划内”，就要洗脱军籍，证明自己来自中原，并在明代以前已经是编户齐民。珠玑巷的传说，很可能是为说明自己的中原身份而非原居民“户”的一种编造。至于明中期以后的“宗族”建构，不过是人们继续借用这个传说增权自身，将自己与国家、中心、正统联系在一起罢了。

## 三　宗族模式：水波差序对驻波差序

明代华南的宗族文化创造，给后来的中国社会带来了深刻的影响，从明清、民国、“土改”直到今天的改革开放。从社会结构上来看，明代华南宗族的发生不符合费孝通的差序格局观点，而这一观点曾长期影响理解家与宗族联系的图像。费孝通的“差序格局”可以称为水波纹的差序格局，因为家的扩展好像水波纹一样，沿着亲属伦常向外扩展。我们可以继续追问这一亲属伦常的基础何在：是来自亲属制度本身，还是来自国家、宗族等其他因素？如果这一亲属伦常是中国社会中长期的传统，为什么宋代以前不存在明显由此组织起来的差序格局？借用芮逸夫所言，那时大多数的家为什么“世风所趋，显然是以小家庭为归的”，而不是沿亲属伦常波传开去？

任何社会都有所谓的亲属伦常，但是这种亲属伦常能够在社会中起多大的作用，并不简单取决于这种亲属伦常本身。宗族的文化创造反映了国家和宗族是亲属伦常后来能够发挥作用的“潜在结构”。正因为如此，这种潜结构一旦改变，亲属伦常的作用便明显减弱，好像晚清到民国时期的社会文化变迁引起的对家族制度和对宗法国家的批评，使家庭有如脱离了拉力的橡皮筋，产生张力收缩，返回小家庭。

宋代以后的华南宗族不是以家庭或家为源点或者原型的自然扩展，它主要是一个自上而下然后双向互动的过程：先由士大夫在象征层面重新创造（例如范仲淹的义庄、朱子的家礼），然后由国家政治推动（例如明嘉靖十五年允许臣民祭祀始祖的诏令，导致民间纷纷建立宗祠祭祀），继而是乡民的接受、模仿和再造（例如大量的虚构祖先和族谱）。从范仲淹“赡养宗族”的义庄到朱子家礼，对宗族和宗祠的设计基本上是根据过往宗族和周礼延续下来的旧习。朱子的祠堂之制，一些是周以来家庙制度的延伸，只不过“今庶人之贱亦有所不得为者，故特以祠堂名之”。宋代华南地方社会的诸多因素形成了宗族整合普通百姓家庭的可能。家不是宗族的原型，至少不是根本“原型”，而更多是作为宗族建构的“材料”。因此，宗族在国家和乡民的整合实践中变异颇多。早期的家族、宗族、氏族和世系并不是一个自然生成的宗祧群体系列。

本章不否定水波差序格局在社会历史时空中的存在，但是从发生的动力角度，这一模式对中国社会结构的描述尚欠全面和深入。例如前述家与宗族之关系，在《尔雅》反映的时期，宗族是一个不包含家庭的以父为中心的近亲兄弟群体，家不是宗族的单位。后来在国家的整合制度中，家在宗族内外游移，有时属于宗族单位，有时属于“五家为比”或“五比为邻”的基本行政单位。宋代以后，家被宗族、户籍、赋役、法律和里甲保甲制度等做不同向度的整合，家被拉伸成家族。这并不是好像石头入水后激起的波纹，因为其动力的源点不是水波纹中心的石头，而是来自国家和宗族等从外部、旁侧的推波助澜和吸引拉伸。国家和宗族是家庭建构中重要的前结构和潜结构。

就家而言，以婚姻为基础的或者同居共灶的家庭是一回事，家庭在宗族以及土地、户籍、赋役、法律、里（保）甲等制度下形成新的权利义务是另一回事。家庭被宗族等制度整合时，人们通过祠堂、祭祖、族产、土地等与宗族建立了权利和义务的联系，从修族谱、分猪肉直到解决纠纷和祖产分配，这些才是超越了家庭的家族化的内容。宋代以后宗族和家的整合，使得近世中国的家具有内核和功能扩展的二重结构。其中，家庭的内核没有因宗族化而丧失，倒是扩展出来的大家族的权利义务及其表征，随着自晚清直到“土改”的家庭革命、对宗法国家的批评和对宗族土地的没收等而减弱。

从形象的角度，可用另一个比喻模式：鱼洗模式①，或者称“驻波差序格局”，它形成的是多极的“干涉—共振格局”。体验过鱼洗的人都知道，当摩擦鱼洗两边的手柄，会见到盆中有水花喷涌而起。这一现象的物理原因是摩擦产生的振动，通过手柄与盆体相连的四个点，向水和盆体传出振动波。四个点源的波从龙盆外缘向内传递，加上盆体铜质的振动，形成了多角度和多方向的振动波，波与波之间形成波的干涉。在多方向的波峰与波峰相遇时，产生共振，形成波的叠加，并产生驻波现象，涌起水花。可以假定鱼洗的不同振源为国家、宗族、家等因素，各点的波动与盆体本身及其反射波之间“整合”得越好，越易形成匹配共振的驻波水花。

一般而言，小家庭在已经有相当劳动分工的社会中，是否有依所谓的亲属伦常自然扩展为宗族的需要和动力，颇有疑问。因为家庭不是宗族的本来之单位，因此当宗族在近代被“革命”时，家庭照样存在。20世纪80年代的宗族“复兴”，亦是一个与家庭无干的现象，即不是因为家庭的扩展而导致了宗族的“复兴”。90年代笔者在福建阳村的田野调查中，曾进行了近百对同姓婚家庭的访问，其中也调查了他们的“大家庭”和“小家庭”观念。调查用写有25个家庭成员的卡片，让受访者分别按照“大家庭”和“小家庭”归类，结果显示小家庭的选择有两个明显范围：一是自己的儿女；二是加上父母。小家庭人口规模（不包括夫妻）1~2人最多（对应儿女），3~4人次多（加上父母）。大家庭的选择由近及远可以分为四个范围：儿女和父母；兄弟姐妹及其子女（其中兄弟及其子女较近）；上辈亲属（舅姑叔姨）；祖辈（爷爷、奶奶等）和婚姻父母（公公、婆婆、丈人、丈母娘）。大家庭的人口规模比较明显的区段是6~15人。结合选择

① 鱼洗是一种寺观盥洗用的铜盆。

人次的次序，大家庭主要是从主干家庭到包括舅姑叔姨等近亲的范围。十分明显，大家庭在选取意向上并没有成为血缘宗族的倾向。

总之，20 世纪 80 年代以来，中国许多农村地区重新实行了家庭承包责任制，家庭发展趋势特别在中国已经明显趋向小家庭而不是大家族，趋向个性化、核心化以及私人空间化。“复兴”的宗族，则在形式上朝着地方社团化（例如宗亲会等）的方向演变。

## 第三节　国家、土地与革命

### 一　宗族的国家模式：边陲说与中心说

“国家”，在中国古代的观念中，乃是“国”与“家”的社会等级体系，有如《孟子·离娄上》所说“人有恒言，皆曰天下国家。天下之本在国，国之本在家”。这一“国家”体系乃是“天子建国，诸侯立家，卿置侧室，大夫有贰宗，士有隶子弟，庶人、工、商各有分亲，皆有等衰”。中国的家，不但早在制度上成为国家“五家为比”和任力役的单位，也在伦理上与“礼”结合。这使得有“礼”的世家大族和“礼不下庶人”的平民小家庭产生分离。直到宋代，一批士大夫明确主张把家纳入国家整合的体系。司马光《家范》有“以礼法齐其家”和“正家而天下定”，与《朱子家礼》中“修身齐家之要，谨终追远之心，犹可以复见而于国家”的逻辑是相通的。但在当时，并没有一个儒家思想的一统天下和宗族的普遍化，只是在南宋开始的国家、宗族和家庭的一体化建构中，国家之下的亲属伦常才有可能成为一种近世普遍的基层家庭伦理。

至少在南宋，理学家们已经将“家”的理念普遍化。朱子提出一套家礼家制，是基于对当时社会的理解，目的是为了重建国家和地方秩序，即所谓“修身、齐家、治国、平天下”。不过，那时的“宗族”的象征体系并不完善，从元朝国家崇儒才开始付诸行动，并在明代由国家推动，成为乡村社会的基层组织。在这个实践过程中，宗族已经不完全是朱熹当年的设计，也不完全是明代国家推动的版本。这是一个在国家、地方和个人的实践中不断循环滚动增厚的宗族化过程。

福特斯（M. Fortes）在《非洲政治制度》（*African Political Systems*，1940）中描述了两种管理体系，一是中央权威、高分化、等级制、统一管理的王国（kingdom）；二是缺少权威、缺管理、少等级、分割体系的世系（lineage）。这两种体系之间是不相容的。弗里德曼的兴趣是中国社会将两者融合的特点，中国是上层的国家和下层的宗族直接结合（Freedman，1958）。不仅国家编制《氏族志》，宗族的文化创造实际上是宗族与国家的共谋。作为文化创造的宗族只是借亲属制度之躯，行国家意识形态之实。许尔茨曼（Schurmann，1956）也曾经认为在中国，国家更倾向于控制而不是管理，而社会在很大程度上是自己组织起来的。

弗里德曼另一个关于国家与宗族的观点就是著名的"边陲说"，这个学说被很多学者纳入国家与社会或国家与地方的二分模式中。弗里德曼以为：闽粤宗族的发达是其远离中央的结果（Freedman，1966），宗族是华南乡村社会中的组织，是国家控制地方的中介，并成为与中央权力相对的一种地方权力。他认为，国家通过土地控制乡村，而宗族是地方土地的操纵者。这产生了两方面的情形：一方面国家对地方的控制要通过宗族，与宗族结合；另一方面宗族也成为一种对国家的抗衡力量，因此在明清国家控制较弱的边陲的闽粤地区，有大宗族的产生。即："国家偏爱亲属制度。因为家庭和宗族在道德上是有益的，政治上是有用的。它们是正统社会态度的基础所在，并减轻了国家很大部分的社会控制负担。但是，对父系亲属群体过强地表现为地方权力中心，国家一直保持警惕，因为人们与政府之间的微妙平衡会受到威胁。"（Freedman，1966：29）

弗里德曼曾经论及闽粤地区的灌溉和稻作农业对宗族形成的重要贡献。延伸的看法认为共财、自保和边陲社会是宗族发展的原因（Freedman，1966）。其他学者补充的研究在因果逻辑上没有改变，仍以宗族为"果"，求其发生的原因。例如科恩曾就台湾美浓族的情形，指出异姓冲突导致同姓不同祖的群体融合为宗族（Cohen，1969）。但是，灌溉和水稻农业在华南许多地方和东南亚国家存在，为什么没有普遍的"闽粤式"宗族？一些地方的群体冲突为什么不是导致以村落或宗教为单位的械斗而是宗族械斗？上述研究显然过于强调了功能的逻辑而忽略了历史的、文化的和发生的逻辑。弗里德曼（Freedman，1966：29，125，164）认为明清闽粤产生大宗族是因为其边陲社会的说法，也造成了两个明显的疑问：第一，当时的边陲社会不只是闽粤两地，为何没有普遍的大宗族发生于其他边陲社会？第二，众所周知，明以来的宗族规范发生于宋代，如范仲淹的义庄和义田制度和朱熹的家礼家制。而宋代（特别是南宋）士大夫尝试用宗族重建地方秩序，恰恰伴随着国家政权和文化重心的南移，这一士大夫传统与后来闽粤宗族的发展有直接的关系。明清闽粤宗族的发展，也与国家有密切的关系；大到国家意识形态，小到基层的户籍制度，国家并未远离。

边陲说忽略了南宋闽浙曾经反居天下之中，并且福建是对中国社会的后来发展影响甚大的新儒家及其理学之发源地之一。我们可以反问，中国有许多边陲于东西南北，于不同年代，为什么没有普遍的宗族创造？实际的情形是：正因为南宋福建成为理学中心和国家权力与文化的中心，形成了宗族文化的土壤，才使得后来在这一地区的宗族化成为可能。元代以后国家扶持儒教，朱熹的地位抬升，儒家开始振兴。明代的抑佛兴儒，也与国家的政策有直接的关系。

南宋国家中心南移，朱熹有“闽浙反为天下之中”的说法。宗族的文化土壤正是在这个时期、在如此中心而不是边陲的地方形成的，以至南宋以后，才可能在这个地区有一个普遍的宗族庶民化的过程，人们在面对生产中的合作和地方群体的冲突时，才可能运用“宗族”这一前结构的文化资源。

## 二　宗族与土地

宗族与土地的关系，也是与国家关系的重要部分。韦伯（M. Weber）曾经论及中国的亲属制度，精辟地言及宗族土地与国家的关系：亲属制度在西方中世纪实际上已经失去了全部意义。而在中国它却保留有两种重要性：作为地方行政的最小单位和经济联合体。……土地不是分配给个人而是亲属群体，在亲属群体的社区中，意味着亲属群体在可能范围内维持着国家的事务（Weber，1922：316－317）。

土地作为生产资料，本身没有固定的制度属性。宋代是土地私有化的重要转折时期，主要表现为商品经济发展之后的土地买卖交易（黄纯怡，1996：281）。结果因为没有制度的保障，形成土地被官僚和地方豪强兼并，致使两极分化严重。范仲淹的义庄义族，是就土地私有化不成功而提出的一项基层社会土地宗族公有化的举措，它是庆历新政的延续和补充。后来的王安石变法，也曾推行“方田均税”，都是为消解土地私有化中因兼并引起的两极分化。显然，宗族的建立本身已经带有国家的语言和立场。

范仲淹设义庄义族，从宗族的已有观念出发，购置土地创造宗族，后来为许多人效仿。表面上围绕土地有一个小家成族的整合，但是融合的实质问题不是若干小家族如何围绕土地等凝成宗族，而是那个超越小家族之上的土地公业来自何处？谁人控制？为何这些土地不是分给各个小家而是凝成大家？

S. 波特和 J. 波特从功能的角度认为："宗族并非直接承担社会生产关系中一个组织的功能。社会生产组织的基本单位是农民的家户(household)，而不是作为一个整体的宗族。"因此并没有一个"宗族的生产模式"（Potter and Potter，1991）。波特忽略了家户虽然是一个生产单位，宗族亦是一个生产资料所有的单位。并且由宗族所有的土地直接影响到家庭的生产方式。宗族生产模式主要表现在对土地的占有和管理，家庭常常是租佃宗族土地的单位。

许尔茨曼（Schurmann，1956：4）曾经指出："中国人在宗族观念下的土地观念，使土地无法私有化和自由转让，只有生产价值而没有经济价值，因而与西方不同。"这种土地的宗族集体的占有方式，在某种程度上使得家庭的生产方式和自由发展的空间受到限制，特别是宗族的土地租佃给当地的农户，使得许多家庭和宗族有了直接的生产上的联系，不仅影响到土地的私有化，更因为宗族的作用，而使土地的生产方式难以改变。科恩(Cohen,1985：210～212）从财产的角度，指出在大宗族下，家庭的界限可能变得模糊，因为在弗里德曼所说的大宗族下，不像村落中的家庭是独立的经济单元，其家庭财产部分是作为宗族族产共享的。在宗族强大的地方，对家庭的独立化和核心化，有强烈的制约。

早在 20 世纪 20 年代，毛泽东就对中国社会的阶级状况进行了分析，写出《中国社会各阶级分析》和《湖南农民运动考察报告》。阶级分析的理论，主要是依据马克思的阶级理论，把阶级视为在一定的社会生产关系中由于所处的地位不同和对生产资料的占有形式不同而分成的集团。"土改"时表面上阶级成分的划分是以土地占有、地租剥削和自己是否劳动为标准，是经济上的标准，但是，其在逻辑上却是矛盾的："土改"是土地均分的运动，把地主和管公堂的土地没收后分给农民，也包括分给地主。通过"土改"，政府消灭了土地的私人大量占有、地租剥削和不劳而获，应该说阶级被消灭了。可是，恰恰是在经济上的差别消灭的时候，在地主的土地被没收的时候，政府开始了划分阶级成分，开始有了阶级。为什么有阶级的时候没有分清地主和贫农，没有划分阶级成分，反而在土地被均分、阶级差别消灭的时候，开始划分阶级成分了呢？可见，阶级及其阶级的亲属伦常是一个国家政治之下的产物。在这样的情况之下，大家族的亲属伦常更不可能使家沿着所谓的差序格局成族，一个伴随现象是新中国成立初期家庭数量的迅速增加，1953 年的家庭户数（13384.6 万户）比 1947 年（8620.4 万户）增加 4762.2 万户，增幅为 55%（张小军，2004）。

据 1950 年华东军政委员会编《福建农村调查》，福建族田占全部耕地比例，沿海地区占 20% ~30%，闽西和闽北占 50% 以上。例如闽北南平专区 71 个乡，族田占到 58.23%，说明这一地区宗族土地的数量之大。民国时期宗族变化的表现之一，是用祭田建学校，例如阳村卖祭田在三才堂建小学。阳村宗族土地至“土改”还能保持在 42%，说明过去族田很多。根据当地老人回忆，余氏宗祠在 1949 年以前每年的祭田（即禅林族田）收租约 1000 石，按三七租，总产量约合 1429 石，185714 斤（按当地一石合 130 斤折算），以亩产 160 斤计算，约有族田 1160 亩。李氏族田也有 1000 亩。这样多的公社田，对地方社会的家庭生产模式无疑具有重要的影响。

## 三 宗族与革命

芮逸夫曾言：“自清季海通以还，西风东渐，工业文明及自由平等的政治思想传入中国，欧、美式的小家庭也随之而来。我国传统的大家庭制逐渐趋没落……”据李景汉、言心哲等的调查，都证明了当时小家庭实占十之七八（芮逸夫，1972）。笔者在阳村曾经搜集到一份 1944 年兆顺老人兄弟四房的分房阄书，其“序”如下。

> 吾国旧时以大家庭相处者，难免有互相依赖之陋习。近多学习欧美小家庭之组织，似觉有自立自强之精意。堂弟肇福昆仲因慕而为之，且便于向外发展之举而省内顾之繁，遂改组为小家庭。将祖遗各业延请族人以忠孝仁爱四房平均分配之举，凡所分配者，均得四房同意。

在乡村的语言中，出现抛舍大家族，学习欧美小家庭的说法，是很有趣的。

民国时期，伴随新文化运动，相信新的家庭观念随着新学校等的影响，有达及乡村社会。这些新语言在阄书中能够直接写出来，对兆顺老人这样的乡绅之家，更具有不平常的意义。西方的家庭观念，在家庭伦理和群体意义上，都与中国的宗族相抵。将大家族的互相依赖称之为“陋习”，主张自立自强，学习欧美小家庭的伦理。这样学习来的小家庭，很难成为宗族的单位。相反，这样的家庭越强，传统的宗族越难生存。

大家族制度式微的一个重要原因是它依赖的国家和宗族潜结构受到了挑战。在20世纪初，曾经有过一场激烈的“家庭革命”。这一革命的目的与宋代士大夫的主张部分类似，都试图通过对家庭的革命，达到改造国家之目的，仍是所谓“欲造国，先造家”。康有为的《大同书》，主张“去家界为天民”，丁初我1904年4月在《妇女界》发表《女子家庭革命说》，主张“政治之革命，以争国民全体之自由，家庭之革命，以争国民个人之自由，其目的同”。他们的观点落脚于个人的空间和自由，希望通过家庭革命进而建构新式的国家，这些新观念也促进了小家庭的观念。

晚清到民国时期，恰恰是建立新国家和接受西方民主的时期；逻辑上，革命和所谓的公共领域都是其产物。这些公共领域和市民社会都不是西方意义上的，而是国家文化的生产产品，它们不是中国乡土社会自然的生长！正像蛤笑在《论地方自治之亟》（1908）中说的：“吾国素为宗法之社会，而非市制之社会（civil society）……”将宗法社会与市民社会对立起来，意味着封建传统和现代化的对立。晚清至民国，现代化和革命都是同一历史时空的产物，晚清建立新国家的目标就是要“现代化”，手段则是“革命”。这一深层逻辑，一直延续到民国、社会主义革命，甚至今天的改革。

宗族衰落始于民国。原因并非来自土地和族产的丧失，而是对现世的文化解释变了。“五四”以后的新观念，民国政治基层化，使得用宗族重建地方秩序的文化解释改变，人们用新的象征体系去适应社会，产生了新的文化意义，逐渐淡漠了宗族的文化意义。乡绅在这种转变中扮演了重要的角色。有学者认为，文化是一个有意义的系统，它定义了所有功能的存在。变迁是解释旧意义失败的结果，是旧意义失败后的秩序再生产。民国的宗族衰落，是清末以来中国社会受西方文化冲击，用“新意义”重新解释社会的结果。它为“土改”中从实体组织层面将宗族消灭做了文化铺垫。

杜赞奇的“权力文化网络”概念产生于对施坚雅“市场网络”的批评，其中的“文化”是根植于组织中，为组织成员所认同的象征和规范。他（1988：13）认为：“是文化网络，而不是地理区域或其他特别的等级组织，构成了乡村社会及其政治的参照坐标和活动范围。”宗族在规章、仪式和组织方面的特征使它成为权力文化网络中的一个典型结构。只有乡民共享的价值观念，共同参与的社会组织，以及共同遵循的行为规范，才能作为界定地方政治社会结构的基本单位。

亲属伦常的含义并不是一成不变的。1949 年革命成功之后，实行了“土改”和划阶级，将宗族打入冷宫。1950 年 8 月 4 日政务院通过的《中央人民政府政务院关于划分农村阶级成份的决定》中说：“江南的农民中，各种祠、庙、会、社占有土地约达全村土地总数 15%，最多达 50% 以上。据皖南祁门县莲花塘行政村的调查：全村共 202 户，694 人，共使用土地 2204 亩，其中大小祠、庙、会、社共 95 个，属于这些祠、庙、会、社的土地共 1287.8 亩，占全村土地总数的 58.39%。这些公堂的 94% 以上，固定的出租于几代相传的永佃户，进行地租剥削，租额也是很重的，一些大公田，每亩交租为总产量的 40%、50% 至 60%。从莲花塘管公堂的成分看：固定管理的 7 个，轮流管理的有 12 个，而由地主豪绅把持操纵的 76 个。从莲花塘村公堂、祠、会的调查材料，就可以明白管公堂是一种封建剥削。”

一些学者认为：清代还没有基于财富和财产而进行的社会分界，阶级是 20 世纪 50 年代党的领袖基于一个外来的思想模式而培育出来的。由阶级的划分，衍生出两个重要的概念：成分（class status）和出身（class origin），形成了一种新的政治亲属关系。这是两个背着历史包袱的概念，“成分”的依据是本人过去的经济状况，虽然现在土地已经被没收，仍可以是地主；“出身”是依据父亲的成分，即所谓血统。另外还有一个概念叫“社会关系”，在个人履历表上，这一栏主要填写自己的直系血亲和姻亲。

虽然经过“土改”，“宗族”的象征仍然掩埋在历史之中，甚至潜伏在社会主义的意识形态之中。当 20 世纪 80 年代中国社会改革，基层党的控制变化时，宗族伴随着新的文化解释出现了，一批老人精英重新赋予宗族新的象征体系和意义，并付诸于宗族“复兴”的实践。这时候，宗族没有了土地和族产，传统宗族的许多规范已经破坏，但是宗族“复兴”仍然有滋有味。

## 结论　理解宗族的五点中国经验

在如此短的篇幅中，本章不可能尽数大量的研究观点，特别是那些优秀的民族志作品。这里列举的五点中国经验，只是笔者从一般理论层面的提炼，虽然有挂一漏万之虞，本意是直接切入宗族理论的最基础部分，并希望由此引出更深入的讨论。

1. 实质论的宗族观点

实质论的观点强调①社会嵌入性，即宗族是社会和文化的产物，而不是简单的亲属制度和亲属关系；②文化实践的观点，认为宗族是一种文化的创造，依据不同的时空和权力，宗族作为文化手段，会有不同的文化创造，被赋予不同的文化意义，产生不同的形态。

因此，宗族的亲属关系基础只是表面的、形式的。这就可以理解为什么历史上的宗族是形态各异的，为什么人们可以虚构族谱和编造祖先，为什么宗族曾经长期不在基层，为什么有时候不遵守继嗣原则，为什么不同姓氏的人可以共同建立祠堂，为什么有大量的非儒家文化渗透于宗族，为什么宗族在历史上不是一个连续的过程，为什么宗族在近代会成为革命的对象被人们抛弃，以及为什么 20 世纪 80 年代的宗族“复兴”会在没有土地和族产的情况下发生，而作为一种“传统文化”似乎又可以与现代化兼容。

宗族在 20 世纪 80 年代以来的“复兴”，之所以发生在没有土地、族产的情况下；发生在妇女地位提高、家庭核心化等不利于传统宗族规范的情况下；发生在四十年的社会主义之后，国家不支持的情况下，并不是因为改革的功能需求，而是一种实践的结果：宗族作为一种文化手段和文化资本，作为一种权力资源，作为一个改变人们空间位置的舞台，作为一种文化象征的建制，在国家、地方和个人的实践中生产出来。

2. 水波差序格局对驻波差序格局的观点

差序格局是费孝通提出的概念：“家并没有严格的团体界限，这社群里的分子可以依需要，沿亲属差序向外扩大。”“中国乡土社会采取了差序格局，利用亲属的伦常去组织社群，经营各种事业，使这基本的家，变成氏族性了。……于是家的性质变成了族”（费孝通，1991：43～45）。这一著名的水波“差序格局”在理解中国以个体血缘展开的社会结构上，区别于西方以业缘群体捆绑的社会结构，因而也成为理解宗族的一般观点。

如前所述，从家到宗族的差序格局之扩展观点，只能部分解释家与宗族的关系，并且局限于某些静态的描述。从明代华南宗族的发生来看，宗族并不是家的扩展，相反，是先有宗族的文化创造，再反过来整合家。换句话说，这样一个宗族发生的模式，不是水波纹的自然扩展，而是一种在国家、士大夫和百姓共同作用下形成的多种波干涉共振而产生的驻波效应，我们可以称之为“驻波差序格局”。在这一驻波差序中，宗族的兴衰不是来自家的伸展，只有依据这一模式，才可以较好地说明为什么明代华南基层社会会有一个广泛的宗族创造，并不是那个年代家庭有了扩展成宗族的需要；也可以较好解释为什么晚清到民国人们会批评宗法社会进而抛弃宗族；晚清到民国的国家革命，重要的内容之一是对宗法国家的批判和所谓的家庭革命。这一批判和革命的延伸，影响到在20世纪50年代初的“土改”中对宗族土地的没收和对宗族的取缔态度。国家试图用阶级取代宗族、用政治父系取代血缘父系，格定出了“家庭出身”、“家庭成分”和“社会关系”等概念，家庭再次陷入国家政治和阶级的整合之中。同时，20世纪50年代开始的合作社、人民公社制度，以及相应的集体生产方式甚至集体食堂的“大锅饭”，对家庭的生产方式和生活方式也是一个政治性的重整。

80年代以来，中国许多农村地区重新实行了家庭承包责任制，家庭发展趋势特别在中国已经明显趋向小家庭而不是大家族（部分地区因企业引起的家族企业与本章的立论并不矛盾，只是说明有了另外的因素对家庭整合，仍然不是家庭依亲属伦常之自然扩展）。中国经过城市化和工业化的发展和多次革命中对宗族和宗法等“封建势力”的批判，使得国家政治下的宗族、阶级、亲属伦理等对家庭进行传统政治整合的能力降低。虽然国家的计划生育政策和住房分配制度以及赡养的社会福利政策仍会影响家庭（通常不是扩展家庭），家庭却更加按照自己的逻辑发展，返回小家庭，更加趋向个性化、核心化以及私人空间化。“复兴”的宗族，则在形式上朝着地方社团化（例如宗亲会等）的方向演变。

### 3. 边陲说与中心说的观点

边陲说是弗里德曼的著名观点，弗里德曼是运用功能分析方法，跳出传统的宗族研究之亲属制度视角，从一个更为广泛的国家层面讨论宗族的第一人，也因此开创了一个新的宗族研究范例。弗里德曼主要运用闽粤宗族的第二手资料来理解华南宗族发生的原因，其核心观点主要有以下几个：远离国家的边陲社会；地方自保；稻作农业和灌溉引起的联盟；以及基于共财和土地的基础。

在上述理由中，后三者都无可厚非，因为宗族按照实质论的观点，本来就是社会嵌入的，因而具有上述功能是不奇怪的。但是，边陲社会的说法却是一个错误的立论。弗里德曼自己也曾经说过："这一假设必须更广泛地置于中国汉人社会整体的架构中，只有这个模式也适用于解释其他边陲（西部和西南）社会，它才适用。然而，这并不动摇单一大宗族总会发生的观点。真正重要的是宗族有组织的发展和内部分割，被赋予共同的财产，有能力一起自保，在需要的情况下，抵抗国家和非宗族的邻里。"（Freedman，1966）

弗里德曼提出边陲说的依据是闽粤地区的宗族，而他所看到的闽粤宗族的资料都是明代以后的。缺少历史感和文化感，致使他的功能分析陷入机械的观点，忽略了历史上的宗族发生之逻辑。

闽粤的近世宗族，是在明代广泛发生的，但是其孕育过程却开始于南宋。南宋时，国家政权南迁浙江临安，这也引起了国家文化中心的南移。福建是宋代理学和新儒家的发源地，"二程"以后的儒家四代传人杨时、罗从彦、李侗和朱熹都是福建人，且一生多数时间在福建活动。朱熹曾言："天旋地转，闽浙反为天下之中"，这说明了当时闽浙地区是国家的中心地区。这就是相对于边陲说的"中心说"提出来的理由。按照中心说，正是在国家的文化中心，孕育了宗族的土壤，经过南宋到明代早期的宗族士大夫化，最终在明代中期产生了影响后来华南社会的宗族庶民化的发生。

4. 明代华南基层社会的宗族文化创造

明代中期前后，华南基层社会有一个大规模的宗族文化创造过程。令人困惑的是，这一宗族的创造为何发生在远离中央政权的华南，又为何在明代中期前后大规模显现？这背后是否有其特殊的地域背景和历史渊源？结合前述的"中心说"，可知正是南宋以降在当时理学中心地区（闽、浙、赣等）发生的早期"宗族士大夫化"，为明代中期华南大规模的"宗法伦理的庶民化"或说"宗族庶民化"铺垫了历史基础。所谓"宗族士大夫化"，是指在华南基层社会，"宗族"这一形式在南宋至明前期被一些乡村士大夫首先接受和创造的过程。它先于明代中期以后比较普遍的宗族庶民化的创造。没有这样一个潜伏期，不可能在明代有一个突然的大规模的宗族发生。

华南明代的宗族发生是一种文化的创造，这一历史事实的重要性在于挑战了诸多人类学和史学的传统观点。第一，中国的宗族不是一个历史上连续的形态，从而回归到"实质论"的观点，认为宗族不是简单的血缘的亲属制度实体，而是象征的文化创造，因而是一种"意义"的宗族。第二，宗族的创造充满了虚构和想象，甚至可以不遵守继嗣原则。这种文化创造包含了虚构族谱、异姓收族、攀附名人为祖先等，是国家、士大夫、地方精英以及百姓的共谋。第三，这种宗族的文化创造不仅改变了社会结构，改变了国家的治理方式，还改变了土地和经济的结构，给后来的中国社会带来了深远的影响。

5. 宗族土地经济的公有制度

宗族土地经济是一种公有的集体经济，从经济学的意义上看，其本身没有什么特别之处。但是明代以来的宗族创造并产生出来的大量公有土地，其社会学和人类学意义就非同一般了。原因很简单：如果没有这样的宗族创造，中国的土地制度可能会比西方更早地进入私地制度，整个中国社会的走向都可能发生根本的改变。

宋代以后华南的宗族发生一开始就与土地公有观念有密切联系，如范仲淹的义庄制度。中国人的象征地权观念，长期受国家意识形态下的土地公有观念影响。从阳村族谱中，可见祭祀土地是公田的主要部分，许多土地在祠田、墓田等名目之下。这些土地有租佃，有买卖，看起来都在经营，但是都戴着公祭田的帽子。公祭田是一种土地积累的方式，问题是土地为什么要围绕祭祀公田来积累？祭祀经济从唐到明，从寺观、书院到宗祠，社会作用不可忽视。祭祀公田的地权性质在于：①由族人耕种并从中收益，形成一种公田私耕的土地经济和公私兼顾的地权形式；②用“祖先”作为地权的象征田主，形成一种观念地权或伦理地权；③祭祀土地多权属，却都没有充分的归属，形成不充分地权，它不是权限明确的“自由土地”；④民田中的祭祀土地比例相当可观。上述与国家密切联系的祭祖礼仪而产生的社会经济，无疑带有伦理经济的成分，它给后来中国社会带来了至深的影响。(张小军，2003)

由以上观点，很容易理解为什么在20世纪80年代以来，又是以华南地区为主，发生了一个宗族“复兴”的热潮，并且这一宗族“复兴”是发生在没有了土地和族产，传统宗族的许多规范已经破坏的时候。宗族“复兴”作为一种新的文化创造，正在纳入改革开放的大潮之中，被人们赋予新的意义，这些新的意义包括了港台同胞的寻根、乡村治理（参见肖唐镖、史天健，2002）、老人活动的空间、地方慈善和教育，以及民族主义和传统观念的宣传等。从组织的形式上，它们越来越向社团化的方向发展。

## 思考题

1. 家族与宗族的区别是什么？

2. 家族的文化创造为什么会产生于南宋以后的华南地区？
3. 宗族与土地的关系在国家关系之中的具体表现如何？
4. 晚清到民国时期，家族和宗族产生了什么样的变化？
5. 理解家族的五点中国经验有什么内在联系？

## 参考文献

陈礼颂，1995，《1949 年前潮州宗族村落社区的研究》，上海：上海古籍出版社。

陈其南，1990，《家族与社会——台湾与中国社会研究的基础理念》，台北：联经出版事业有限公司。

——，1991，《汉人宗族制度的研究》，《台湾大学考古人类学刊》第 47 期，第 51～77页。

陈奕麟，1996，《由“土著观点”探讨汉人亲属关系和组织》，《“中央研究院”民族研究所集刊》，81：14。

陈寅恪，1997（1942），《唐代政治史述论稿》，上海：上海古籍出版社。

丁钢、刘琪，1992，《书院与中国文化》，上海：上海教育出版社。

费孝通，1991，《乡土中国》，香港：香港三联书店。

冯尔康，1994，《中国宗族社会》，杭州：浙江人民出版社。

高达观，1946，《中国家族社会之演变》，上海书局，据 1946 年版影印。

黄纯怡，1996，《宋代土地交易初探》，《文史学报》，26：281。

黄树民，1981，《从早期大甲地区的开拓看台湾汉人社会组织的发展》，载《中国的民族、社会与文化》，台北：食货出版社。

科大卫、刘志伟，2000，《宗族与地方社会的国家认同——明清华南地区宗族发展的意识形态基础》，《历史研究》第 3 期，第 1～14 页。

李弘祺，1993，《建阳的教育（1000～1400）：书院、社会与地方文化的发展》，《国际朱子学会议论文集》（抽印本），“中央研究院”中国文哲研究所印行。

李亦园，1985，《中国家族与其仪式》，《“中央研究院”民族学研究所集刊》，59，57～60 页。

林耀华，1989（1947），《金翼》，庄孔韶、林宗成译，北京：生活·读书·新知三联书店。

——，2000（1935），《义序的宗族研究》，北京：生活·读书·新知三联书店。

刘志伟，1992，《宗族与沙田开发》，《中国农史》第 4 期，第 34～41 页。

清水盛光，1949，《中国祖产制度考》，台北：“中华文化出版事业委员会”。

芮逸夫，1950，《九族制与尔雅释亲》，《“中央研究院”历史语言研究所集刊》，

22，209～231页。

——，1972，《中国家制的演变》，载《中国民族及其文化论稿》，台北：艺文印书馆。

苏基朗，1995，《宋代一户两口之谜——十年来有关研究的回顾》，《新史学》第6期，第163～188页。

王崧兴，1989，《汉人的家族制——试论“有关系，无组织”的社会》，台北：“中央研究院”编印，“中央研究院”第二届汉学会议论文集。

王育民，1995，《中国人口史》，南京：江苏人民出版社。

吴燕和，1985，《中国宗族之发展与其兴衰的条件》，《“中央研究院”民族研究所集刊》，59，131～142页。

肖唐镖、史天健，2002，《当代中国农村与乡村治理》，兰州：西北大学出版社。

谢继昌，1981，《中国家族的定义：从一个台湾乡村谈起》，载《中国的民族、社会与文化》，台北：食货出版社。

——，1982，《中国家族研究的检讨》，《“中央研究院”民族研究所专刊》乙种之十，第255～256页。

许烺光，1990，《宗族、种族、俱乐部》，北京：华夏出版社。

许倬云，1967，《汉代家庭的大小》，《庆祝李济先生七十岁论文集》（下册），台北：“清华学报社”印行。

张小军，2004，《阳村“土改”中的阶级划分和象征资本》，《中国乡村研究》（第二辑），本文同时在 *Modern China*，January 2004 发表。

——，2003，《象征地权与文化经济——福建阳村的历史地权个案研究》，《中国社会科学》2003年第3期。

——，2002，《宗族化中的功德寺院》，《台湾宗教研究》第二卷第一期。

——，1999，《家与宗族结构关系的再思考》，载《中国家庭及其伦理》，第151～175页。

庄英章，1974，《台湾汉人宗族发展的若干问题》，载《“中央研究院”民族研究所集刊》第36期，第113～139页。

——，1985，《台湾宗族组织的形成及其特性》，《现代化与中国文化研讨会论文汇编》，香港中文大学社会科学院。

Cohen，Myron，1969，Agnatic Kinship in South Taiwan，*Ethnology* 8：167－182.

——，1985，Lineage Development and the Family in China. In *The Chinese Family and Its Ritural Behavior*，eds，Hsieh Jih－chang and Chuang Ying－ chang，Monograph Series B 15：210－212，Institute of Ethnology Academia Sinica.

Ebrey，Patricia，1984，Conceptions of the Family in the Sung Dynasty，*Journal of Asian Studies* 43（2）：219－245.

Evans－Pritchard E.，1940，*The Nuer*，Oxford：Oxford University Press.

Faure，David，1986，*The Structure of Chinese Rural Society*，HK：Oxford University Press.

——, 1989, The Lineage as A Culture Invention, *Modern China* 15 (1): 4 - 36.

Fortes, M. 1940, *African Political Systems*, London.

——, 1945, *The Dynamics of Clanship among the Tallensi*, London: Oxford University Press.

Freedman, Maurice , 1958, *Lineage Organization in Southeastern China*, London: Athlone Press.

——, 1966, *Chinese Lineage and Society: Fukien and Kuwangtung*, The Athlone Press.

Hsu, Francis L. K. (许烺光), 1963, *Clan, Caste, and Club*, Princeton, N. J. : D. Van Nostrand Company, Inc.

Hu, Hsien - chin (胡先缙), 1948, *The Common Descent Group in China and Its Function*, New York: The Viking Fund, Inc.

Kulp, Daniel, 1925, *Country Life in South China*, New York: Columbia University Press.

Kuper, Adam, 1982, Lineage Theory: A Critical Retrospect, *Annual Review of Anthropology*, 11: 71 - 95.

Leach, Edmund R. , 1961, *Pul Eliya: A Village in Ceylon*, Cambridge: Cambridge University Press.

Maine, H. , 1931, *Ancient Law*, London: Oxford University Press.

Murdock, George, 1960, *Social Structure*, New York: The Macmillan Company.

Potter, S. and Potter, J. , 1991, *China's Peasants*, Cambridge: Cambridge University Press.

——, 1970, Land and Lineage in Traditional China, *In Family and Kinship in Chinese Society*, M. Freedman, ed. , pp. 121 - 138, Stanford: Stanford University Press.

Siu, Helen, 1989, Recycling Rituals: Politics and Popular Culture in Contemporary Rural China, In *Unofficial China: Popular Culture and Thought in the People's Republic*, eds, Perry Link, Richard Madsen, and Paul Pickowicz, pp. 121 - 37, Boulder: Westview Press.

Schneider, D. , 1976, Notes Toward A Theory of Culture, In *Meaning in Anthropology*, K. Basso and H. Selby, ed. , Albuquerque: University of New Mexico Press.

Schurmann, Franz, 1956, Traditional Property Concept in China, Far Eastern Quarterly, 15 (4): 507 - 516.

Watson, James, 1984, Introduction: Class and Class Formation in Chinese Society, In *Class and Social Stratification in Post - Revolution China*, ed, J. Watson. London: Cambridge University Press.

Weber, Max, 1978 (1922), Government, Kinship and Capitalism in China, In *Max Weber Selections in Translation*, W. G. Runciman ed. and Eric Matthews trans. , pp. 315 - 330. Camdridge: Cambridge University Press.

# 第四章
# 民族与民族关系

郝时远

自17世纪法国大革命创立民族国家（nation-state）模式，民族主义意识形态在数百年间席卷了全球，人类社会的国家格局随着古代传统帝国和近代殖民帝国的相继解体，进入到了民族国家时代。所谓民族国家，就是现代意义的国家形态，具有主权独立、领土完整的特点，国民从效忠皇帝的历史“臣民”转变为忠于国家的现代公民。传统的民族主义理念，强调了国民成分的单一性，追求语言与地域统一的原则，即所谓“一个民族，一个国家”（one nation，one state）。但是，在实践中，这种原则几乎无法实现，因为绝大多数的前民族国家都已经形成了多民族（nation/nationality/ethnos/ethnic group）、[①] 多语言、多宗教的历史基础或现实状态。因此，构建统一的国家民族（state nation）也就成为所有民族国家的现实任务。

关于国家民族，在西方政治人类学的民族主义理论研究中，最有影响的观点之一是“想象的共同体”（imagined communities）（本尼迪克特·安德森，2003）。国家民族之所以被称为“想象”，正是由于构建这种共同体

① “民族”这种共同体现象由来已久，历经流变，在当今时代主要表现为四种类型：一是建构性的国家民族（nation），二是原生性的民族（ethnos/nationality），三是原住民（indigenous people/aborigine），四是离散型（diaspora）、移民性的族裔群体（ethnic group）。无论哪一种类型，都依托于国家、生存于社会并产生着相互之间的联系。这些共同体承载着不同的历史记忆，且具有聚居地、语言、文化、信仰、习俗等方面的特性，相互之间的人文差异构成了产生民族问题的自然因素；同时，由于这些共同体在经济生活方面的社会基础、发展程度不同，相互之间的发展差距构成了产生民族问题的社会因素。

的过程十分艰难，而这种艰难性就在于国民成分体现在历史、血缘、语言、文化、习俗、宗教等方面的多样性和复杂性。因此，当今世界几近200个国家，在构建国家民族方面虽然存在程度方面的差距，但还没有哪一个国家已经完成了国家民族的构建过程，包括最发达的美国。虽然“美国人”的国民身份颇为优越，但移民社会纷然杂陈的种族问题、族裔问题、语言问题、宗教信仰问题乃至因这些差异造成的社会地位不平等，仍旧是引发美利坚民族认同（national identity）危机的主要矛盾（塞缪尔·亨廷顿，2005）。

中国是一个历史悠久的统一的多民族国家，这是认识中国最重要的出发点之一。中国作为现代民族国家，构建国家民族的重要任务就是实现中华民族的伟大复兴，中华民族（Chinese nation）就是中国国家民族的统一称谓。这一名称虽然源起于20世纪初年，却有深厚的历史基础。中国形成统一的多民族国家，经历了数千年的历史过程，中国各个民族都为此作出了贡献。中华文明之所以能在数千年中传承不懈地发展，正是各民族追求国家统一的结果。1978年以来的中国，走上了改革开放的发展道路，30多年来中国的经济社会呈现持续、高速的发展态势，取得了举世瞩目的成就。但是，对于一个人口占全球1/5的人口大国来说，中国仍旧是一个发展中国家。中国在现代化的发展道路上，仍面临着一系列亟待解决的社会问题，其中包括民族事务方面存在的问题。本章将从中国统一的多民族国家形成的历史背景出发，着重介绍当代中国解决民族问题的制度、政策及其实践。

## 第一节 从“五方之民”到中华民族

中国是一个历史悠久的东方文明古国。在漫长的历史发展进程中，中国形成了统一的多民族国家格局。这一格局的形成，不仅由于中国在亚洲大陆具有广阔的地理学版图，而且在于这一历史地理范围具有相当广泛的古人类遗迹和文化多样性的历史渊源。

在今天中国的土地上，人们已发现的古人类化石遗迹数以百计，旧石器时代遗址数以千计，新石器时代遗址则数以万计。在中国浩繁的历史文献中，记录了大量文化多样性的群体及其互动关系。中国拥有的几十种古老文字，数以百计的语言，为这些文化多样性群体交流、融合、发展提供了历史证明。同时，中国也是最早用文字记录这些文化多样性群体的国度。

## 一 《礼记》与“五方之民”的概念

公元前8世纪，中国的春秋战国时期展示了一幅东方思想极其活跃、各类学说争鸣发展的图景，诸子百家，各有专长，是为中国历史上学术思想最繁荣的时期。随着中国大一统王朝的形成，在政治思想方面的诸子之学逐步衰落，最终形成了儒家学说一统天下的经学体系。在汇集儒家学说先秦思想的《礼记》一书中，“五方之民”概念及其描述，开启了中国古典民族志的先河，对当时中国大地上承载着文化多样性的人类群体及其互动关系作出了十分经典的记述。

> “凡居民材，必因天地寒暖燥湿，广谷大川异制。民生其间者异俗，刚柔、轻重、迟速异齐，五味异和，器械异制，衣服异宜。修其教不易其俗，齐其政不易其宜。中国戎夷，五方之民，皆有性也，不可推移。东方曰夷，被发文身，有不火食者矣；南方曰蛮，雕题交趾，有不火食者矣；西方曰戎，被发衣皮，有不粒食者矣；北方曰狄，衣羽毛穴居，有不粒食者矣。中国、夷、蛮、戎、狄，皆有安居、和味、宜服、利用、备器。五方之民，言语不通，嗜欲不同。达其志、通其欲，东方曰寄，南方曰象，西方曰狄鞮，北方曰译。”①

这段话的意思是说：人们的资质才艺，必然因其所处的气候和自然地理环境而有所不同。这种不同不仅表现在性情、观念和行为方面，而且表现在饮食、器物、工具、服饰、居所等方面。“五方之民”语言不通、观念不同，相互沟通需要翻译。以中原文化之礼仪观念教化四方，需随其风俗习惯；以中原文化之政令法律统一四方，需因地制宜。由此可见，在中国古代文化的思想观念中，不仅形成了对人类文化多样性的民族志认识，而且产生了在礼教、政令、法律统一条件下的尊重文化多样性的民族观。而这种观念正是中国古代哲学思想中“和而不同”观念在族际关系方面的集中体现。

---

① 《礼记·王制》，《十三经注疏》。

## 二　秦汉以后多民族国家的形成

中国古代的所谓“五方之民”，是以地理方位对不同文化群体的概括。其中居住在中原地区以农耕为业的“华夏”，在经济文化发展水平方面处于比较先进的地位，对周边从事游牧、捕捞、狩猎和山地农业等经济活动的“四夷”（东夷、南蛮、西戎、北狄），产生了辐射性影响，散发着日益增强的吸引力。所以，周边的文化多样性群体不仅始终保持着与中原地区的经济文化交流，而且不断以各种方式融入中原地区。这种以经济文化交流为主题的“中心—边缘”互动模式，使中原地区的农业文明日益发达、人口不断增多，国家治理模式日渐成熟，并在公元前3世纪形成了第一个中央集权的封建王朝，即秦朝。这是中国历史上国家进程具有划时代意义的变革，它为统一的多民族国家形成和发展奠定了坚实的历史基础。秦王朝建立后实行了一系列社会整合的制度和政策，如“书同文”、“车同轨”、统一度量衡、制定统一的国家律法等。其中，文字的统一对中国社会产生的影响尤为深刻。秦统一中国和对社会的整合，不仅开启了中国统一的历史大趋势，而且其地域的稳定性和社会文化的同一性加速了中原地区华夏民族的统一进程，并在后来的历史发展中形成了中国人口最多的汉族（Han），汉文化也成为中国的主体文化。

自秦汉统一国家建立以后，中国历史的大趋势呈现了“五方之民”在不断互动中走向国家大一统的局面。从秦王朝到清王朝，中国封建社会延续了两千余年，期间经历了很多次的王朝兴衰嬗替、领土盈缩、战争冲突，但是“五方之民”及其后裔的政治活动，都以谋求全国的统一为目标。在中国统一的多民族国家形成和发展的历史进程中出现过四个阶段性的大统一，即秦汉统一、隋唐统一、元朝统一、清朝统一。其中，元朝、清朝作为中国历史地理意义上最大范围的统一王朝，是分别由蒙古族、满族入主中原建立的。吐蕃地区在元朝纳入国家行政区划治理，台湾地区在清朝实行省治。这两个朝代为奠定中国版图的历史基础，为稳定中国多民族的社会结构，为密切中国各个地区之间、各个民族之间的交流与合作作出了重要贡献。历史表明，中国在“华夏”中心与“四夷”边缘的互动关系中，从来没有封疆裂土的保守和分离。统一是中国历史的大趋势，中国历史上的各个民族都是统一的多民族国家建设者。这样的历史国情，在世界范围可以说是绝无仅有。

在世界历史上，西亚、中东、南欧、南亚、中南美洲的一些古老文明曾创造了人类历史的辉煌成就，但是也由于战争、灾害，或者如历史学家所说的“用力过猛”等原因（汤因比，1987），使这些文明中断了发展，留下了诸多令人费解的神奇悬念和令人震撼的想象空间。由此，人们也在关注这样一个问题，为什么中国的古老文明一直没有中断？最重要的答案之一，就是古代中国始终处于“五方之民”及其后裔密切互动的状态，也就是始终处于文化多样性交流、吸收、借鉴的状态。中原地区的经济文化因素不断在边缘地区开花结果，周边地区的经济文化因素不断融入中原社会生活，这种互动关系可以用“中心—边缘”之间最简单的经济行为——“茶马互市”加以概括，[①] 也就是农耕文化、游牧文化之间的相互依存、相互需求。一些强盛的游牧民族，在中原地区建立政权或实施统治，也都遵循或模仿中原王朝的政治制度建立统治模式，而且借用汉字形态、笔画创制自己的文字，如契丹文、女真文、西夏文。事实上，中国古代“和而不同”观念的包容，使各民族都成为中华文明的传承者，增强了中华文明的生命力。这是中华文明延续不断的根本原因。

古代中国是一个开放的国度，始于汉代、盛于唐朝的“丝绸之路”是沟通东西方最著名的经济文化桥梁。中国的长安是当时世界上最大的“国际都市”。这种开放性是中国内部族际互动交流的对外延伸，也是中国在农业、手工业、畜牧业和科学技术发明等方面居于领先地位的必然结果。中国的造纸术、指南针、火药、活字印刷术等发明，以及丝绸、瓷器等产品，通过丝绸之路传到了中亚、西亚乃至欧洲。尤其是元朝时期，欧亚大陆在成吉思汗构建的蒙古帝国影响下，东西方之间的交往更加密切，西方传教士、商贾、使臣不远万里来到中国，而中国“不仅在货物方面，而且也在思想和知识方面，有意识地为世界打开了一个全新的经贸开放之门。”（杰克·威泽弗德，2006）东西方之间的接触与交流，科学知识、技术成就、文化创造的传播，推动了欧洲文艺复兴，也激发了西方探索东方的远航。

在人类社会的历史进程中，公元15世纪通常被认为是人类历史从地区

① “茶马互市”是中国古代中原农业区域与周边游牧民族进行互通有无、商品交换的一种经济活动。农业社会对畜牧业产品的需要，游牧社会对农产品的需求，使这种源自民间的交换活动逐步形成了政策规范。直到今天，内蒙古、青海、新疆、西藏等地牧民消费的茶叶，仍旧来源于湖南、湖北等内地。

走向全球的开端。航海事业的发展，使人类走出了相互隔绝的大陆，展开了全球视野。中国的明朝（1368～1644年），造船业及其航海能力一度非常发达。1405～1433年，郑和率领庞大的官方船队七次远航，足迹遍及东南亚、南亚、西亚，远抵东非海岸，访问了30多个国家和地区。无疑，这是15世纪人类社会通过海路进行洲际交流的先声。当然，这一远航并未对世界的历史产生直接影响。当时中国与世界的交流，目的仅限于广施皇恩、邦交万国、怀柔远人，并未改变中国以“天朝大国”自居的封闭、满足于朝贡体系的优越感和重农抑商的传统价值观。正所谓，“他们的航海活动是为了炫耀天威，而不是开眼界和学习；是为了表示自己的存在，而不是留驻；他们接受尊重与进贡，而不是去采购。”（戴维·S. 兰德斯，2001）因此，中国一度居世界领先地位的航海能力也随着闭关锁国的海禁而丧失。半个世纪以后的1491年，西班牙王室批准了哥伦布的远航计划。1492年10月12日，寻找东方的哥伦布登上了美洲大陆海岸的一个小岛并举行了占领仪式。哥伦布发现“新大陆”的探险，掀起了欧洲人持续的远航和冒险风潮。“西方社会已达到起飞点。即将起飞，而它一旦起飞，必将扫清海路，不可阻挡地向全球扩张。”（斯塔夫里阿诺斯，1988）这种扩张也必将对各大陆的古老文明和传统社会带来灾难。中国也不例外。

## 三　最后帝国——清王朝建构的民族国家

清朝（1644～1911）是中国古代历史上最后一个君主专制的王朝。这一延续260多年的王朝，不仅继承了中国延续两千年的政治体制和文化传统，而且使中国的统一国家和多民族的国民结构进一步整合。在中国“五方之民”持续不断的互动交流中，中原地区的汉文化传播扩散到了国家的边缘地区，甚至影响到了周边国家。同时，处于“边缘”的“四夷”少数民族文化也大量输入中原，融入了中国的主流文化和社会生活之中。这种文化多样性的交织共处，包括了宗教生活的多样性及其共生发展的社会关系。从元朝开始，中国的佛教（含藏传佛教）、道教、伊斯兰教和基督教（含天主教）等宗教，形成了相容共生的传播和发展方式，没有出现过教族之间的矛盾和冲突。同时，这一时期，中国传统治理边疆地区的“因俗而治”等政策也更加系统化，边疆地区的少数民族对清王朝的国家认同也进一步加强。清朝作为少数民族入主中原建立的统一王朝，对中国多民族、多宗教、多文化、多语言在国家统一格局下的兼容并蓄和稳定发展作出了更加重要的贡献。

清朝时期，中国虽然在很多方面仍保持了世界领先的地位，但是它所面对的世界正在发生重大变化。西欧地区在经历工业革命洗礼和构建民族国家的进程中走向了世界。在这一过程中，美洲大陆、非洲大陆、澳洲大陆、南太平洋诸岛都经历了残酷的殖民征服，枪炮、“生态帝国主义”的“哥伦布交流（Columbian exchange），造成了新大陆土著社会及其文化的毁灭性灾难（克罗斯比，2008）。同时，新世界的金银对世界存量和货币流动的贡献，也造就了 18 世纪世界体系中的欧洲霸权。在西方人的全球扩张中，东方、中国一直是欧洲人的“大陆神话”。因为当时世界经济的中心在亚洲，“中国、日本和印度居于前列，东南亚和西亚紧随其后。”（贡德·弗兰克，2001）这也决定了中国传统的政治体制、经济秩序和社会文化生活必然要面对全球扩张的西方世界。

1793 年 7 月，英国使臣马嘎尔尼（George Macartney）勋爵率领庞大的船队抵达中国，目的是打开中国的市场，建立贸易关系。然而，中英文化的礼仪之争和中国“康乾盛世”的优越自傲，使乾隆皇帝以“天朝物产丰盈，无所不有，原不籍外夷货物以通有无”为由，拒绝了英国的请求。对这一礼仪之争的历史学、人类学、政治学解读虽然视角不同，但是其作为东西方之间一次重要的政治文化和价值观念碰撞，无论是东西方文化差异在传统与现代交际中的冲突，还是帝国主义的扩张野心与天朝大国的自我保护，抑或是政治理念方面英国人的“主权平等”与清王朝的“差序包容”的帝国构建之间的抵牾（何伟亚，2002），都使这次交往以失败告终。由此也导致了英国以鸦片为主的走私贸易侵袭中国，最终爆发了 1840 年的鸦片战争。这场战争的结果，使中国被迫对“船坚炮利”的西方列强打开了大门。中国延续 2000 多年的封建社会也在殖民地、半殖民地的特征中走进了近代历史的门槛。古老、传统的中国在冷兵器对抗火炮、枪弹的较量中，被纳入了西方主导的世界体系。

对当时的中国人来说，无论是至高无上的皇帝，还是束缚于田亩的农民，这一历史变故造成了巨大的心理落差：从泱泱“天朝上国”的骄傲落入了丧权辱国的屈辱，从文化博大的优越落入了技不如人的自卑。这一切迫使中国人“睁眼看世界”，并涌现了一大批救亡图存的先驱者。他们开始翻译和介绍西方的资料，为中国人打开了世界视野。被誉为中国“睁眼看世界第一人”的林则徐（1785～1850），主持编辑了《四洲志》，率先为国人展开了世界的视野。其后，魏源（1794～1857）编辑的《海国图志》并提出“师夷之长技以制夷”的思想，对中国的近代社会转型产生了重大影响。西方文化中的“民主”、“科学”等概念和各种政治理论、学术思想开始大量的传入中国。这就是对中国近代历史影响巨大的“西学东渐”。当时，对中国学术思想界影响最重大的，莫过于严复翻译的一系列著作，如英国学者赫胥黎（T. H. Huxley）的《进化论与伦理学》（*Evolutionism and Ethics*）、斯宾塞（Herbert Spencer）的《社会学研究》（*The Study of Sociology*）、甄克思（E. Jenks）的《政治史》（*A History of Politics*）等。这些著作所传播的进化理论和“适者生存”思想，对救亡图存的中国人及其国家观、民族观产生了重要影响。

中国古代文化对整个东亚地区曾产生了深远的影响。因此，中国近代译介西方著作的活动，对日本走向现代化之路也产生了重要作用。日本在明治维新时期对西方的认识大多借助了中国编译的西方著作。但是，1895年中国在甲午战争中失败后，近代“西学东渐”在“中国开花、香在日本”的结果，使中国人开始急切地寻求“东学”的强国秘诀。官方、民间译书局、馆纷纷建立，“以东文为主，而辅以西文。以政学为先，而次以艺学。”国人开始通过各种渠道搜集日文书籍，大批培养日文翻译人才（王晓秋，2000）。在中国人大量翻译的日文西学著作中，除了政治学等学科的书籍外，社会学、民族学方面的著作也越来越受到重视。西方民族学、人类学知识的传入，对中国人认识自身的文化多样性和国家统一性产生了重要影响。一种新的民族观念开始形成。

19世纪70年代，日本人大量翻译西方政治学著作中，用中文汉字“民族”一词对应了德文的volk和英文的ethnos、nation等词（小森阳一，2003）。中文“民族”一词，在日本被赋予了对应西方国家民族概念的意义后，影响到正在探索建立现代民族国家之路的中国。正是在这一背景下，具有现代意义的民族（nation）概念及其民族主义理论话语传到了中国。“民族”一词的广为使用，与中国在沉沦中崛起和寻求建立现代“民族—国家”的历史过程直接相关。

对于中国几千年“五方之民”互动不懈的历史而言，现代民族观念的确立是一个复杂的过程。近代中国在构建现代民族—国家的进程中，首先面对着如何界定中国和中国民族的问题。西方“一族一国”（one nation, one state）的理论，如何解释中国历史上延续不断的“五方之民”

互动关系？乃至怎样直接面对由满族贵族建立和实施统治的清王朝？由于影响中国知识界和士绅阶层的民族主义理论及其对民族国家的认知，主要来源于对日本和德国的研究，而这两个国家的国民成分单一性似乎最符合西方民族主义的建国理念，因此，在中国知识界对民族国家的最初认识中，国民成分单一性的国家想象曾使“种族”概念流行一时，但这并不意味着中国具有种族意识的传统。在遭受帝国主义列强侵略的国家危亡形势下，中国的仁人志士对清朝政府的软弱无能、割地赔款等行径痛心疾首。通过政治变革寻求强国之路的迫切愿望，使推翻清朝政府统治的政治取向，在“物竞天择、适者生存”的进化论思想影响下，导致了恢复汉人正统、驱逐满族统治的种族—民族主义运动，致使以“排满”为代表的思潮一度盛行。

## 四 从“五族共和”到“中华民族”

在晚清兴起的中国资产阶级民族主义革命运动中，“反清排满”是最具动员力的口号。但是，以孙中山为代表的资产阶级民主革命领导人，很快就意识到这场推翻清王朝的变革不是一场民族革命，而是一场政治革命。他提出的“三民主义”纲领——民族主义、民权主义、民生主义，也在推翻清王朝统治的斗争中有所改变。特别是他的民族主义思想，在对中国多民族历史的认知基础上，将其建国目标定位在汉、满、蒙古、回、藏的“五族共和”。1912 年元旦，他作为中华民国临时大总统宣布：“国家之本，在于人民，合汉满蒙回藏诸地为一国，即合汉满蒙回藏诸族为一人——是曰民族统一。”虽然“五族共和”对中国的历史，特别是中国统一的多民族国家历史而言依然有很大的局限性，但是这毕竟突破了早期建立汉族单一国家的狭隘认识。事实上，孙中山也意识到，“我们国内何止五族呢？我的意思，应该把我们中国所有民族融合成一个中华民族。”（孙中山，1920）

中国构建现代民族国家的进程，使中华民族这一概念经历了从局限于汉族的民族意识，转变为代表中国各个民族的总称。这一演变过程，不仅引起了学术界长期的争论，也推动了人类学、民族学、社会学、政治学等学科理论在中国的传播和发展。在有关“中华民族”概念的学术争论中，以历史学家顾颉刚和社会学、民族学家费孝通进行的“中华民族是一个”的论战最具代表性（顾颉刚、费孝通，1939）。前者强调了中华民族的单一性，后者强调了中国民族的多样性。围绕这一问题的学术讨论，特别是历史学与民族学、人类学的对话，对中国现代民族国家的建构具有重要意义。[①]

事实上，反映在学术界的这些争论，与近代以来帝国主义侵略中国、图谋肢解中国的危机形势直接相关。从 19 世纪末英国侵略中国西藏，到 20 世纪日本侵略中国东北，帝国主义势力进行了一系列分裂中国的活动。中国的东北、北方、西北、西南边疆地区都面临被帝国主义肢解的威胁。这种形势，使中国各政党、各阶层、各民族在抵抗帝国主义侵略战争的斗争中，对中华民族的前途和命运都给予了高度关注——中华民族到了最危险的时候。而如何理解“中华民族”和怎样认识中国迈入现代国家的历史基础，成为举国关心的焦点。社会各界对边疆少数民族前途命运的关注，成为整合中华民族、振兴中华民族的共同要求。学者认为：“能对于中国领土中全部民族的各个分子均有一个彻底的明了认识，方能说得到了解我们自己，方能说复兴中华民族之道。”（江应樑，1937）政治家指出：中国“十分之九以上为汉人。此外，还有蒙人、回人、藏人、维吾尔人、苗人、彝人、壮人、仲家人、朝鲜人等，共有数十种少数民族，虽然文化发展的程度不同，但是都已有长久的历史。中国是一个由多数民族结合而成的拥有广大人口的国家。”（毛泽东，1939）这一符合中国历史国情的阐释，确立了“中国是一个多民族的国家，中华民族是代表中国境内各民族之总称”的现代民族观。[②]

中华民族是中国的国家民族，中华民族由众多具有不同经济、语言、文化、习俗、心理等特征的历史民族（ethnos）组成，这些民族无论族体规模大小，不论存在怎样的经济社会发展差距，不论表现出多么显著的文化差异，都是中华民族大家庭的平等成员。这就是中国建立现代民族国家进程中得出的基本结论。当然，理论的认识是一个方面，更重要的是如何实践这种理念，也就是在统一的多民族国家中如何协调各民族的关系，怎样保障各民族的利益，通过什么方式实现各民族在政治、经济、文化和社会生活等方面的一律平等。

① 正是这场争论，才使费孝通在 20 世纪 90 年代提出了中华民族“多元一体”的理论命题。

② 《抗日战士政治课本》，载中共中央统战部编《民族问题文献汇编》，中央党校出版社，1991，第 808 页。

## 第二节 民族区域自治与民族平等

当代中国是一个统一的多民族国家，中国解决民族问题的制度安排是民族区域自治制度，这是中国基本政治制度之一。同时，根据《中华人民共和国宪法》的原则，制订了《中华人民共和国民族区域自治法》，以切实保障这项制度的实施。从1947年建立内蒙古自治区以来，中国的民族区域自治制度已走过了62年的发展历程，形成了以5个自治区、30个自治州、120个自治县（旗）为行政区划的少数民族自治地方。此外，还有数以千计的民族乡（镇），以保障处于分散居住的少数民族的权益。

### 一 民族区域自治制度的历史由来

在世界范围，联邦制、民族区域自治、民族自治是多民族国家协调民族关系、解决民族问题通行的一些制度模式。当然，在有的国家还存在其他体制，如美国的印第安人保留地、加拿大魁北克“国中之国”的高度自治等。在多民族国家实行哪种具有分权、自治特点的制度最有利于国家统一和社会和谐？这个问题没有现成的答案。但是，中国选择民族区域自治而不是其他制度，则是立足本国历史与现实国情的结果。

如前所述，中国在历史上就是一个统一的多民族国家，中国各民族都是统一的多民族国家的缔造者、建设者。理解这一命题需要把握三个关键词，即“天下统一”、“因俗而治”、“和而不同”。这是中国古代思想中十分重要的几个观念。所谓“天下统一”，这是中国封建王朝始终追求的政治目标，边疆少数民族入主中原建立的王朝也是如此，统一是中国历史的大趋势，也是形成统一的多民族国家的内在动力。所谓“因俗而治”，是指国家在治理不同地区、不同民族的事务时，从当地的实际出发，遵循当地社会文化传统、实行因地制宜的治理，这在中国历史上是十分普遍的现象。所谓“和而不同”，是中国古代极富哲理的为人、处世、治世之道。“和”代表了统一性、一致性，而“不同”则是差异性、多样性。“和”对“不同”的尊重与包容，“不同”对“和”的认同和维护，共同构成统一与多样的共生关系。中国形成统一的多民族国家的历史过程，就在于形成了“天下统一”的共识，实行了“因俗而治”的政策，达到了“和而不同”的结果。因此，国家统一对中国各民族人民来说，是根深蒂固的历史意识，也是不可变更的现实心理。

进入20世纪的中国，1911年爆发的中国辛亥革命，结束了中国的封建王朝历史，建立了中华民国。但是，孙中山探索的建国之路——“五族共和”的联邦制，其中包括了效仿苏联的因素——却不符合中国的历史国情。当时的中国边疆地区都处于帝国主义染指、肢解、侵略的危机状态下，实行联邦建国也就意味着国家分裂。在这种形势下，中国共产党把握住了中国的国情，开始探索统一国家内部实施民族区域自治的道路，并以1947年内蒙古自治区人民政府成立为标志，确立了中国的民族区域自治制度。民族区域自治，是在国家集中统一的权力结构中，在少数民族聚居地区实行民族因素与区域因素相结合的自治制度。这项制度符合中国的历史国情，就在于它体现了中国“天下统一”、“因俗而治”、“和而不同”的传统政治智慧；这项制度符合中国的现实国情，就在于它有力地维护了国家统一、领土完整的原则和有效地保障了民族平等、共同发展的权利。

## 二 作为自治基础的民族识别

中国的民族区域自治的地域范围是各个少数民族聚居地区。对中国来说，少数民族这一概念，就是指相对于人口众多的汉族而言的各个民族。少数民族的共同特征包括，不仅在人口方面显著少于汉族，而且他们的聚居地区主要在陆路边疆地区，这些地区由于自然地理、历史文化等特点，普遍存在着经济、文化和社会生活等多方面的发展落差，基本上属于中国经济社会的欠发达地区。所以，在这些地区实行民族区域自治制度的根本任务，就是通过国家法律、制度、政策的保障，实现各民族一律平等，尤其是保证少数民族在经济、文化和社会生活等方面的平等发展权利。那么，中国究竟有多少个少数民族？这是实行民族区域自治制度首先要解决的问题。

中华人民共和国成立之前，中国在理论上解决了统一的多民族国家的认知，阐明了中华民族的内涵。但是，中华民族大家庭究竟有多少个成员，却是一个尚未完全解决的问题。在中国漫长的历史发展进程中，先秦时期的“五方之民”及其后裔，曾以难以尽数的“自称”和“他称”走上历史舞台。他们在历史的演进中或消融，或重组，或迁徙，或离散，演出了一幕幕可歌可泣的文化多样性群体互动、吸收、融合的历史剧目。人口众多的汉族和在历史上影响较大的一些少数民族，在这种互动、吸收、融合中逐步趋于稳定，族别称谓也比较稳定、统一。但是，由于自然地理环境的封闭性、社会发展环境的制约性，也有很多文化多样性的群体，还处于缺乏内部整合的状态。这类群体，在语言文化、经济生活、风俗习惯和自我称谓等方面也往往处于流动、变化的状态，族别称谓重叠多样。因此，1953年我国政府进行第一次全国人口普查时，少数民族自报的民族称谓达400多种，仅云南一省即有260多个。一些少数民族往往隔一条河、隔一座山即形成不同的“自称”和“他称”，这对依托于一定人口规模的行政区域建立自治地方的社会管理体制来说，几乎是不可能实现的局面。因此，开展民族识别、确认民族身份与群体归属，成为当时中国政府少数民族事务的重要内容。

从20世纪50年代开始，中央政府先后组织了西北、西南、中南、东北、内蒙古等一系列少数民族地区访问团，分赴各少数民族聚居地区进行民族政策宣传和开展社会调查。同时，政府组织了大量的科学工作者，特别是人类学、民族学、社会学、历史学、语言学等学科的学者，展开了大规模的少数民族语言文字和社会历史调查研究工作。1956～1964年间，参加调查的学者达到1400多人，他们的足迹遍布了各个少数民族地区。这是一项前所未有的科学活动，是对中国多民族、多语言、多文化、多宗教等基本国情最全面的一次深度了解，为中国的民族识别提供了科学的依据。民族识别是建立在充分尊重少数民族的意愿，以“名从主人”的原则对他们的“我群”称谓展开科学研究的复杂工作。尤其对于很多没有文字的少数民族社会来说，这项工作的难度更大。因此，只有深入实地进行社会、历史、语言、文化、经济生活、风俗习惯等多方面的综合调查，才能比较准确地反映这些群体之间的源流、异同，才能为他们的族别归属提供科学意见。

在开展上述调查研究的进程中，中央政府对能够确定的少数民族称谓陆续进行了认定和批准。到1965年，确认西藏地区的珞巴族后，中国少数民族的识别已完成了54个少数民族的确认。由于1966年开始的“文化大革命”，全国的政治、经济和社会秩序处于长达10年的无序状态，所以民族识别工作、科学研究工作也被迫停止。中国实行改革开放以后，1979年确认了云南省的基诺族，中国的民族识别工作基本完成。[①] 中国是由包括汉族在内的56个民族（nationalities）组成的统一的多民族国家，中华民族是

① 在中国人口统计中还有未识别的人口的栏目，从这个意义上说，民族识别工作尚未全部完成。事实上，对这些未识别人口的族别认定工作也在继续，主要是使他们归并到现有的相关民族之中，而不是识别新的民族。当然，这是一个尊重个人、群体意愿和认同的复杂事务。

由 56 个平等成员组成的大家庭。这里所说的“平等成员”就是指各民族不论人口多少、经济社会发展水平如何，一律平等。也就是说，人口规模达到 12 亿的汉族，与人口上千万、逾百万、数十万、几万和仅有几千人的少数民族，都同样享有法律所保障的一切平等权利。他们虽然在身份证上标注了各自的族别名称，但是他们持有的国家“名片”——护照只有一个共同的身份：作为中华民族成员的中国人（Chinese）。

中国的民族识别是国家主导下的科学实践活动，通过民族识别赋予少数民族共同管理国家的政治地位，赋予少数民族及其聚居地区根据本民族、本地区的实际发展经济文化等各项社会事业的自主权利，这是实践民族区域自治的基本要求。因此，中国的民族区域自治地方，在命名方面都会突出传统地名和实行自治的少数民族，如“宁夏回族自治区”，就是地名“宁夏”与族名“回”的结合。同时，在确定自治地方的区划方面，尊重少数民族传统经济生活的范围，如草原畜牧业所依托的草场等，也是重要因素。因此，少数民族实行聚居的地区一般都具有地域辽阔的特点，如内蒙古自治区、新疆维吾尔自治区、西藏自治区的地域都超过了 100 万平方公里。

## 三　民族区域自治制度的内涵

中国民族区域自治地方的建立，遵循了国家统一的行政区划，与全国的省、市、县一致。即根据当地少数民族人口的规模设立自治区、自治州和自治县（旗）。[①] 由于中国各个民族几千年来的互动交流，各民族的分布也呈现分散、杂处的格局，同一个少数民族分布在不同的地区、不同的少数民族聚居于一个地区，总体上又都与汉族居住在一起，这就使自治地方的设立形成了多样性。在自治区、自治州范围内也有一些聚居性少数民族，可以设立自治县（旗），或者在一定的行政区域内由两个以上的少数民族共同成立一个自治州、自治县，在中部、东部汉族聚居的省份成立少数民族的自治州、自治县，以及在少数民族人口聚居规模更小的地域单元设立了数以千计的民族乡（镇）。因此，中国不同行政层级的 155 个民族自治地方，不仅占国土面积的 64%，而且在全国范围内具有分布广泛的特点。

---

① “自治旗”是“自治县”在内蒙古自治区范围内的行政称谓，因循了清代内蒙古地区实行“盟旗制度”的传统名称。

中国在全国统一行政区划内设立不同层级的自治地方，目的就是通过国家制度和法律来保障少数民族的平等权利。1984 年颁布的《中华人民共和国民族区域自治法》，对这项制度及其民族自治地方的权利与义务作出了法律规范。也就是将这一制度实施以来的经验、政策进行总结，结合中国改革开放的发展要求，从国家基本法的高度为民族区域自治制度的发展、完善提供了法律保障。根据民族区域自治法的规定，自治地方享有多方面的自主权，如政府首脑必须由实行区域自治的少数民族公民担任，自治地方的公务活动通用实行区域自治的少数民族语言，保障少数民族公民使用本民族语言文字进行诉讼的权利，根据本地区的实际制定经济、文化和社会事业的发展计划和政策，对不适合当地实际情况的国家政策和规定可以变通执行或停止执行，等等；同时，这项法律也对中央政府部门作出了规定，即在民族区域自治地方的经济、文化等社会各项事业发展方面，提供资金、技术、人力等支持和保障，在制定政策方面充分考虑民族区域自治地方的特殊情况，采取各种措施推进民族区域自治地方的发展，等等。总之，这项法律集中体现了对少数民族平等权利的维护和保障，全面反映了中国各民族共同发展、共同繁荣的路径与目标。

当然，确立一种制度、制定一个法律，并不意味着制度的优越性、法律的保障性就能够得到充分发挥。观察中国的事务，需要动态的眼光。作为一个发展中国家，中国的社会制度、中国的民族区域自治制度，包括中国的人权实现程度，都处于一个不断发展完善的过程。世界上没有哪一种先进理念、制度模式一经提出或建立，就能够充分体现其优越性。发表或签署《人权宣言》，并不意味就实现了宣言的目标，而是表达了向实现这一目标努力的信念。因此，虽然在不同的国家，平等、自由、人权这些理念的实现程度并不相同，但是当今世界还没有哪一个国家可以宣称已经实现了完全的平等或充分的人权。中国的民族区域自治制度符合中国的基本国情，也取得了实践成就，但也需要不断发展和完善。在这方面，制度本身的发展和完善必须立足于民族区域自治地方的经济社会基础。没有经济社会基础支撑的任何制度，都不可能发挥其应有的功能和作用。任何一种先进的制度设计及其优越性，只能在这项制度的实践成效不断积累中才能得到逐步发挥。

中国确认少数民族的身份、实行民族区域自治，解决了少数民族在社会政治领域享有的平等地位和自治权利问题。但是，平等不仅仅是政治权利的平等，而且包括了经济、文化和社会生活各方面的平等。甚至可以说，只有实现了经济、文化和社会生活各方面的平等地位，才能保障政治权利的真正平等。但是，由于历史原因造成的各民族之间经济文化差距，使少数民族一方面享有法律赋予的平等地位，另一方面却不能充分享有社会赋予的权益，这是一种“事实上不平等”的现象。因此，不断缩小和最终消除各民族之间在经济、文化、社会生活方面存在的差距，才能实现各民族事实上的、真实的平等。

一般来说，多民族国家都具有文化多样性、经济生活多类型的特点。中国地域广大、民族众多，各个民族之间存在着显著的文化差异，如语言、服饰、民居、礼仪、宗教信仰、价值观念和行为方式等。同时，也存在着显著的经济社会发展差距，很多少数民族在20世纪中叶还从事“刀耕火种”式的山地农业、狩猎采集等初级的生产活动。这种文化差异使各民族在接触交往中必然产生相互适应的困扰，这种经济社会发展差距使各民族在互通有无过程中势必出现不平衡的矛盾。这些问题构成了国家、民族区域自治地方政府面对的普遍性事务。因此，尊重、保护和传承少数民族的文化，改善、发展和提高少数民族的经济生产能力，也就成为中国民族事务长期关注和致力解决的两大问题。

中国的民族区域自治制度，是一项以公平正义为立足点的制度。它在政治平等、经济发展、文化繁荣、社会保障等方面进行的制度设计和法律规范，在世界范围也具有先进性。但是，中国的民族区域自治地方都属于经济社会欠发达地区，在全国范围处于经济社会发展的末端。先进的制度安排、落后的经济基础，这是中国坚持和完善民族区域自治制度首先要解决的矛盾。中国改革开放的设计师邓小平曾说：“实行民族区域自治，不把经济搞好，那个自治就是空的。”（邓小平，1994）因此，中国民族事务的根本任务，就是加快少数民族及其聚居地区经济社会的发展，逐步缩小和消除各民族之间经济、文化和社会生活的发展差距，使少数民族、民族区域自治地方各民族人民、全国各民族人民共同富裕、共同繁荣。

## 第三节　西部大开发与民族区域发展

中国的改革开放是以经济建设为中心的社会变革。经过20年以东部沿海地区为先导的经济发展，中国的自主发展能力显著增强，综合国力大幅度提高。同时，这种非均衡的区域经济发展也进一步扩大了工业与农业、城市与农村、东部地区与西部地区之间的发展差距。在进入新世纪之际，中国进入了一个工业反哺农业、城市扶持农村、东部支援西部的全面、协调发展的新阶段。1999 年，中国政府提出了加快少数民族地区经济社会发展的新要求，展开了实施西部大开发战略的新图景。这意味着，中国在经济社会发展方面开始了重大的战略转移，即由东部率先发展转向以西部为重心的区域经济协调发展。这就是 2000 年全面启动的西部大开发战略。

## 一 西部大开发战略

中国的西部地区是一个经济地理概念，也就是经济社会发展水平滞后、自我发展能力不足的内陆、边疆地区。纳入西部大开发战略的 12 个省、市、自治区，国土面积达 685 万多平方公里，占全国面积的 71.4%。因此，作为经济地理意义上的西部地区，人口虽然只占全国总人口的 29%，但是这一区域内的少数民族人口则占全国少数民族总人口的 75% 左右。从这些数据可以看出，纳入西部大开发战略的 12 个省级地区，绝大部分都属于实行民族区域自治制度的少数民族聚居地区。同时，分布在中国东北、中南等内地的民族自治地方，由于在经济社会发展程度方面具有的西部特征，也享有西部大开发的政策。因此，西部大开发战略在区域、人口和经济类型等方面涵盖了中国少数民族的所有聚居地区。这一事实表明，中国改革开放以来虽然已经取得了举世瞩目的发展，创造了现代化进程的奇迹，经济总量在世界上名列前茅；但是，就一个国家的全面、协调、可持续发展而言，仍面临着幅员广阔的欠发达地区的经济社会发展问题，面对着统一的多民族国家内部各民族人民共同发展、共同富裕、共同进步的社会建构任务。所以，西部大开发战略不仅是中国现代化建设事业中最艰巨的发展任务，也是中国为解决民族问题、实现公平正义、构建和谐社会奠定坚实物质基础最繁重的任务。西部大开发不是单纯的经济行为，而是中国全面建设小康社会、实现现代化国家目标的社会整体建设，其中最重要的内容就是通过西部大开发推进中国解决民族问题的健康进程，加快少数民族及其聚居地区经济社会的发展成为现阶段中国民族事务的核心内容。

## 二　民族区域发展不平衡

无论对于多民族的世界，还是多民族的国家，民族问题是普遍存在的现象。同时，民族问题不同于一般意义上的、阶段性的，或其他社会群体的问题，而是一种具有长期性、复杂性特征的社会问题。处理和解决民族问题是世界各国共同面对的重要事务。一般来说，民族问题主要是指不同民族之间的关系问题。国家民族之间的关系，由于与国家关系重合，通常属于国际关系范畴。而其他类型的民族之间的关系，则属于多民族国家的内部事务。

中国的民族事务，就是通过民族区域自治制度和体现在政治、经济、文化和社会生活中的各项民族政策，来协调 56 个民族之间的关系，尤其是汉族与少数民族之间的关系，也包括少数民族之间的关系①，目的是使各民族之间形成平等、团结、互助、和谐的社会关系。实现这一目标的根本任务，就是加快少数民族及其聚居地区经济社会的发展，逐步缩小和消除各民族之间经济、文化和社会生活的发展差距。因为，这种发展差距在民族关系方面的集中表现，就是少数民族在社会生活中仍旧存在“事实上的不平等”问题。当然，对于一个人口众多的发展中国家来说，不同地区之间、城市与农村之间、不同社会阶层之间在生活环境、教育水平、就业类型、经济收入等方面的差别，同样存在“事实上的不平等”的问题，在人口多达 12 亿的汉族内部也是如此。但是，中国民族事务所专注的少数民族，由于历史、自然地理、语言文化、生活习俗、价值观念等方面的特殊性，在适应一个以汉文化为主体的社会从传统走向现代的急剧转型过程中，面临的问题要更加突出、更加复杂，所表现的“事实上的不平等”也更加多样和显著。这就需要国家给予更多的扶持，需要社会给予更多的关注，需要东部地区给予更多的帮助，需要少数民族及其聚居地区作出自力更生的更大努力。

无论世界如何评价中国，已走过新世纪第一个十年的中国，经济社会发展水平低、生产力水平不发达，仍旧是具有全局特征的问题。中国目前

① 可供比照的参考实例：在英国，就是英格兰、苏格兰、威尔士、北爱尔兰人之间的关系以及他们同日益增多的各国移民之间的关系。在美国，就是具有种族特征的黑人、白人关系，各族裔之间的关系。在一些发达国家，这种关系也体现为主流社会与传统社会的关系，如北美、北欧、澳洲等地区相关国家中的现代社会与原住民（土著）的关系问题；在欧美发达国家，主流社会与移民性群体、新移民与老移民之间的关系问题也非常普遍。

的生产力水平还不能满足各民族人民日益增长的物质文化需求，这是中国当前和今后相当长时期内必须冷静面对的社会基本矛盾。中国面对的几乎所有的社会问题，都是在这一基本矛盾作用下产生或与此相关，民族问题也不例外。因此，当代中国民族问题的主题就是少数民族及其聚居地区迫切要求加快经济文化发展与自我发展能力不足的矛盾。这一主要矛盾，决定了中国民族事务的工作主题，即各民族共同团结奋斗、共同繁荣发展。实践这一工作主题，核心内容是“共同”，关键是“团结奋斗”，目的是“繁荣发展”。共同，既是各民族平等的内涵，也是各民族团结、互助、和谐的基本特征。在现阶段，推进西部大开发战略中形成的“共同”机制，就是国家对少数民族聚居地区的资金投入和政策扶持，东部发达地区对西部欠发达地区的人力、物力、财力、智力的支援，西部地区，少数民族和自治地方的自力更生。经过10年的共同团结奋斗，西部地区在共同发展方面取得了长足的进步。西部地区12省区的GDP总和，由2000年的16655亿元，增长到2008年的58257亿元，年均增长11.7%，超过全国同期经济增长水平。人均地区生产总值由4624元增加到1.6万元。这种高速度的增长，是在国家大力扶持下实现的。

根据相关统计，2000～2008年，国家财政对西部地区的转移支付规模，从1089亿元增加到7933亿元，年均增长28.2%，转移支付累计达30338亿元，占中央对地方转移支付总额的43.6%。在不断增强西部各省区财政能力的同时，国家在改善西部地区交通、水利、能源、通讯等基础设施方面，实施了102项重点建设工程，投资总规模1.7万亿元，如青藏铁路、西气东输、西电东送、大型水利枢纽、国道主干线路段等一批重点工程都已经发挥了重大的经济社会效益。同时，在直接关系到人民生活的教育、医疗卫生、饮用水、住房、社会保障等诸多方面也给予了大量的资金投入。如医疗卫生的投入由1.5亿元增加到242.3亿元，增长161倍。[①] 同时期，东部地区通过资金、技术、人力等对西部地区进行的对口支援，也形成了制度化的运作，东部发达的省、市与西部的省、自治区结成了固定的经济援助关系，如北京与内蒙古、上海与新疆、广东与广西，等等。对西藏自治区，则形成了全国支援西藏的机制。这些措施对加快西部地区的经济社会发展起到了重要推动作用，体现了中国在现代化进程中的共同发展、共

① 数据来源：中国西部开发网，http://www.chinawest.gov.cn/web/index.asp。

享成就的根本要求。

2010 年，中国的西部大开发战略已经实施了 10 年，西部地区的经济社会发生了巨大变化，取得了前所未有的重大发展。但是，西部地区，尤其是少数民族聚居地区的经济发展，仍面临着十分艰巨的任务。根据对中国东部、中部、东北、西部四大区域的经济综合竞争力的评估，① 2008 年东部地区评估分值为 31.01 分，中部地区为 19.99 分，东北地区为 22.17 分，西部地区为 15.62 分（李建平等，2010）。西部地区的经济综合竞争力依然位居末端。从对西部地区各省、自治区的同类评估中可以看出，少数民族聚居的地区，除内蒙古自治区、四川省外，新疆、宁夏、广西、云南、青海、贵州、甘肃、西藏都处于西部 12 省区的末端（见表 4－1）。

**表 4－1　2008 年西部 12 省区经济综合竞争力排名**

| 西部 12 省、市、自治区 | 在全国 31 个省、市、自治区的排名（不含台湾、香港、澳门） |
|---|---|
| 内蒙古 | 10 |
| 四　川 | 16 |
| 陕　西 | 20 |
| 重　庆 | 22 |
| 新　疆 | 24 |
| 宁　夏 | 25 |
| 广　西 | 26 |
| 云　南 | 27 |
| 青　海 | 28 |
| 贵　州 | 29 |
| 甘　肃 | 30 |
| 西　藏 | 31 |

资料来源：李建平等主编《中国省域经济综合竞争力发展报告（2008～2009）》，社会科学文献出版社，2010。

上述排名在中国科学院可持续发展综合能力指标体系的同类比较中，也得到了基本一致的结果。

---

① 经济综合竞争力主要由宏观经济、产业经济、可持续发展、财政金融、发展环境、政府作用、统筹协调能力构成。

**表4－2 2007年西部12省区市可持续发展能力排名***

| 西部12省、市、自治区 | 可持续发展综合能力 | 在全国31省、市、自治区的排名 |
|---|---|---|
| 全国平均值 | 108.9 | 不含台湾、香港、澳门 |
| 重 庆 | 108.8 | 16 |
| 陕 西 | 108.3 | 18 |
| 内蒙古 | 107.9 | 20 |
| 广 西 | 107.3 | 22 |
| 四 川 | 107.2 | 23 |
| 新 疆 | 106.5 | 25 |
| 贵 州 | 105.5 | 26 |
| 云 南 | 105.2 | 27 |
| 青 海 | 104.43 | 28 |
| 宁 夏 | 104.2 | 29 |
| 甘 肃 | 103.6 | 30 |
| 西 藏 | 102.2 | 31 |

＊可持续发展能力综合评价数据是对生存支持系统、发展支持系统、环境支持系统、社会支持系统、智力支持系统及其所包含的226个基础指标和45个变量指数的合成。详见中国科学院可持续发展战略研究组《2010中国可持续发展战略报告——绿色发展与创新》，科学出版社，2010。

资料来源：中国科学院可持续发展战略研究组《2010中国可持续发展战略报告——绿色发展与创新》。

可见，西部大开发战略实施十年来，西部地区的经济社会发展速度、规模效益都取得了高于全国平均水平的成就，但是这些地区的自我发展能力依然很低。尤其是5个少数民族自治区和少数民族聚居程度高的四川、云南、贵州、青海、甘肃各省，在经济竞争能力和可持续发展能力方面都处于全国平均水平之下，与东部发达地区的差距依然显著。西部地区经济社会发展水平的滞后性，既有历史和自然地理的因素，也有经济生产方式、社会文化传统和人力资源等方面的原因。中国的西部地区，特别是少数民族聚居地区的经济社会现代化，是一项十分复杂的建设工程。这种复杂性还包括了一些影响社会安全稳定、破坏发展环境和民族关系的特殊问题。这类问题基本上都与中国在近代历史上遭受帝国列强欺侮、侵略的经历直接相关。在这方面，中国与很多曾遭受西方殖民主义统治的发展中国家面临着相似的问题，所不同的是中国走出了一条符合本国实际的发展道路。

## 三　建立和谐的民族关系

19世纪以来，中国在步入现代世界的进程中，从1840年的鸦片战争到1945年战胜日本帝国主义的侵略，中华民族经历了一个多世纪遭受外来侵略的历史。中国的台湾、香港、澳门地区曾相继沦为外国的殖民地，中国的东北地区在日本帝国主义占领下建立了“满洲国”，日本帝国主义进而策动内蒙古地区的独立；中国的西藏地区遭受英帝国主义的侵略，领土遭到肢解，英帝国主义还制造“西藏独立”；中国的新疆地区也先后在英国、苏联支持下出现了“东突厥斯坦共和国”，等等。虽然这些活动未能达到殖民、肢解、分裂中国的目的，但是帝国主义势力利用民族问题分裂中国的行径，培植了一些民族分裂主义势力，为现代中国留下了一份十分复杂的“历史遗产”。

中国对外开放是为了借鉴和吸收人类社会的文明成就，但是不可能全盘引进其他国家的制度和发展模式。中国改革开放的成功之处，主要在于立足于本国的实际，探索符合中国国情的发展道路。这不仅是改革开放以来最重要的经验，而且也是中国未来应继续遵循的发展思路。同样，在中国西部地区的现代化发展进程中，根据少数民族所处的生态、地理环境，传统的生产生活方式，文化、语言、宗教、风俗习惯等社会生活特点，探索不完全等同于东部发达地区的发展道路，也是正在进行的实践。中国确立的以人为本、全面、协调、可持续的科学发展观，为这一实践提供了新的发展思路。

中国在推进西部大开发进程中，提出了构建社会主义和谐社会的目标。中国理解的和谐社会，就是民主法治、公平正义、诚信友爱、充满活力、安定有序、人与自然和谐相处的社会。对一个多民族国家来说，各民族之间的和谐关系，是社会和谐最重要的内容之一。在这方面，中国党和国家领导人曾作出经典的阐释：“对各民族在历史发展中形成的传统、语言、文化、风俗习惯、心理认同等方面的差异，我们要充分尊重和理解，不能忽视它们的存在，也不能用强制的方式加以改变。对各民族在发展水平上的差距，我们要积极创造条件，努力缩小和消除。”（胡锦涛，2005）这就是“尊重差异、包容多样”观念在民族事务方面的集中体现。对各民族传统文化等体现民族特点的因素予以充分的尊重和理解，是对多样性的承认；而缩小和消除各民族在经济发展、生活水平方面的差距，则是实现公平正义的统一性要求。多样性是相互交流、合作、吸收、借鉴和实现创新的基础，统一性则是对多样性互动关系进行组织、协调的整合。

## 思考题

1. 中国形成统一的多民族国家的历史过程在世界范围具有哪些独特性？
2. 中国进行民族识别、确定族别身份是否会弱化公民身份的认同？
3. 中国实行的民族区域自治制度是否有利于保障少数民族的平等权利？
4. 中国的西部大开发战略对解决民族问题有什么意义？
5. 多民族国家中少数民族的传统文化在现代化进程中应该如何传承和发展？

## 参考文献

安德森，本尼迪克特，2003，《想象的共同体：民族主义的起源与散布》，吴叡人译，上海：上海人民出版社。

布热津斯基，兹比格涅夫，2005，《大抉择——美国站在十字路口》，王振西主译，北京：新华出版社。

邓小平，1994，《关于西南少数民族问题》，《邓小平文选》（第一卷），北京：人民出版社。

费孝通，1939，《关于民族问题的讨论》，《益世报》，1939 年 5 月 1 日，第四版。

弗兰克，贡德，2001，《白银资本——重视经济全球化中的东方》，刘北成译，北京：中央编译出版社。

顾颉刚，1939，《中华民族是一个》，《益世报》，1939 年 2 月 13 日，第四版。

哈迪斯蒂，唐纳德·L.，2002，《生态人类学》，郭凡、邹和译，北京：文物出版社。

何伟亚，2002，《怀柔远人：马噶尔尼使华的中英礼仪冲突》，邓常春译，北京：社会科学文献出版社。

亨廷顿，塞缪尔，2005，《我们是谁——美国国家特性面临的挑战》，程克雄译，北京：新华出版社。

胡锦涛，2005，《在中央民族工作会议上的讲话》，5 月 27 日。

华勒斯坦等，1997，《开放社会科学》，北京：生活·读书·新知三联书店。

金里卡，威尔，2004，《少数群体的权利：民族主义、多元文化主义与公民权》，邓红风译，台北：左岸文化出版公司。

江应樑，1937，《广东瑶人之今昔观》，《民俗》（第一卷）。

克罗斯比，2008，《哥伦布大交换：1492 以后的生物影响和文化冲击》，郑明萱译，台北：猫头鹰出版社。

卡瓦利－斯福扎，L. L.，卡瓦利－斯福扎，E.，1998，《人类的大迁徙》，乐俊河译、杜若甫校，北京：科学出版社。

《抗日战士政治课本》，中共中央统战部编《民族问题文献汇编》，中共中央党校出版社，1991。

科尔曼，丹尼尔·A.，2002，《生态政治：建设一个绿色社会》，梅俊杰译，上海：上海译文出版社。

兰德斯，戴维·S.，2001，《国富国穷》，门洪华等译，北京：新华出版社。

拉兹洛，E.，1997，《决定命运的选择》，李吟波等译，北京：生活·读书·新知三联书店。

李建平、李闽榕、高燕京主编，2010，《中国省域经济综合竞争力发展报告（2008～2009）》，北京：社会科学文献出版社。

迈尔斯，诺曼，2001，《最终的安全——政治稳定的环境基础》，王正平、金辉译，上海：上海译文出版社。

毛泽东，1991，《中国革命和中国共产党》，《毛泽东选集》（第二卷），人民出版社。

莫林，埃德加·凯恩，安娜·布里吉特，1997，《地球祖国》，马胜利译，北京：生活·读书·新知三联书店。

史密斯，安东尼·D.，2002，《全球化时代的民族与民族主义》，龚维斌、良警宇译，北京：中央编译出版社。

斯塔夫里阿诺斯，1988，《全球通史：1500年以前的世界》，吴象婴、梁赤民译，上海：上海社会科学院出版社。

斯塔夫里阿诺斯，1992，《远古以来的人类生命线》，吴象婴等译，北京：中国社会科学院出版社。

孙中山，1920，《在上海中国国民党本部会议的演讲》。

汤因比，1987，《历史研究》，曹未风译，上海：上海人民出版社。

王晓秋，2000，《近代中日文化交流史》，北京：中华书局。

威泽弗德，杰克，2006，《成吉思汗与今日世界之形成》，温海清、姚建根译，重庆：重庆出版社。

小森阳一，2003，《日本近代国语批判》，陈多友译，长春：吉林人民出版社。

泽伊，迈克尔·G.，1997，《擒获未来》，王剑男、邵宇宾译，北京：生活·读书·新知三联书店。

郑匡民，2003，《梁启超启蒙思想的东学背景》，上海：上海书店出版社。

中国科学院可持续发展战略研究组，2010，《2010中国可持续发展战略报告——绿色发展与创新》，北京：科学出版社。

# 第五章
# 社会心态与当代变迁

周晓虹

自1949年起，中华人民共和国成立至今已经整整60年。尽管在整个历史的长河中，60年不过惊鸿一瞥，但对我们的民族和当下生活在世的每一个人来说，这60年却具有无论怎么高估都不过分的巨大意义：对我们这样一个曾经有过辉煌历史的民族而言，这60年尤其是后半段的30年，中华民族终于扭转了自近代以来的颓势，重新傲立于世界民族之林；而对现在生存在世的每一个人来说，这60年又以这样或那样的方式，给我们的生命历程打上了深刻的历史烙印。

经过60年的变迁，中国社会发生了翻天覆地的变化，不仅国民生产总值（GDP）增长到近5万亿美元，成为这个世界上仅次于美国、和日本并驾齐驱的国家，而且我们通过制度建设、民主法治和市场经济的确立，正在向一个真正意义上的现代国家迈进。进一步，经过这60年的巨变，在整个经济和社会发生结构转型的同时，中国人的价值观、社会态度和社会行为，或人们通常所说的社会心态（social mentality），同样也发生了令人惊异的转型。像经济和社会结构的转型一样，中国人社会心态的变化不仅范围之广、影响之深，而且因其前所未有的创造性和独特性在给中国人民五千年的精神嬗变历史打上鲜明烙印的同时，也为世界各地的发展中国家从传统向现代的迈进提供了可资借鉴的心理范本。从这样的意义上说，我们可以将60年来中国人民的社会心态经历的这场跌宕起伏的巨大变革视为现在越来越引起人们广泛关注的“中国经验”（China experience）（李培林，2007）的一部分，或者干脆将其称为“中国体验”（China feelings）。以价值观和社会心态的嬗变及其感受为核心的中国体验，是 60 年来的共和国成长历史尤其是 30 年的改革开放带给 13 亿中国人民的主观感受和心理积淀，它在精神层面上赋予中国经验以完整的价值和意义。

## 一　中国人的传统社会心态及其近代嬗变

社会心态是不断演进过程中的社会的主观精神状态，因其变动不居和现实可感而常常成为社会变迁的晴雨表和风向标。在常见的社会科学表述中，社会心态常常与价值观相提并论，这是因为无论是价值观还是社会心态，都是一个社会共同的精神现象或主观表征，并且广义的社会心态也常常包含了一个社会的价值取向。不过，价值观和社会心态也有相互区别的一面：前者是某一社会成员用以进行价值判断的根本观点，并因此而具有相对的稳定性和深蕴性；而后者则是一种弥散而变动的社会心理状态，是价值观赖以形成的一般心理基础。

长期以来，关注个体和小群体研究的心理学家在社会心理学领域“君临天下”，导致“社会心态”一词在现代社会心理学中基本处在边缘位置，它“并不是一个积累了很多成果的领域”（杨宜音，2006）。在对社会心态研究感兴趣的社会学家中，我们一般可以发现，他们都着重强调了这一概念所包含的宏观、动态及与重大社会历史变迁的关联等特征。比如，杨宜音提出：“社会心态是一段时间内弥散在整个社会或社会群体/类别中的宏观社会心理状态，是整个社会的情绪基调、社会共识和社会价值观的总和”（杨宜音，2006）；一般说来，在那些重大的社会历史转型时期，都会伴随着社会心态的转变和重塑，所以，马广海直截了当地辨明：“社会心态是与特定的社会运行状况或重大的社会变迁过程相联系的”动态社会心理现象（马广海，2008）。我们认为，在讨论中国人社会心态的变迁这一主题时，恪守上述核心特征不仅具有准确的理论意义，也具有重大的实践意义。早在 1886 年，恩格斯就说过：“如果要去探究那些隐藏在……历史人物的动机背后并且构成历史的真正的最后动力的动力，那么应当注意的，与其说是个别人物，即使是非常杰出的人物的动机，不如说是使广大群众、使整个整个的民族，以及在每一民族中间又使整个整个阶级行动起来的动机。”（恩格斯，1972：245）

要准确阐释近代以来中国人社会心态的变迁，我们首先要回到 60 年前甚至传统中国的价值观和社会心态上去，因为这不仅是我们 60 年来精神嬗变的起点，也是判别今天的中国人价值观和社会心态的不可或缺的参照系。自 1840 年西方入侵而导致中国近代以来的嬗变开始，尤其是自包括现代心理学在内的近代科学从西方传入以来，中国人的价值观和社会心态以及所谓“国民性”就一直成为中外学者谈及中国人和中国文化时津津乐道的主题之一（明恩溥，1998；鲁迅，2005；林语堂，2000）；并且其至今仍然构成了诸多中国学者的学术旨趣（李亦园、杨国枢，2006；沙莲香，1989，1990；翟学伟，1995，2001）。

从最为简略的角度出发，我们可以从影响传统中国人的经济生活方式、制度结构和文化氛围入手，讨论中国人的价值观和社会心态。在讨论传统中国社会的性质时，能够发现，几乎所有的研究者都会论及这样四个方面，即农耕社会、封建皇权、宗法制度和儒家伦理。进一步，我们可以认为，传统中国社会的这些基本特征在几千年中确实从不同侧面塑造了中国人的精神世界。具体说来，①在有 6000 年以上历史的中国农耕社会中，占主导地位的一直是自给自足的小农经济，它不仅阻碍了商品或市场经济的发展，也导致了国民性格中勤俭耐劳和冷漠无知、坚韧和保守的两重性；②长达 2000 多年的封建皇权统治，给中国传统文化和中国人的社会心理都打上了抹不去的烙印，使得中国人具有鲜明的权威主义人格，或表现为面对强权时的安命不争，或表现为大权在握时的残忍无情；③同样有数千年历史的宗法家族制度，使得中国人缺乏自我主义的情绪表达和普遍的社会关注，他们讲究人伦关系、推崇忠孝礼义，却缺乏对公共事务的兴趣、缺乏公德心，以致在“中国传统社会里一个人为了自己可以牺牲家，为了家可以牺牲党，为了党可以牺牲国，为了国可以牺牲天下”（费孝通，1985：27）；④在上述生产方式和社会结构的基础上，形成了在 2000 多年的历史中作为中国传统文化核心的儒家伦理，它所宣扬的核心内容就是封建等级制度和以血缘关系为纽带的宗法家族制度，而它所推崇的“仁爱观”、中庸之道以及“君子喻于义、小人喻于利”的“义利观”，既造就了中国人性格中仁爱慈悲、中庸谦恭、安贫乐道的一面，也使中国人常常摆脱不了虚假伪善、随波逐流、明哲保身以及“君子不器”等恶习的侵扰。

变化出现在 1840 年。在这一年的鸦片战争中，西方列强用坚船利炮打开了中国这个古老帝国封闭的大门，在来自外部世界的生存挑战和现代化示范面前，中国被迫踏入现代的门槛，一个有着数千年历史的农业文明在向自己十分陌生但却充满生机的工业文明作出让步之后，也开始了向后者的缓慢但越来越迅速的转变。鸦片战争、甲午战争、戊戌变法、废除科举、辛亥革命、五四运动，这一件件巨大的历史事件，改变了近代中国的走向。尤其是1919年爆发的五四新文化运动，高举“民主”和“科学”的大旗，向以儒家思想为核心的传统文化和宗法制度宣战，并明确提出了“打倒孔家店”的口号，将对中国传统社会的否定，从戊戌变法和辛亥革命时期的政治制度层面，进一步引申到价值观和社会心态层面。随后的文学革命和提倡白话文运动、批判传统人格和改造国民性的主张，造成了传统人格和社会心态的坍塌。此后，伴随着古老的中国向外部世界的被动开放，首先是沿海地带开始从传统经济中剥离出来，开始了自己的现代发展，并形成了一系列与内地相对立的特色：在物质和文化上都置于西方的示范效应之下；经济以现代商业和现代工业为主轴；文化上向工商社会的价值观念迁移；租界的存在使行政和司法具有中国和西方双重主权和标准；最后，社会具有了面向世界的全方位的开放性质（柯文，1989：144～145）。如果不是1937年日本帝国主义的全面入侵，中国社会的近代变革无疑会向深度和广度两个方面进一步推进。

中国与外部世界的接触，尽管充满了失败与屈辱，但它毕竟使这个古老的帝国自1840年后开始发生了朝向现代的转变。变迁从器物引向文化，再从文化引向价值观和社会心态的层面；变迁从西方进入中国，再从上海、北京、南京这样的沿海都市向中小城市，向沿海和长江流域的乡村渗入，千百年来不变的传统在与现代接触的过程中开始面临严峻的挑战。

近代以来上海的变迁是上述转变的一个典型案例（乐正，1991）。1840年后，随着西方帝国主义进入中国，上海这个原本的小渔村也开始了自己独特的半殖民历程。在外来资本主义的推动下，上海开始发生了许多原先没有的变化：①同中国的其他地方相比，上海更多地受到西方资本主义文明的冲击和影响；②上海开始摆脱对封建小农经济的依附，进入了近代商品经济的发展轨道；③相对于清政府的统治来说，上海租界的相对独立性使其在客观上为各种新思潮、新事物的出现提供了合适的土壤。在这样的大背景下，近代上海人的价值观发生了深刻的变化，形成了鲜明的重商思潮；同时，上海人的社会心态也开始变得越加开放。

近代上海人重商思潮的形成，和自19世纪后期开始上海本身成为沿海主要的商业都市有关。在商业的发展过程中，人们发现人类已经开始进入一个万国通商的新时代，因此中国要想在这个商业竞争日趋激烈的时代立足，就必须改变农本思想，以工商立国。在这样的趋势下，上海人不仅要求重视商业的地位，而且要求政府采取各种措施改善经商的环境、保护商人的合法权益。与此相应，商人的社会地位空前提高，以往蔑视商人的社会心理发生了很大的变化，这使得原先“士、农、工、商”的中国传统社会结构也发生了变化甚至倒置，“士”也就是封建士大夫或儒士的社会地位骤然下降，出现了文人向商人靠拢，或者依附即“傍”商人的现象。

同重商思潮一样，上海人开放的社会心态也与1840年后外国帝国主义的侵入有关，从这样的意义上说，上海最初的开放是被动的开放。通商口岸的性质和商业王国的建立，成了上海滩全面开放的外在动力，而上海滩自身的各种新特征则成了它对外开放的内在因素，其中包括：上海滩作为贸易口岸的地理优势；租界相对独立和安全的政治地位和社会环境；上海人谦和而不排外的社会性格；因现代航运业、航空业和铁路业发展而形成的交通通达状况；以及现代大众传播业的迅猛发展造就的信息传播之便利。这一切都使得人流、物流、财流以及文化源源不断地从四面八方向上海汇聚，在这里形成了一个高度开放和流动的社会体制，加之上海移民社会本身的特点，自然会使上海人形成海纳百川、兼容并蓄的开放心态。

其实不仅是上海这样的大都市，在整个沿海比如邻近上海的江浙，近代以来一样出现了朝向现代的转变（周晓虹，1998）。作为上海这个现代都市的两翼，江苏和浙江最早感受到了大气磅礴的现代性的力量。具体说，1840年后，伴随着资本主义的进入，中国农村尤其是江浙一带农村自给自足的自然经济开始解体，商品经济逐渐萌生。自1840年后的近100年间，随着江浙农村中资本主义因素的增长、现代交通和邮电的出现、简陋工业的下乡和农业技术的引进、现代教育和传播的初创、民主革命思潮和各种改良运动的推行，以及渐渐走出土地的农民与城市的初步接触及工厂体验的获得，江浙乡村在遭际了巨大的经济和社会压力的同时也开始出现了一些变化，现代性在传统极其深厚的中国农村开始了缓慢而微弱的生长。

尽管描述江浙农民的社会心理在20世纪上半叶的变动可以有各种不同的侧重，但由农民中离村人数的激增而反映出的传统的安土重迁观念的变化在任何一种叙述中都有相当显著的位置。如果说城市对周边农村的渗透与影响是缓慢的，那么，农村人口向城市的流动，则为他们接触现代文明提供了较为快捷的途径。由于前述外国资本主义的进入、中国传统自给自足的自然经济的解体，以及人口增长过快和人地矛盾的突出，使得近代以来中国农民日益陷入了贫困无助的境地，而近代城市的崛起则为农民寻求生存提供了一条可供选择的出路。这种与人口学上的“推—拉”模式十分吻合的实际情境，使得近代以来土地对农民的束缚程度日益减低，农村人口的流动频率逐渐提高，到了 20 世纪 30 年代左右，农民离村的人数在动荡不安的社会环境中更是急剧增加。

由农村向城市流动的人口不仅包括普通农民，也包括相当一部分士绅阶级。无论是前者还是后者，农村人口的大规模离村的消极影响不言而喻。就前者而言，其大规模的离村造成了城市人口的剧增，棚户区、失业甚至娼业兴盛等城市病的泛滥，以及农村劳动力的流失、田地的荒芜和流民队伍的扩展；而就后者而言，其离村则造成了乡村土劣势力的崛起，以及农村社会的金融凋敝、资金匮乏。但是，发生在近代的这第一次农民大批的流出土地、流向城市的现象，对当时的中国社会结构的变化、经济的发展以及农民的传统价值观和社会心态的嬗变却无疑有着十分积极的一面。其实，从土地上走出的农民不仅价值观和社会心态发生了变化，而且他们大多数人的人生目的地——城市及全新的城市生活方式还会进一步改造他们，促使他们与传统诀别并迈向现代的行列。那些有相当的文化、对新事物极其敏感的士绅及其子弟能够很快适应现代城市生活自不必说，即使是那些普普通通的从农村来的劳工，尽管他们身上带着的旧的生活与行为方式的烙印，与现代工业和城市生活的要求每每会发生这样或那样的冲突，但他们也会在不同程度上接受现代工业和文明的熏陶与训练，提高自己的生存能力和竞争意识，并逐渐摆脱传统的束缚。诚如列宁所说：“与居民离开农业而转向城市一样，外出做非农业的零工是进步的现象。它把居民从偏僻的、落后的、被历史遗忘的穷乡僻壤拉出来，卷入现代社会的旋涡中。它提高居民的文化程度及觉悟，使他们养成文明的习惯和需要。”（列宁，1959：527）

这样，在 1840 年尤其是 1919 年后，商品经济的发展、现代教育的出现和交通的改善、乡村工业的生长、民主革命思潮的影响，以及更为重要的与城市的越来越频繁的接触，开始以缓慢而无声的方式浸润着承受巨大的生存压力的江浙农民，尤其是那些精明强干的青年农民的价值观和社会心理。到了 20 世纪上半叶，随着视野的开阔和生活半径的扩大，不仅江浙农民的安土重迁观念发生了明显的变化，而且包括他们的职业取向、交往方式、男女关系、组织行为甚至政治意识在内的价值观和社会心理的各个方面也都开始出现种种变动的迹象（周晓虹，1998：124～137）。在某种程度上我们也可以说，1840年后在中国农民的价值观和社会心态方面所发生的这种朝向现代的转变，也是他们在20世纪30年代后能够接受马克思主义思想、接受中国共产党的领导参加革命的前提条件。

## 二　解放：旧传统的崩溃与“新传统”的固化

1949年中华人民共和国的成立，对于中国共产党人来说是一个里程碑式的事件。从这时起，他们开始按照自己的理想来改变这个100多年来多灾多难的中国。用马克思主义来改造中国，本身就意味着作为传统中国文化基础的儒教寿终正寝；土地改革和镇压反革命，则使地主或士绅阶层被从心理上、社会存在上甚至肉体上消灭了；最后，像舒尔曼所言，新《婚姻法》象征着妇女解放以及家长制的最终土崩瓦解（Shurmann，1971：7）。在短短的几年内，在中国城乡，通过土地改革、“三反五反”、工商业的社会主义改造等一系列社会运动，以及从上到下牢固建构的各级政权组织，共产党人获得了对中国社会的经济控制权、政治支配权和行政干预权。正是这些组织的建立，重建了中国城乡的新秩序；或者用舒尔曼的话说，缔造了新中国，一个“组织化的中国”，而我们讨论的中国人社会心态的变迁就是在这样的背景下实现的。

1949年的新中国成立，给了摇摇欲坠的传统以最后的一击，也为新秩序的建立奠定了基础。对1949年生活在世的4.5亿同胞中的大多数人来说，虽然经年累月的战乱和灾难使他们贫病交加、心灰意冷，但新中国的成立还是给他们带来了无限的希望。“中国人民从此站起来了”，并不是毛泽东个人的凭空想象，而是当时千百万中国人民真实的主观感受。从那时开始，在新中国成立后的最初岁月中，中国人民的社会心态确实发生了巨大的转变，其中最为突出的变化有两点：其一，经过全面的社会主义改造，中国人民的社会心态从参差不齐走向高度同一；其二，经过土地改革、抗美援朝、农业合作化和工商业的社会主义改造，中国人民的社会心态从消极自保走向积极甚至亢奋。

第一个变化的发生不仅和一个统一的新中国的出现有关，也和这个新的国家高度的社会整合程度有关。众所周知，通过前述一系列社会运动，在短短的几年内，社会主义制度就获得了确立，而学习苏联、走苏联的道路自然也是中国社会主义建设和发展的不二法门。苏联模式的特点是高度的中央集权，它在短时间内能够将国家资源最大程度地集中到某些特定的地区和部门，使工业化获得优先的发展。这一体制遏制了市场化和商品经济的发展，但同时也使原先分崩离析的中国整合成铁板一块。在这一整合过程中，1950 年爆发的“朝鲜战争”是使中华民族高度凝聚的一个外部事件，而 1953 年之后建立的农业统购统销政策和户籍制度则是使整合得以持续的内在机制。这种高度整合的社会体制的存在，使得自上而下的一次次社会运动能够发挥其最大的动员效率，万众一心式的同质性社会心态由此而生。

第二个变化的发生不仅和中国共产党的成功动员有关，也是新中国成立后一系列翻天覆地的变化和伟大成就的自然后果。20 世纪 50 年代，推翻蒋家王朝、翻身分得土地和抗美援朝的胜利，使得包括农民在内的数亿中国人民在感受毛泽东和共产党伟大的同时，也看到了自己的力量——这种力量在革命和建设的过程中确实都发挥了巨大的积极作用；紧接着，通过 50 年代推行的工商业的社会主义改造和集体化尤其是人民公社运动，千百年来散沙一盘的中国人被高度组织起来，这使群体成员能够轻而易举地产生超出日常体验的“我们感”，并因此产生了“听毛主席话、跟共产党走”就无所不能的精神幻觉。

同一和亢奋，社会心态的这一对相互促进的精神特征，开始成为中国社会走向灾难的前奏。从 1958 年起，一系列癫狂而不计后果的社会运动接踵而至：先是人民公社，党和国家借农民的传统平均主义心理，通过各种政策杠杆，在短短的几个月的时间里就实现了人民公社化（周晓虹，2005）；几乎与此同时，“大跃进”的浪潮席卷全国，在中共八届二次全会提出“鼓足干劲，力争上游，多快好省地建设社会主义”的总路线之后，各种会议和报刊都开始大谈破除“条件论”，提倡“不怕做不到，就怕想不到”。农业提出“人有多大胆，地有多大产”（周晓虹，1998：184～185）；工业则提出在钢铁等主要工业产品上用 5～15 年的时间“超英赶美”（薄一波，1997：716～720）。与此相应，各种令人瞠目结舌的疯狂之举层出不穷（李锐，1996；凌志军，1996）。作为惩罚，1959～1961 年持续三年的灾难接踵而至[①]，而单单在这三年中因饥馑而死亡的人数，1960 年就是 1000 多

① 对此，传统的说法一直是“三年自然灾害”。事实上，早在 1961 年 5 月，刘少奇通过对其家乡湖南宁乡县花明楼村的调查，就得出了“三分天灾，七分人祸”的结论（刘少奇，1985，下卷：337）。

万（薄一波，1997：902），而三年则是2600多万或3000万（凯恩，1993：106；Lin，1990）。

灾难并没有遏制住狂热的势头。在1962年的“七千人大会”前后，中国共产党相继推出了“农业六十条”、“工业七十条”，并对1957年“反右”之后“极左”的知识分子政策进行了适当的调整，中国经济和社会开始了灾难后的短暂复苏。但是，就是在通过“农业六十条”（即《农村人民公社工作条例（修正草案）》）的同一个八届十中全会上，为了稳定住灾荒后的中国，更重要的是稳固自己在党内的地位，毛泽东重提阶级斗争的重要性，并将矛头指向党内，指向和他意见不一的同志。在接下来的“四清”、“农业学大寨”等一系列运动中，毛泽东都希望能够通过阶级斗争来“整党内那些走资本主义道路的当权派，进一步巩固和发展城乡社会主义的阵地”（中共中央，2006：693）。1966年，持续10年的“文化大革命”终于爆发，一场全国范围内的大动乱使整个中国、使9亿人口达到了癫狂的顶峰。

1949年的革命，确实改写了中国历史的走向。但是，一场以反对封建和殖民文化为目标的革命，在其胜利后的近30年间却形成了更为坚固的传统或者用华尔德的话说的“新传统”（Walder，1986），这却是当年的革命者自己也预料不到的事情。1949～1978年的近30年间，各式各样的制度性变革和广泛的社会运动，在相当的程度上左右了中国人民的期望与选择，对中国人的价值观和社会行为的改变产生了诸多积极的影响，但也造成了许多消极后果。尽管从严格的意义上说，中国人民在这30年间因上述重大社会事件所激发出的“革命”热情与传统的价值观和社会心态有很大的差别，但前者无论怎样也不能算是现代的，传统的价值观和社会心理仍然在以这样或那样的方式影响着中国人民。具体说来，革命的胜利推翻了皇权，但却没有扫清以高度中央集权和个人崇拜为核心的封建主义的阴霾；革命的胜利推进了中国工业化进程，但苏联式的计划经济体制同样制约了商品和市场经济的发育；革命的胜利铲除了血缘家族统治，但无所不包的单位制和农村人民公社，在限制人们的流动和迁徙自由之后，也弱化了他们的创造性和竞争意识；最后，革命的胜利以摧枯拉朽之势冲垮了儒家封建伦理和刚刚萌生的资产阶级意识形态，但活的、崇尚创新的马克思主义最终却成了束缚人民群众创造力的教条。在这种社会氛围的左右下，一个有10亿人口的中华民族形成了一种高度政治化，同时又高度同质化或曰“去个性化”的社会心态。可以说，从“大跃进”直至“文化大革命”，一系列世所罕见的政治癫狂，都是这种社会心态的直接产物。

## 三　改革开放以来中国人社会心态的嬗变轨迹

历史是延续的，但不同的历史事件对人的生命历程和精神世界的影响是不同的，这又使得人们的历史感是断续的。1976 年周恩来、毛泽东、朱德等第一代领导人相继去世，将中国社会又带到了历史转折的新关口。1978 年后，伴随着“真理问题大讨论”而开启的思想解放运动，否定了“文化大革命”后期盛行的“两个凡是”，否定了个人崇拜，从而也就突破了前 30 年间“整个社会千百万人只有一个脑袋”的思维格局。这不仅为同年年底召开的中国共产党十一届三中全会奠定了思想基础，同样也为中国人民的价值观和社会心态在随后 30 年中的巨大嬗变铺平了道路。纵观这后 30 年的变化，我们可以以那些重大的历史事件作为里程碑，将中国人民精神世界的嬗变粗略地划分为六大阶段。

传统价值观的断裂，这是中国人的价值观和社会心态嬗变的第一个阶段。造成中国传统价值观断裂的真正原因，是“文化大革命”这场由中国人集“编、导、演”于一身的历史大悲剧。这场悲剧不同于 1840 年后每每由帝国主义的侵略、干涉所导致的近代中国社会的一次次动乱，因为它使中国人“痛定思痛”之余第一次有可能将“反思”从帝国主义的“船坚炮利”移到自己文化肌肤的毒瘤之上。“事实上，只有这种‘不可推卸’的‘自我反省’，才可能产生不同于以往任何一次的文化批判，也才能造成几度欲断未断的中国传统价值观的真正断裂”（周晓虹，1988）。断裂首先出现在青年一代身上，因为这些怀着“解放全人类”的崇高目标的一代率先投身于伟大领袖倡导的“文化大革命”，随后又最先遭到了这场“大革命”的无情抛弃。因此，在十年浩劫刚刚结束之际，他们即以“伤痕文学”的形式对整个十年的社会现实进行了无情的批判。这种批判不仅唤起了整个民族对这段历史的深刻反思①，而且借助经济改革和对外开放的力量，直接

① “伤痕文学”的代表之一、作家刘心武在纪念“文化大革命”中被迫害而死的 100 多个作家时，以一种深邃的目光追问道：“为什么在我们共产党所领导的社会主义国家里，投身为人民服务、为祖国昌盛的文艺事业，却还要作好牺牲性命的思想准备?”（刘心武，1979）这说明，许多人对“文化大革命”悲剧的思考已经从毛泽东个人的独断专行深入到制度和文化层面。

酿就了足以导致传统价值观和社会心态发生断裂的巨大震颤。

传统价值观的断裂的直接后果是价值观的空白状态，这是嬗变的第二个阶段。对扭曲、窒息、摧残人的灵魂和尊严的外在社会力量的批判，震塌了传统价值观这堵中国文化的"老墙"，也不可避免地使人们暂时身陷于精神世界的荒原之中。整个社会出现了一种由于旧的偶像破灭、新的人生目标尚未确立而产生的迷惘感和失落感。尽管这种迷惘感和失落感由于1980年《中国青年》杂志所刊发的潘晓的来信——"人生的路为什么越走越窄"，以及其后主要由年轻人参加的关于人生观和价值观的大讨论，而被当时的人们理所当然地归结为年轻一代的社会心态。但在事实上，当时的年长一代在他们几乎为之奋斗一生的事业所遭受的空前劫难之前，其所感受到的迷惘和失落远甚于年轻一代。

嬗变的第三个阶段是现代价值观和社会心态的萌生。催生现代价值观和社会心态的力量来自改革和开放两个方面：其一，就改革的力量而言，十一届三中全会之后，以联产承包责任制为主导的农村经济体制改革的推行，使得农村经济显示出前所未有的繁荣景象，在这样的背景下，1982年召开的中国共产党的十二次代表大会，进一步提出了有系统地进行经济体制改革的任务；在这一基础上，1984年的十二届三中全会，明确提出了"社会主义商品经济"的概念，并决定推进以城市为重点的经济体制改革。其二，就开放的力量而言，世界文明浪潮的波及、西方社会思潮的影响，不仅使1984年的中国掀起了一场"现代化"的学习热潮，也使人们普遍经受了"全球意识"、"第三次浪潮"和"新技术革命"等现代观念的冲击。在改革和开放两股力量的推动下，在相当一部分中国人尤其是年轻人中间开始萌生了富有现代气息的价值观和社会心态。他们开始渴望能够主动地介入而不再是被动地依附经济生活和社会事务，开始积极地从商、从政、从事任何自觉能够发挥个人才能、提高生存价值的工作；他们想名、想利、想在社会生活的各个领域留下自己的足迹。一时间，"深圳速度"、"步鑫生"、"'傻子'年广久"、"温州模式"和"苏南模式"成了人们谈论的"热点"，而"时间就是金钱"、"效率就是生命"、"观念更新"也成了人们的口头禅；在文化与教育领域，"异化热"、"尼采热"、"弗洛伊德热"、"文化热"以及"文凭热"也是一浪高过一浪，这不仅缓解了改革开放之初年长一代知识分子由于"和西方学术界长期隔离……跟不上他们在这30年里的变化"（费孝通，1985：279）而产生的"苦恼"，而且推动了中国学术界的发展和观念更新。进一步，在沿海开放城市，年轻一代甚至开始同一些陈旧的观念展开了直接的交锋：比如，1988 年，蛇口、深圳和北京等地的青年就公开对当时的几位闻名遐迩的“青年导师”的作用表示怀疑，并对他们所宣扬的价值观念提出了挑战。

嬗变的第四个阶段是顿挫期，从某种程度上来说这是第三个阶段的必然结果。在新价值观开始萌生的第三个阶段，我们其实已经看到了矫枉过正的危险，因为传统的价值观虽然已经发生颠覆性的断裂，但孕育全新价值观的社会环境并没有完全形成，而拂面而来的改革开放之风却使相当多的人开始变得浮躁。加之随着改革的深入，许多深层次的矛盾不断暴露出来，诸多新事物泥沙俱下，它们既可能使一群人兴奋，也可能使另一群人不满。比如，社会政策提倡“一部分人先富裕起来”，而经济上的“双轨制”则为部分权势阶层先富起来创造了条件。这样，在“相对剥夺”的社会心理机制的作用下，许多人的社会心理天平失衡了。到了 1980 年代末期，整个社会竟形成了一种“端起碗来吃肉，放下筷子骂娘”的复杂社会心态。这种社会心态形成了结构性的张力，而一些突发事件则成了 1989 年“六四”政治风波的导火索。自此之后的三年顿挫中，中国人价值观和社会心态的转变不但停顿下来，而且陷入了新的迷惘和困惑之中。

接下来的第五个阶段可以称为价值观和社会心态嬗变的复苏阶段，它的标志十分清晰，就是邓小平 1992 年 2 月的“南方谈话”。在此之前，中国社会再度出现了“左”的思想潮流。有人认为，这场风波是阶级斗争的最大反映，因此反和平演变是当务之急；也有人认为，个体经济和私营经济是孕育资产阶级自由化的土壤，而“三资企业”是和平演变的桥头堡。在这样的背景下，邓小平提出，在坚持“四项基本原则”的前提下，必须坚持搞经济建设，搞改革开放，搞市场经济。这种说法不但稳定了人心，更重要的是引发了随后而起的以市场经济为导向的体制改革热潮。同年中国共产党第十四次代表大会召开，明确提出要在中国建立社会主义市场经济的新体制，并通过其后的《宪法》修正案固定下来。至此，市场经济的大潮在中国大地上不可遏止地奔腾开来，中国人的价值观和社会心态的嬗变重新进入复苏阶段，一个与市场经济相适应的新的价值体系和社会心态开始孕育而生。

不要低估 1992 年邓小平的“南方谈话”对中国社会的影响和冲击。美国《时代》周刊曾数次将邓小平的头像刊登在其封面上。1979 年，当邓小平的头像第二次刊登在《时代》周刊的封面上时，这家杂志说："为什么这样一个人口众多的民族在极短时间内能够来个180度大转弯，如同让航空母舰在一角钱硬币上转圈?"而1992年的南方之行则让邓小平的头像再次出现在这家杂志的封面上，文章写的则是"航空母舰"在13年里的第二圈（李海鹏，1997）。从1992年开始，这第二圈走了五年。1994年，我们进行的一项研究表明，市场经济的热潮深刻地影响到中国人民的日常生活：在当年度我们完成的流行语评选中，下海、炒股、申办奥运、第二职业、大哥大、大款、发烧友、发、打的和老板名列前10位，充分展示了1992年后中国社会的基本景况（周晓虹，1995）；而同期完成的另一项研究则表明，在社会转型时期，中国人的价值判断呈现多元化的趋向，代际差异变得更为明显，隐私权开始受到尊重，对个性自由的追求变得愈加宽容；但在人们旧有的道德观发生裂变的同时，全新而清晰的道德观尚未形成（郑杭生、郭星华，1995）。

最后，我们以1997年为界，将其后中国人价值观和社会心态的嬗变划为第六个阶段，或者称其为发展期。1997年之所以会成为这一时期的起点，是因为在这一年的2月，中国改革开放的"总设计师"邓小平逝世，而这一年9月召开的中国共产党的第十五次代表大会宣布，将沿着邓小平开创的改革开放道路坚定不移地走下去。从1997年开始，一晃又是10多年过去了。在这10多年或第六个阶段中，中国人价值观和社会心态嬗变的最大特点，就是它没有再出现过改革开放前20年中出现过的大起大落，中国人民的社会心态变得从来没有像今天这样稳健从容。我们认为，邓小平的最伟大之处就在于，他塑造了一个民族成熟的社会心态——她不再会因自己的领袖人物的交替而出现动荡不安，而这恰恰是现代公民社会得以建立的基本前提。

## 四　边际人：当代中国人的精神群像

边际人（marginal man）也可称为"过渡人"或"边缘人"。在社会科学领域中，这一概念的内涵最初是由德国社会学家乔治·齐美尔赋予的。齐美尔不仅在《陌生人》中论述了与边际人十分类似的一种特定的心理和行为模式（Simmel，1950），而且他本人实际上就长期扮演着一种"异乡人"或"陌生人"的边际角色。紧随齐美尔，1928年，罗伯特·E. 帕克发表《人类的迁移与边际人》一文。沿着齐美尔的思路，帕克将边际人形象地比喻文化上的混血儿，他们寄托在两个不同的群体之中，但又不完全属于任何一方，他们的自我概念是矛盾的、不协调的。用帕克自己的话说，边际人“生活在两个世界中，在这两个世界中，他或多或少都是一个外来者”。不过，这种边际性，不仅是一种负担，同时也是一种财富。因为“相对于他的文化背景，他会成为眼界更加开阔，智力更加聪明，具有更加公正和更有理性观点的个人。‘边际人’相对来说是更为文明的人类”。“正是在边际人的思想中，由新文化的接触而产生的道德混乱以最显著的形式表现出来。也正是在边际人的内心——那里正在发生文化的变迁和融合——我们可以最佳地研究文明和进步的过程。”（Park，1928）

我们可以将“边际人”划分为两种类型：①历时态边际人，又称“过渡人”；②共时态边际人，又称“边缘人”（周晓虹，1997：532）。其实，无论是过渡人还是边缘人都是边际人，其间的区别只是在前者是文化转型的结果，后者是文化交融的产物。但是，在我们这个全球化的时代，中国社会的文化转型和与外部世界的文化交融常常是一种相伴而生的现象：一方面，我们的文化因与外部尤其是西方文化的交融而发生或加快了变化；另一方面，我们的文化因变化和转型更增添了对外部尤其是西方文化吸收的紧迫性和包容性。因此，在整个地球变得越来越小、各种文化间的交流变得越来越频繁，而各个国家和民族的经济和文化又常常以比以往的社会快百倍千倍的速度发展的现代社会，边际人确实已经成为一种十分普遍的转型人格，甚至可以认为在我们这个时代所有的社会成员身上都或多或少地孕育着边际人格的萌芽。

早在1958年，美国社会心理学家D. 勒纳就通过对中东地区的现代化过程的研究得出结论：如果一个社会中有许多人都成为“过渡人”或“边际人”，这个社会就开始由传统走向现代了。在他和后来的另一位社会学家英格尔斯看来，“现代化主要是一种心灵的状态：进步的期望、成长的倾向以及使自我适应变迁的准备……要走向现代化，就必须在人格上有所调整，即要具有一种‘心灵的流动’及‘移情能力’”（Lerner，1958：73；另见英格尔斯，1992）。在勒纳眼中，边际人是置身于“传统—现代”连续统上的人：他既处在传统之中，又置身于传统之外；他既跨进了现代的门槛，又未完全投身于现代的怀抱。与此相应，他的行为也受着“双重价值系统”的支配，他渴慕现代的刺激，但又不能完全摆脱传统的掣肘。

多多少少受到勒纳和英格尔斯的影响，叶南客在论述“边际人”时，曾将现时中国人的人格和社会心理特征归结为一种积极的“人格分裂”或“二元人格”。这种“二元型的人格，在历时性上身处传统文化与现代文化之间，是个‘过渡人’；在共时性上又身负迥然相异的中国文化与西方文化，是个‘边缘人’”（叶南客，1996：115），它是在人的现代化过程中形成的，或者说是转型或过渡社会给“边际人”烙下的最深刻的标志。如果说“边际人”真的准确地刻画出了现时中国人的社会心理群像，那么这种二元化特征就是“边际人”的最本质特征。我们认为，现时中国人的价值观和社会心态确实从多方面体现了这种“二元性”。

1. 中国人的价值观和社会心态的二元性，表现出了传统与现代的颉颃

传统与现代这一对主题，已经缠绕了中国人100多年。显然，如果我们不将传统和现代视为相互对立和排斥的两极的话，或者说如果我们认识到任何社会既不存在纯粹的传统性，也不存在纯粹的现代性的话，那么，我们完全可以将这100多年来的历史视为“一个传统性不断削弱和现代性不断增强的过程”，或者视为传统在功能上对现代性的要求不断适应的过程（布莱克，1988：18）。这样一来，虽然传统和现代仍是一对相互颉颃的主题，但1919年“五四时期”讨论的传统与现代和今天已经有了相当的区别；而今天的中国人所以更为现代，也就表现为他们不再将传统和现代视为绝对对立的两极，也不会为了“恭迎”现代而将传统彻底抛弃。在今天的中国，人们已经看到，传统与现代虽然仍然有发生冲突的可能，但在许多情况下它们也是能够共存共生的。不仅社会心理学家通过研究证实，传统和现代的心理特征是能够同时并存的（杨国枢，2004：456），而且在20世纪80年代以来中国推行的现代化过程中，经济发展和民间传统文化确实在许多地区都展现出了互为依托的现象（王铭铭，1997：150）。

2. 中国人的价值观和社会心态的二元性，反映出了理想与现实的落差

理想之所以还会激励着每一个中国人，是因为中国社会在不断地进步，尤其是改革开放这30年来的进步，让每一个人都感受到了希望；但是，现实又令人不满意，尤其是随着改革开放和眼界的不断开阔，人们对生活产生了更高的要求。当然，经过30年来的嬗变，中国人不再会固执于某一个极端。在面临理想与现实的落差时，他们既不会因屈从现实而放弃理想，也不会因固守理想而无视现实。相反，他们往往会力求在两极之间寻求某种兼顾。2000年进行的一项对北京高校学生的调查表明，大学生们在对美国微软帝国的创始人比尔·盖茨顶礼膜拜的同时，依旧对苏联时代的英雄

保尔·柯察金保持了足够的敬意。唯一不同的是，他们更倾向于将盖茨视为现实世界的榜样，而将保尔视为精神世界的偶像（唐钧，2000）。与此相似，另一项调查表明，在北京青少年的择业观念中，理想和现实也一直处在一种有限度的张力之间：他们最崇拜的是科学家，但他们最想当的是企业家（纪秋发，2000）。理想与现实之间既有落差，青年人也对这种落差抱以宽容之心，说明一种多元价值取向已经成为中国人行为选择的标尺。

3. 中国人的价值观和社会心态的二元性，体现出了城市与农村的对峙

早在20世纪20年代，美国社会学家L. 沃思就指出过，“城市与乡村在当代文明中代表着相互对立的两极”（帕克等，1987：275）。在中国，由于城乡分治多年，加之城乡之间的差别一直十分巨大，由此形成了两种不同的人格模式：都市人格和乡村人格。前者是与工业化和城市化相一致的价值观和行为模式，具体表现为精明、开放、享乐，自我取向，行为方式上的异质性、积极进取、业缘本位；后者则是与传统的小农生产方式和生活方式相吻合的价值观和行为模式，具体表现为敦厚、耐劳、封闭，他人取向，行为方式上的同质性、消极自保、血缘与地缘本位（叶南客，1996：147）。其实，人格特征上的城市与农村的对峙，并不仅仅发生在市民和农民之间，每一个具体的人也都可能同时存在这两种不同的人格和行为特征。因此，有的市民在行为方式上可能更“乡村”一些。比如，他们不遵守交通规则、不爱护公共卫生，因为他们尚不适应同生共济性更强的城市生活。同理，有的农民在行为方式上却可能更“城市”一些。比如，苏南的周庄农民为接触现代工业文明付出的代价较小，并因此形成了适应变迁的“秩序感”；而温州的虹桥农民在建立个体所有的乡村工业的过程中付出了较高的心理和社会代价，但也获得了高度的自主性和效能感（周晓虹，1998：317）。

4. 中国人的价值观和社会心态的二元性，表现出了东方与西方的冲突

中国人价值观和社会心态上的东西方冲突始于1840年，鸦片战争以后西方文化的进入颠覆了中华帝国的“天朝”心态。紧接着，1870年的洋务运动推动了西洋器物文化大规模流入中国；20世纪初的辛亥革命和“五四运动”，又使得科学、民主、人道主义尤其是马克思主义进入中国，并开始了与中国文化的冲突和融合。这样一种社会文化背景不能不在中国人的价值观和社会心态上留下二元性的结构特征，这也是造成现时中国人的边际性的主要成因之一。

西方文化所倡导的价值观是个人主义的（Parsons，1966：96），东方文

化所倡导的价值观或是家族主义的（杨懋春，2006），或是情境或关系主义的（许烺光，1989；Ho，1979），1949 年后则是集体主义的。尽管存在这样或那样的争论，但大多数人都认为，西方文化崇尚个人的自主和独立，他们在社会互动中也具有平等和民主的行为模式；而东方文化强调以家庭或家族为中心，强调服从权威，无论是家庭、家族还是国家权威，概莫能外。1949 年以后，随着国家成为唯一的利益主体，国家的利益更是取代了个人、家庭和家族的利益，以国家利益为核心的集体主义价值观开始主导人们的行为。作为集体主义精神之典范的“雷锋精神”，就倡导“做一颗永不生锈的螺丝钉，党拧到哪里，就在哪里闪闪发光”。这种集体主义片面强调集体的至上性和绝对性，严重忽视个人的存在，不能实际地满足个人的正当需求，最终必然迫使个人去关心自己，脱离集体去谋求自己的发展，使得集体主义最终也只能徒具其表，成为一种“虚假的集体主义”（姜锡润、王曼，2005）。改革开放以后，尤其是 1992 年推行社会主义市场经济之后，上述“虚假的集体主义”开始向“真实的集体主义”转变，力求在集体和个人之间寻求新的平衡。这种集体主义之所以能够成为一种现实的价值取向，乃在于社会主义市场经济本身具有兼顾个人与集体的两重性：一方面，社会主义市场经济同样以追求经济主体利益最大化为目标，这就必须尊重个人自由和个人选择；另一方面，社会主义市场经济又是社会分工和高度社会化的产物，它需要每一个社会主体间的分工合作，这又为集体主义留出了生长空间。可以相信，如果我们能够在充分尊重个人利益和个人选择的同时，“反对拜金主义、享乐主义、极端个人主义”（中共中央，2006：23），就一定能够走出价值冲突和价值危机的困境。

## 五　中国人社会心态的变迁趋势

我们用了相当长的篇幅，论述了中国传统文化的历史背景，以及自 1949 年新中国成立，尤其是自 1979 年的改革开放以来中国人的价值观和社会心态的嬗变。应该承认，这 60 年来，尤其是这 30 年以来，中国人的社会心态的嬗变是巨大而又深刻的。从我们叙述的中国人的价值观和社会心态的总体态势来看，与中国经济的不断增长、中国社会的全面转型相一致，中国人的价值观和社会心态也在发生着从传统向现代的嬗变和跃升。新中国的成立已经度过了 60 个年头，改革开放也已经走过 30 年的历程，进入 21 世纪后，中国人的价值观和社会心态的嬗变又有哪些新的趋势呢？

第一，经过30年的改革开放，中国人的价值观和社会心态变得越来越理智而成熟，他们的社会心理承受力将进一步提高。社会心理承受力是一个复杂的、多维度的社会心理结构系统，是因改革开放而生的一个社会心理学研究领域，甚至这一概念本身就产生于改革开放后的20世纪80年代（张大钧，1997）。因为改革开放，因为经济体制变革和社会转型，导致了社会利益格局的重组和利益关系的变化，以及利益分配方式的改变；也因为改革开放，新的社会或利益阶层出现了，不同阶层间的矛盾和冲突产生了；还因为改革开放，我们原有的社会体制、经济体制和政治体制的弊端暴露出来，各种腐败现象和犯罪行为也大为上升；这一切都使传统的价值观和社会心态受到冲击，导致了人们的精神震荡和心理失衡，所以自1978～1989年间的改革初期人们的社会心理发生了剧烈的动荡，1988年的经济大恐慌和1989年的政治风波都为这种动荡写下了注脚。但是，自1992年后，尽管改革的深度和广度远远超过前10年，尤其是随着市场经济的推进，劳动人事制度、工资制度、住房制度和医疗保障制度都发生了巨大的改革或变化，这些改革或变化在造福一大批人的同时也影响到一部分人的生活，但整个社会却并未因此出现危机的征兆。这说明人们对改革进程不再抱以盲目的乐观态度，问题意识已经成为人们的普遍素养，他们还学会了参照不同的国家、从不同的角度来全面地看待问题（沈杰，2003）；在当前席卷全球的金融危机中，这一点表现得尤为明显。尽管在目前的大转型时期中国社会的相对稳定与政府对各种现实社会问题的解决能力提高有关，也与中国人的人际关系网络能够提供一定限度的心理舒缓和社会支持有关，但中国人社会心理承受力的提高同样也是一个不争的事实。

第二，经过30年的改革开放，中国人的价值观和社会心态变得越来越开放和多元化，他们对各种外来文化和其他亚文化的接受能力也不断提高。中国人对外来文化的价值观和社会心态，经历了一个复杂的转折过程。和1840年的被动开放不同，1978年的改革开放之后，中国人对外来文化的接受程度十分高涨，虽然这种积极的接受态度在1999年美国攻击中国大使馆以及日本首相三番五次参拜靖国神社后曾出现了短暂的变化，但最近几年随着北京奥运会和上海世博会的召开，中国人对本民族的文化认同和对外民族的文化接受形成了相映生辉的局面。2000年对中日韩三国青年社会意识的一项比较研究表明，同日韩两国青年相比，中国青年不仅具有高度的民族认同感，而且还具有较为强烈的为国家富强作贡献的愿望（君塚大学等，2001）。相似的多元文化心态也表现在不同的代际。我们的研究发现，同改革开放早期年长一代和年轻一代之间的矛盾、对立和冲突相比，现时的两代人之间已经形成了更为融洽与和谐的代际关系，一种被我们称为“文化反哺”的代际沟通方式正成为中国社会不同代际的沟通桥梁（周晓虹，2000）。

第三，经过30年的改革开放，中国人的价值观和社会心态变得越来越主动和积极，随着中国经济的不断增长、中国在世界主流国家中的地位不断提高，他们对国家的未来也越来越充满信心。2000年进行的一项对北京、上海、广州和成都市民的调查表明，大多数中国人对新世纪的中国发展充满了信心（转引自沈杰，2003）。中国人自信心的提高，并不仅仅是精神嬗变的单纯结果，更重要的是它是以中国社会60年来尤其是近30年来的经济变革和国力增强作基础的。进入21世纪，中国进入世界贸易组织（WTO），为“Made in China”取得了全球通行证；中国经济经过连续20余年的高速增长，早已摆脱了1978年前“短缺经济”时代的困窘，成为位居世界第三的经济大国。而随着经济的发展，中国的社会结构也发生了相当大的变化，一个拥有数亿人口的庞大的中产阶级正在形成和壮大（周晓虹，2005）。在这样的背景下，原先单纯付诸口号和不理智方式的极端的政治参与方式变得理性而多样化：在几亿农民继续他们的“村民自治”的政治实践的同时，在沸腾的中国城市中，不但普通的“白领”中产阶级和私营业主都具有较高的政治参与热情（王晓燕，2007），而且“海归”精英阶层也同样希望能有自己的“政治平台”，“为国家贡献自己的声音”（刘五丈，2007）。

第四，经过30年的改革开放，尤其是随着中国一步步融入全球经济和社会体制之中，中国人的价值观和社会心态变得越来越具有世界意识，他们精神生活的全球化特征日渐明显，风险意识、环保意识、诚信意识、平等意识、公共服务意识及对他文化的宽容意识逐渐养成。全球化和先前中国社会单纯的向外开放不同，它是在全球经济、社会和文化交流日益发展的情况下，通过世界各国之间的影响、合作、交流和互动，使得具有共性的文化与生活样式成了全球通行的标准样式。因此，金耀基才会说，全球化对人类社会的影响，将比工业化、城市化和世俗化总和的影响都更为剧烈（金耀基，2002：39）。如果说，自1840年起西方世界对中国社会的影响都是单向的话，那么全球化以及中国的“和平崛起”已经使得这种影响过程逐渐双向化甚至多向化。在全球化的背景下，一方面，外来文化对中国社会的影响将会更为普遍；另一方面，中国人的民族认同及因这种认同而生的民族文化的复兴也会日益昌盛。可以相信，不但中国人民对幸福生活的渴求，而且全球化的不可逆转的趋势，都使得中国社会不可能重新走闭关锁国的回头路。在未来中华民族实现自己渴望已久的伟大复兴的过程中，中国人的价值观和社会心态也一定会更为自信而成熟。

## 思考题

1. 中国人的传统社会心态有什么特点？
2. 改革开放以来中国人社会心态发生了哪些深刻变化？
3. 中国人社会心态发生巨大变化的原因是什么？
4. 社会心态与价值观有什么关联？
5. 当代中国人社会心态的变迁趋势是什么？

## 参考文献

薄一波，1997，《若干重大决策与事件的回顾》（修订本），北京：人民出版社。

布莱克，1988，《现代化的动力》，段小光译，成都：四川人民出版社。

恩格斯，1972，《路德维希·费尔巴哈和德国古典哲学的终结》，《马克思恩格斯选集》第四卷，北京：人民出版社。

费孝通，1985，《美国与美国人》，北京：生活·读书·新知三联书店。

费孝通，1985，《乡土中国》，北京：生活·读书·新知三联书店。

纪秋发，2000，《北京青少年道德状况调查报告》，北京：《青年研究》第2期。

姜锡润、王曼，2005，《论社会转型时期价值冲突的根源与价值观重建》，武汉：《武汉大学学报》第2期。

金耀基，2002，《全球化、多元现代性与中国对新文化秩序的追求》，载周晓虹主编《中国社会与中国研究》，北京：社会科学文献出版社。

君塚大学等，2001，《东亚社会价值的趋同与冲突：中日韩青年的社会意识比较》，北京：社会科学文献出版社。

凯恩，彭尼，1993，《中国的大饥荒（1959～1961）》，郑文鑫等译，北京：中国社会科学出版社。

柯文，1989，《在中国发现历史：中国中心观在美国的兴起》，林同奇译，北京：

中华书局。

李海鹏，1997，《激情与宁静：邓小平的最后5年》，广州：《南方周末》2月8日。

李培林，2007，《东方现代化与中国经验》，《社会理论》第3辑，北京：社会科学文献出版社。

李培林、李炜，2007，《农民工在中国转型中的经济地位和社会态度》，北京：《社会学研究》第3期。

李锐，1996，《“大跃进”亲历记》，上海：上海远东出版社。

李亦园、杨国枢（主编），2006，《中国人的性格》，南京：江苏教育出版社。

林语堂，2000，《中国人》，上海：学林出版社。

凌志军，1996，《历史不再徘徊——人民公社在中国的兴起和失败》，北京：人民出版社。

刘少奇，1985，《刘少奇选集》（下卷），北京：人民出版社。

刘五丈，2007，《蓝血：顶尖海归的权力场和登天路》，广州：《名牌》第5期。

刘心武，1979，《向母亲说心里话》，上海：《上海文学》第12期。

鲁迅，2005，《鲁迅全集》（第18卷），北京：人民文学出版社。

马广海，2008，《论社会心态：概念辨析及其操作化》，上海：《社会科学》第10期。

明恩溥，1998，《中国人的特性》，匡雁鹏译，北京：光明日报出版社。

帕克等，1987，《城市社会学》，宋俊岭译，北京：华夏出版社。

沙莲香（主编），1989，《中国民族性（一）》，北京：中国人民大学出版社。

沙莲香，1990，《中国民族性（二）》，北京：中国人民大学出版社。

沈杰，2003，《中国社会心理嬗变：1992～2002》，北京：《中国青年政治学院学报》第1期。

唐钧，2000，《关于保尔精神与盖茨现象的思考》，北京：《青年研究》第5期。

王铭铭，1997，《村落视野中的文化与权力》，北京：生活·读书·新知三联书店。

王晓燕，2007，《私营业主的政治参与》，北京：社会科学文献出版社。

许烺光，1989，《美国人与中国人：两种生活方式比较》，北京：华夏出版社。

杨国枢，2004，《中国人的心理与行为：本土化研究》，北京：中国人民大学出版社。

杨懋春，2006，《中国的家族主义与国民性格》，载李亦园、杨国枢主编《中国人的性格》，南京：江苏教育出版社。

杨宜音，2006，《个体与宏观社会的心理关系：社会心态概念的界定》，北京：《社会学研究》第4期。

叶南客，1996，《边际人：大过渡时代的转型人格》，上海：上海人民出版社。

英格尔斯，1992，《从传统人到现代人——六个发展中国家中的个人变化》，顾昕译，北京：中国人民大学出版社。

翟学伟，1995，《中国人的脸面观》，台北：桂冠图书公司。

翟学伟，2001，《中国人行动的逻辑》，北京：社会科学文献出版社。

张大钧，1997，《关于社会心理承受能力的几个基本问题》，重庆：《西南师范大学学报》第4期。

郑杭生、郭星华，1995，《当代中国价值评判体系的转型》，北京：《社会学研究》第5期。

中共中央，1963/1981，《中共中央关于目前农村工作中若干问题的决定（草案）》，载《农业集体化重要文件汇编》（下册），北京：中共中央党校出版社。

中共中央，2006，《中共中央关于构建社会主义和谐社会若干重大问题的决定》，北京：人民出版社。

周晓虹（主编），2005，《中国中产阶层调查》，北京：社会科学文献出版社。

周晓虹，1988，《试论中国青年文化的反哺意义》，南京：《青年界》第1期。

周晓虹，1995，《时尚现象的社会学研究》，北京：《社会学研究》第3期。

周晓虹，1997，《现代社会心理学——多维视野中的社会行为研究》，上海：上海人民出版社。

周晓虹，1998，《传统与变迁：江浙农民的社会心理及其近代以来的嬗变》，北京：生活·读书·新知三联书店。

周晓虹，2000，《文化反哺：变迁社会的代际传承》，北京：《社会学研究》第2期。

周晓虹，2005，《1951～1958：中国农业集体化的动力——国家与社会关系视野下的社会动员》，《中国研究》第2期，北京：社会科学文献出版社。

Ho, D. Y. F.（何友晖），1979, "Psychological of Collectivism: With Special Reference to the Chinese Case and Maoist Dialectics", In Echensberger, L. H., W. J. Lonner & Y. H. Poortinga (eds.), *Cross - Cultural Contributions to Psychology*, Lisse, Netherlands: Swets & Zeitlinger Press.

Lerner, D., 1958, The Passing of Traditional Society, *Moderning the Middle East*, Glencoe, I11.: Free Press.

Park, Robert E., 1928, "Human Migration and Marginal Man", *American Journal of Sociology*, 33.

Parsons, Talcott, 1966, *Social System*, Toronto, Ontaria: Collier - Macmillan.

Schurmann, Franz, 1971, *Ideology and Organization in Communist China*, Berkeley, CA.: University of California Press.

Simmel, Georg, 1950, "Stranger", In Simmel, Georg, *The Sociology of Georg Simmel*, New York: The Free Press.

Walder, Andrew, 1986, *Communist Neo - traditionalism Work and Authority in Chinese Industry*, Berkely, CA: University of California Press.

# 第六章
# 人口转变与经济社会发展

蔡　昉

理解中国社会的变迁，不能脱离特定的经济发展历程和阶段。而中国在改革开放时期的经济发展，又是与她独特的人口转变过程和结果密切相关的。经济学家、社会学家和人口学家曾经分别从不同学科的角度理解中国这一时期的发展和变化，一方面为改革开放以来发生的巨大变化而欢欣鼓舞，另一方面也为仍然存在的诸多问题而忧心忡忡。如果从学科的一般特征来划分，上述对中国发生的变化的双重看法，常常产生乐观的经济学、悲观的社会学和远离经济和社会问题观察的人口学的区分。而只有把这三个发展和变化过程作为一个整体来进行理论剖析，在历史和现实统一的动态中来认识，才可能深入地理解中国发展的实质，认识存在各种问题的根源和最终结局。

本章尝试把人口因素放入经济发展和社会变迁的过程中，一方面，尝试用中国经验补充和修正已有的发展理论，另一方面，运用这个修正了的理论框架，重新审视中国特色的发展历程，揭示和分析现存问题的历史和未来，在正视存在严峻问题的基础上，提供一个乐观看待中国发展前景的认识框架。

## 第一节　中国独特的人口转变

每个国家或者经历过、或者预期经历一个完整的人口转变，然而，中国的人口转变是独特的。其独特性主要在于，所有理论上预期对人口转变会产生影响的因素，在中国的这个过程中都发挥了作用。也就是说，在中国的人口转变过程中，不仅有普遍存在的常规因素的作用，也有非常规的制度安排产生的巨大影响。所有这些因素共同推动了中国在改革开放时期人口转变的成功完成。与此同时，中国经济发展和社会变化也相应打上了这个人口转变的烙印。本节从介绍影响人口转变的一般因素入手，进而讨论中国特有的人口政策，以及各种常规和非常规因素对于这个转变的相对贡献，以便为认识中国式的二元经济发展过程提供一个分析基础。

## 一　人口转变的影响因素

根据许多发达国家的经验及其理论概括，人口转变通常要经历一些共同的阶段。第一阶段特征为高出生率、高死亡率，从而导致低自然增长率；第二阶段为高出生率、低死亡率，导致高自然增长率；第三阶段则是低出生率、低死亡率，导致低自然增长率。对于早期得到发展的欧美国家来说，人口转变是一个与经济社会发展同步、协调的过程。而对于后来的发展中国家来说，人口转变受到诸多外生因素的影响，与早期的变化轨迹相比，发生了一系列的偏离。人口转变的第一个阶段与生活质量和社会发展水平十分低下相联系，在死亡率很高的情况下，人们只有靠高出生率才能维持自身的再生产。早期发达国家和后来的发展中国家，在这个阶段上没有产生什么显著的不同特点。第二个阶段是与生活水平初步得到提高、卫生条件改善相联系的。但是，医疗技术、卫生条件的改善，在早期的过程中是作为经济发展的一个内生结果，而在后来的发展中国家却可以是从外部输入的。在后一场合，当输入的医疗技术和卫生条件导致死亡率下降，生育率下降的反应要滞后很多，造成这个阶段的长期存在，不能及时过渡到人口转变的第三个阶段上，以致人口增长率长期处于较快的状态。

尽管在发达国家与发展中国家之间存在上述不同，导致双方人口转变发生的基本因素却是相同的，因而，撇开延续时间的长短，人口转变从过程来说有着诸多的共同之处。下面，我们总结影响人们生育行为的几个基本因素，人们的生育决策和生育行为以及作为其结果的生育水平，最终是这些因素共同作用的结果。

首先是经济发展水平。这个变量与生育孩子的直接成本有关。跨越经济学和社会学研究界限的贝克尔，率先用经济学理论分析生育决策和生育行为（Becker，1960）。他认为，子女通常被父母看做一种特殊的消费品，而生育行为则被看做消费者对子女需求的反应。因此，生育、抚养和教育子女像所有的消费行为一样，需要支出物质成本，因此，家庭的财务预算始终会构成父母对孩子需求的硬约束。经济发展的结果是居民收入水平的提高，而居民收入水平决定的家庭预算约束，即家庭对生育孩子的负担能力，是制约人们生育决策的重要变量。

其次是社会发展水平。生育、抚养和教育子女的另一种成本是机会成本。一方面，父母把养育子女作为一种消费，其需求与孩子带来的效用大小呈正相关关系。另一方面，用于养育孩子的时间、金钱和精力、感情的支出，还有其他的用途，构成生育的机会成本。社会发展水平高低，影响人们的受教育机会和教育水平，也影响社会劳动参与率。这些因素特别是妇女的受教育水平和就业水平，既影响孩子对父母的相对效用，也影响到家庭生育孩子的机会成本，因而是制约人们生育决策的重要变量。此外，与养老相关的社会保障机制是否健全和水平的高低，决定了人们在多大程度上需要孩子作为未来养老的保障，从而决定孩子的效用大小。

再次是政策和社会规范。政府政策和社会道德规范，在上述影响生育决策的因素之外，增加了一种导向和外加的激励。也就是说，这些因素可以通过改变家庭对孩子的抚养能力、养育孩子的直接成本和机会成本，以及孩子的效用等变量，从而影响生育观念和生育决策。因此，这些因素虽然不是根本性的决定因素，有时却有足够大的强度，引导和规范人们的生育行为。人们常常用文化因素来解释一个社会的生育行为和人口结果，但是，需要认识到的是，文化作为一种社会规范或非正式制度安排，只是通过增强或减弱其他更为根本的变量的强度，才对生育行为产生作用的。

最后是与妇女的生殖健康、儿童的健康医疗保障及避孕技术相关的物质条件。回想一下，在人口转变的第一个阶段上，正是因为孩子的存活得不到保障，才形成以高出生率来弥补高死亡率的生命损失这样的人口类型。而在人口转变的第二个阶段上，出生率未能随死亡率的降低而下降，也与缺乏方便、安全和低成本的避孕手段有关。可见，人们受到社会经济发展和政策引导等因素影响所形成的生育意愿，能否被转化成为最终的生育决策和行为，归根结底取决于妇女、儿童的健康是否得到有效的保障，以及育龄人群能否获得方便、安全和经济的避孕手段。因此，这个因素是从生育意愿到生育行为转变的物质条件。

## 二 计划生育政策

早在马寅初关于控制人口的政策建议受到批判的时候，即在20世纪50

年代到60年代初，中国政府及其高层领导对人口问题虽然开始有所思考，但当时并没有具体的行动与措施，更没有形成行之有效的公共政策。在“大跃进”失败和三年自然灾害的严重后果显示出来以后，中国领导层面对迅猛增加的人口和受挫的经济发展，一方面对体制做了一定的调整，另一方面，在当时的情况下并不能认识到体制模式制约经济发展的根本弊端。然而，在受到约束的调整范围内，人口控制成为一个在逻辑上有效、实践中可行的战略措施。因此，中国领导人开始认真考虑计划生育的必要性。

1962年12月18日中共中央国务院发出了《关于认真提倡计划生育的指示》，提出在城市和人口稠密的农村提倡计划生育，适当控制人口自然增长，使生育问题由毫无计划的状态逐渐走向有计划的状态。这是中国共产党和中国政府对人口问题在认识上的一次重大转变。这一文件不仅揭示了控制人口数量和提高人口质量的重要性，而且有一些具体的规定和措施。1970年，人口计划被正式列入国民经济发展规划之中。

1980年9月25日，中共中央发表了《关于控制中国人口增长问题致全体共产党员共青团员的公开信》，明确强调一对夫妇只生育一个孩子。经过若干年的计划生育实践，在总结经验和教训的基础上，1988年，中共中央明确提出中国计划生育工作的现行政策是提倡晚婚晚育、少生优生，提倡一对夫妇只生育一个孩子。以此为标志，中国明确而全面的人口与计划生育政策形成了。国家干部、职工和城镇居民除特殊情况，经过批准可以生育第二个孩子外，一对夫妇只生育一个孩子。农村某些群众确有特殊困难，包括独女户要生育二胎的，经过批准可以间隔几年以后生二胎。不论哪一种情况都不能生三胎。少数民族地区也要提倡计划生育，但由有关省（自治区）根据当地实际情况制定具体要求和做法。1991年中共中央国务院发布了《关于加强计划生育工作，严格控制人口增长的决定》，重申了既定的人口与计划生育政策，要求保持政策的稳定性和连续性。随后，各省、自治区、直辖市都按照各地的实际情况，相继制定了各省、自治区、直辖市的计划生育条例，并且经各地人大常委会审议通过后，作为地方法规执行。

在市场经济条件下，计划生育有了新的思路和方法：在坚持各级党政一把手亲自抓负总责不变、现行计划生育政策不变和既定的人口控制目标不变的基础上，落实计划生育工作坚持以宣传教育为主、避孕为主、经常性工作为主的方针，把计划生育工作与发展经济，帮助农民勤劳致富奔小康、建设文明幸福家庭相结合，实现计划生育工作在工作思路和工作方法上的转变，即由单纯的就计划生育抓计划生育，向综合治理人口问题转变，由以社会制约为主，向利益导向与社会制约相结合的工作机制转变，最终达到控制人口数量、提高人口质量、改善人口结构，实现计划生育工作良性循环、人口与社会经济资源环境的协调发展和可持续发展的目的。进入21世纪以来，计划生育越来越转向利益导向，坚持以人为本，从制度上探索解决农村计划生育夫妇的养老问题。

计划生育在英文中叫“家庭计划”（family planning）。许多发展中国家也提倡计划生育，控制人口出生率。但是，只有在中国真正形成了制度性的人口生育政策，并且从目标上讲卓有成效。虽然人口转变有其常规的经济社会动力，即使没有强制性的人口政策，一个国家终究也会实现这个转变。但是，利用体制优势和政府动员力，推动计划生育政策，的确可以大大加快人口转变的进程。与此同时，中国的计划生育政策也能够做到与时俱进，从着眼于控制人口数量，逐步转变为人口、资源、环境协调发展，提高生殖健康水平，改善人口生活质量的综合发展战略。由此，我们可以理解，计划生育政策本身也是一种制度安排，尽管其形成具有明显的强制性制度变迁特征，但是，在市场经济条件下，随着政府职能作出适应性转变，这一政策的改革和调整完全可以成为一个诱致性的制度变迁过程①。

## 三　人口转变的成效

由于两类影响人口转变的重要因素——社会经济的发展和计划生育政策都成效显著，中国没有像许多发展中国家一样，持续处于人口转变的第二阶段。正是计划生育政策的实行，以及同一时期改革开放推动的高速经济增长和社会发展，使中国的生育率大幅度下降，人口快速增长的势头得到了控制。至今，中国用不到30年的时间，走完了发达国家经过上百年才完成的向现代人口增长模式转变的过程。与同等收入水平的发展中国家相比，中国较早实现了人口转变过程。

目前，中国的人口数量得到了有效的控制，总和生育率（total fertility rate，简称TFR）表现出持续的下降②。1971年全国总和生育率为5.4，从那以后，这个指标大幅度下降到2，即更替水平（replacement level，一般为

① 关于强制性制度变迁和诱致性制度变迁的划分和内涵，请参见林毅夫（1994）。

② 总和生育率是指：假设当前分年龄段的出生率得以在整个育龄期间保持的话，一个妇女可能生育的孩子数量。我们也可以粗略地将其理解为一个妇女平均生育的孩子数量。

2.1）以下。目前，中国的总和生育率为1.7左右，远远低于发展中国家的平均水平，相当于发达国家20世纪90年代中期的水平。自1998年以来，中国人口自然增长率一直低于10‰，2003年略高于6‰，2004年进一步降到6‰以下。

在图6－1中，我们绘出了若干国家人均收入水平与生育水平之间的简单相关关系。从中可见，在一个特定的人均收入水平区间，即在按照购买力平价计算的人均GDP达到10000美元之前，生育率随着人均收入水平的提高而急剧下降。随后，即在更高的人均收入水平上，生育率保持相对的稳定。按照购买力平价计算，2005年，中国人均GDP为6800美元，总和生育率为1.73，在同等的收入水平上，有着比其他国家更低的生育水平。这标志着中国在收入水平迅速提高的过程中推动了卓有成效的生育率下降，从而完成了人类历史上最大规模的人口转变。

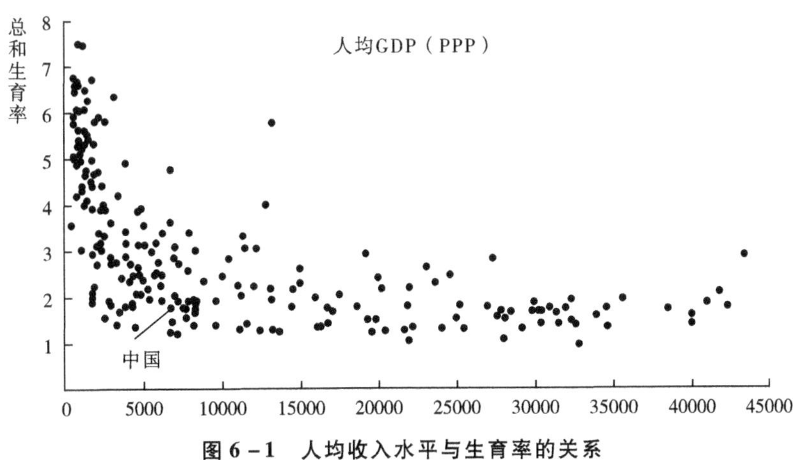


**图6－1　人均收入水平与生育率的关系**

资料来源：CIA 2006, *The World Factbook*, http://www.cia.gov/cia/publications/factbook/index.html。

一些学者的研究表明，在人口转变阶段的起点相同，而社会经济发展战略及其执行效果迥异的情况下，人口转变的结果在国家之间不尽相同。可见，人口政策不是唯一的决定性因素（林毅夫，2006）。前面我们已经介绍了影响人们生育观念和生育决策的若干因素，即在政策因素之外，还有许多其他方面的因素影响生育率的变化。那么，在影响生育率下降的各种社会经济条件与人口政策之间，究竟哪个因素对于中国的人口转变起到了更为重要的作用呢？或者说，各种可能影响生育率下降的因素各自起到了多大的作用呢？

从理论上讲，如果上面列举的所有影响生育观念、生育决策和生育行为的社会经济因素，在执行计划生育政策的同一期间，都发生了有利于生育率下降的变化，则至少我们应该得出这样的结论：中国生育率的下降，是社会政策和经济发展共同作用的结果。从经验的角度也可以证实这一点。根据一项研究，在改革开放的前十年，也就是严格的计划生育政策执行的前十年，计划生育政策、人均 GDP 水平和人力资本水平三个变量都对生育率的急剧下降有明显作用。但是，在随后的十年里，计划生育政策对生育率下降的边际效果几乎消失，而其他两个变量的作用则依然存在（都阳，2004）。

## 第二节　人口红利、增长源泉和增长绩效

随着越来越丰富的经济发展经验的积累，以及社会科学本身认识事物能力上的进步，关于人口与经济发展之间关系的旷日持久的争论，逐渐显示出了共识增加的曙光。而中国的实践，无疑是推动这场认识论方面进步的有益且详实的经验源泉。在改革开放期间，中国人口结构呈现的劳动年龄人口绝对数量和占总人口比重的不断上升，增强了人口的生产性，并且为经济增长所充分利用——以充足的劳动力供给和高储蓄率为经济增长提供了额外的源泉，形成人口红利。本节通过解释人口因素在中国经济增长中的作用机制和效果，证明关于人口与经济发展关系的若干新认识。

### 一　增长源泉与人口红利

在较早的人口学和经济学文献中，关于人口与经济发展的关系的探讨，主要着眼于人口总量或人口增长率与经济增长率之间，而关于人口转变的讨论，也仅仅停留在生育率、出生率、死亡率和人口总量的层面上。因此，在这些讨论中，人们忽略了经济发展与人口结构之间的关系，以及人口转变最重要的一个结果是人口结构及劳动力供给特征的变化。如果这个有利的人口结构能够为经济增长提供额外的源泉，对于一个经济发展过程而言，无异于一种人口红利。

随着大多数发达国家和许多新兴工业化国家和地区相继完成了人口

转变，人口学家开始观察到这个转变所导致的人口老龄化后果，从而使人口结构变化首先被纳入研究的视野。进而，经济学家又观察到伴随着人口转变而发生的劳动年龄人口的变化，及其对经济增长源泉的影响（Williamson，1997）。在死亡率下降与出生率下降之间的时滞期间，人口的自然增长率处于上升阶段，需要抚养的少儿人口比率相应提高。再经过一个时间差，当婴儿潮一代逐渐长大成人，劳动年龄人口的比率依次上升。随着社会经济发展而生育率下降，人口增长率趋于降低，随后逐渐开始人口老龄化。换句话说，当人口自然增长率先上升随后下降形成一个倒U形曲线变化之后，以大约一代人的时差，劳动年龄人口也呈现类似的变化轨迹。

日本和亚洲四小龙等国家和地区（以下称东亚经济）创造的所谓东亚奇迹，是在20世纪60年代以后赶超发达国家的成功事例。研究表明，这一奇迹的实现，在非常显著的程度上可以归结于人口转变（Bloom et al.，1997；Williamson，1997）。东亚经济的人口转变开始于20世纪40年代和50年代，在大约1970年以前，当人口年龄结构处于高少儿抚养比阶段时，其经济增长受到抑制，人均收入水平很低。估计当时东亚经济的稳态人均GDP增长率大约为2%。

随着人口转变的深化，人口结构进入劳动年龄人口比重高的阶段，劳动力供给和储蓄率都有利于经济增长。在1970～1995年期间，东亚经济实现了年平均6.1%的人均GDP增长率，高于其稳态增长率4.1个百分点。根据估算，其间人口转变的因素贡献了1.5～2.0个百分点。因此，在整个东亚的高速增长中，人口转变因素的贡献为1/4～1/3（1.5或2.0除以6.1）；而在东亚奇迹（超出稳态增长率的部分即4.1个百分点）中，人口转变因素的贡献更高达1/3～1/2（1.5或2.0除以4.1）（Williamson，1997）。

经济史学家在考察西方经济增长历史时，同样发现了人口结构影响经济增长绩效的证据。利用欧洲和北美17个国家在1870～1913年期间的经济增长和人口结构数据进行分析，威廉姆森得出的结论是，把各国数据加权平均计算，新大陆的人均GDP增长率比旧大陆高0.47个百分点。这个增长率差别的绝大部分（大约为90%～100%），可以归结为新大陆在人口结构方面的优势，即主要通过具有年龄选择特点的大规模人口迁移，相对提高了新大陆人口结构的生产性。在一些更为具体的事例中，这个结论也是比较具有说服力的。如美国高于法国人均GDP增长的0.3个百分点，完全可以被年龄优势给予解释。而意大利在赶超英国的过程中，如果不是存在着人口结构方面的劣势，本可以取得比超过 0.3 个百分点更好的绩效（Williamson, 1997）。

## 二 劳动力供给效应和储蓄效应

不同年龄的人群具有不同的经济行为，因而，处于不同的年龄结构阶段，人口对经济增长具有不尽相同的影响。一般来说，在人口的较大比例由少年儿童或老人组成的情况下，社会负担率较高，生产性较低，对经济增长不利。而在劳动年龄人口比重高的情况下，人口生产性强，社会储蓄率也高，则有利于经济增长。在后一种情况下，社会追加的人口生产性可为经济增长贡献一个具有促进作用的“人口红利”（Bloom et al.，2002）。一个国家或地区如果恰好处于人口年龄结构最富生产性的阶段上，并且能够对这种人口红利加以充分利用，经济增长就可以获得一个额外的源泉，创造经济增长奇迹。但是，进入有利于经济增长的人口年龄结构阶段也好，或者处在这样的阶段而实际利用人口红利促进经济增长，都不是自然而然的，而需要具备和创造一系列条件，如公共卫生事业的实质进步、有效的计划生育政策、教育水平的大幅度提高，以及有助于形成灵活有效的劳动力市场、对外开放和提高储蓄水平的经济政策。

在中国人口转变过程中，人口自然增长率在经历了由低到高，再由高到低的变化的同时，劳动年龄人口增长率在滞后大约 20 年后，也按照相似的变化轨迹经过了上升和下降的过程。从 20 世纪 50 年代至今的人口变化以及到 2020 年的人口预测，我们可以观察到人口自然增长率和劳动年龄人口增长率的变化及其两者关系（见图 6 - 2）。

由于较早实现了人口转变，目前中国正处在劳动年龄人口比重最高的时期，生产性较高的人口结构既提供了充足的劳动力供给，也创造了形成高储蓄率从而支撑资本积累的条件（见图 6 - 3）。第一，在具备劳动年龄人口比重大这一潜在人口优势的条件下，劳动的参与率和就业率均保持在较高水平上，就意味着一个人口结构产生的充足劳动力资源得到了较好的利用。改革期间劳动密集型产业扩张迅速，得以大规模吸纳就业，农村劳动力实现了前所未有的转移，从而把人口年龄结构优势转化为中国经济的比较优势。第二，经济活动人口比例高且就业率较高，使得经济活动中的剩余总量大，社会储蓄总量也大。这帮助中国在这一期间达到了很高的储

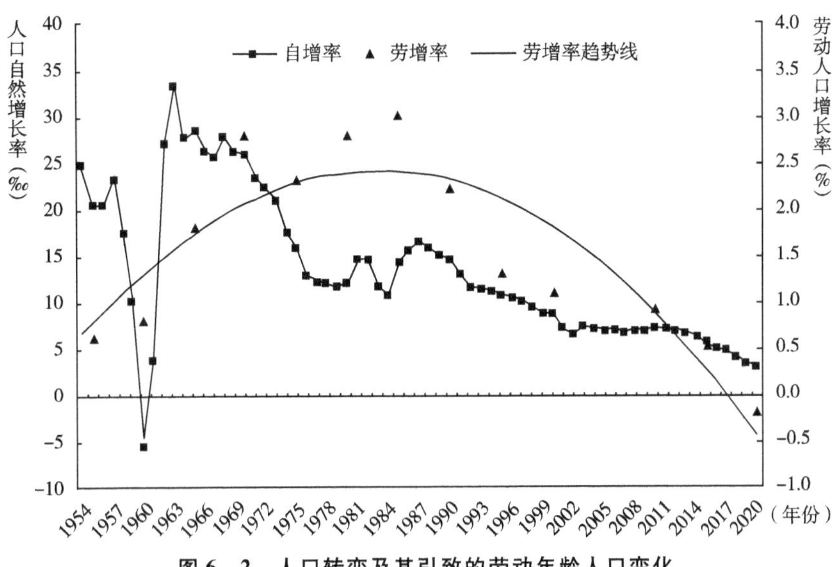


**图 6－2　人口转变及其引致的劳动年龄人口变化**

资料来源：国家统计局，《中国统计年鉴》（历年），中国统计出版社；United Nations 2005，"*World Population Prospects*：*the 2004 Revision*"，United Nations Population Division，Department of Economic and Social Affairs / United Nations Population Division。

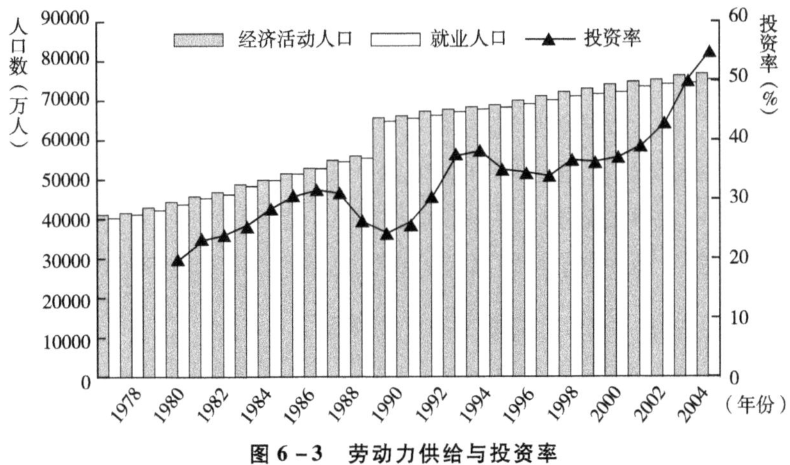


**图 6－3　劳动力供给与投资率**

资料来源：国家统计局，《中国统计年鉴》（历年），中国统计出版社；国家统计局，《中国人口统计年鉴》（历年），中国统计出版社。

蓄率。人口优势蕴含的高储蓄率的实现，还有赖于市场化改革为储蓄和投资创造的逐渐改善的环境和机制。

类似东亚经济和大西洋经济的故事，即经济增长得益于人口红利，也在中国发生了。对中国改革开放以来经济增长的研究也表明，中国总抚养比每降低 1 个百分点，即导致人均 GDP 增长速度提高 0.115 个百分点。1982～2000 年期间，总抚养比下降 20.1%，推动人均 GDP 增长速度上升 2.3 个百分点，大约对同期人均 GDP 增长贡献了大约 27%（王德文等，2004）。这是中国经济增长借助于人口红利的更直接证据。

## 第三节 人口转变与增长可持续性

较早完成的人口转变及其产生的促进经济增长的效果，具有“来得早去得也快”的特点，因此，我国在享受人口红利的同时，也不可避免地要承受一些负面的效果。这些负面效果或者已经显示出来，或者预期产生。例如，实践已经向我们提出的新课题包括：“未富先老”导致劳动力出现短缺，人口红利消失挑战经济增长的可持续性，以及人口结构性矛盾等。

中国在很短的时间里实现了人口转变，并且创造了高速增长的经济奇迹这一事实表明：第一，人口转变过程是可以通过理性的政策手段加以引导的，因此，稳妥而适度地调整人口政策，有利于防止人口老龄化过速发展，保持人口结构优势，为中国经济持续高速增长提供人口保障；第二，人口红利的利用是有条件的，需要与其他促进其效果发挥的因素和机制相配合。因此，在人口优势逐渐丧失的同时，保持这些有利于利用人口红利、促进经济增长的因素，进一步改善政策环境，有助于使人口因素促进经济增长的效果最大限度地发挥出来。本节对人口转变带来的社会经济挑战进行分析，为在中国发展的十字路口上进行正确的政策选择提供理论准备。

### 一 “未富先老”导致劳动力短缺

随着用较短的时间实现了人口再生产类型的转变，中国人口年龄结构也相应地发生变化，老龄化水平不断提高。历次全国人口普查的数据显示，65 岁及以上人口在总人口中所占的比例，1953 年为 4.4%，1964 年为 3.6%，1982 年为 4.9%，1990 年为 5.6%，2000 年上升到 7.0%（国务院人口普查办公室、国家统计局人口与社会科技司，2001）。联合国把 65 岁及以上老年人占总人口的比重超过 7% 称为老龄化人口，按照这个定义，中国目前已处于老龄化国家的行列。

另外，人口转变发生在很短的时间内这一事实，固然提前为中国提供了利用人口红利加速经济增长的机会，但同时少儿抚养比下降与老年抚养比上升之间的间隔也很短，使得总体抚养比，即少儿人口（0～14岁）和老年人口（65岁及以上）占劳动年龄人口（15～64岁）的比例，只在相对短暂的时期内处于较低的水平上，即在本世纪只会再继续一个较短的下降，最低点为2013年的38.8%，随后将以老年抚养比提高为特征大幅度回升（见图6－4）。其结果是社会总体养老负担迅速加重。到2017年，老年人口占总人口的比例将超过10%，在少儿抚养比仍然高达26.4%的情况下，老年抚养比超过14%。虽然老龄化的人口结构并不必然阻碍经济增长，但这种变化毕竟意味着经济增长可资利用的人口红利，即经济增长的一个额外优势将逐渐弱化乃至最终消失。

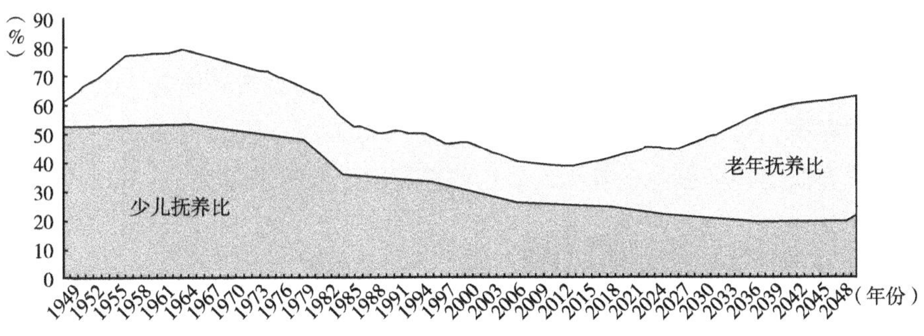


**图6－4　人口红利即将耗竭**

资料来源：2000年以前数字是根据国家统计局《中国人口统计年鉴》相应年份数据计算，没有数字提供的年份系估计数；2000年及以后数字根据中国人口与发展研究中心王广州提供的预测数据计算。

值得指出的是，由于农村向城市流动人口的年龄较轻，大规模劳动力流动的结果导致城乡老龄化程度差异已经逆转。以往人们认为农村的老龄化程度低于城市，所以通过农村向城市的迁移，可以起到“削峰填谷”的作用，在一定时期内延缓城市老龄化速度。实际上，由于2000年人口普查是按照常住人口，而不是按照户籍所在地进行的城乡分类，该次人口普查数据显示，乡村年龄在65岁及以上人口的比例达到8.1%，已经高于镇（6.0%）和城市（6.7%）的老龄化比率。这表明迄今为止人口流动已经把城乡在老龄化程度上的差异填补掉了。与此同时，在劳动年龄人口比例相对稳定的情况下，少儿年龄组人口比例的变动与老年组人口比例呈现一种互相消长的态势。即随着少儿年龄组人口比例不断下降，未来老年人口比例将继续上升。

从一般规律来看，人口老龄化是人口转变过程中必然出现的现象，也是社会经济发展到一定阶段的产物。我们收集了全世界 129 个国家的数据，运用非参数估计方法，绘出了按购买力平价估算的人均国民总收入与劳动年龄人口和老年人口比例的关系。

图 6 - 5 中的左图，给出的是人均国民总收入（对数形式）与 15 ~ 64 岁劳动年龄人口比例（对数形式）的关系。在图 6 - 5 的左图中，我们标出了中国所处的位置。两者的关系是这样的：在人均国民总收入水平较低时，劳动年龄人口比例随着人均国民总收入的上升而提高，当人均国民总收入提高到一定水平后，拟合线的斜率降低，劳动年龄人口比例提高的速度逐渐下降。图 6 - 5 中的右图给出的是人均国民总收入（对数形式）与 65 岁及以上老年人口比例（对数形式）的关系。该图中也给出了中国所处的位置。老年人口比例与人均国民总收入呈现这样一种关系：随着人均国民总收入的提高，老年人口比例不断提高，当人均国民总收入提高到一定水平后，拟合线的斜率提高，老年人口比例提高的速度越来越快。

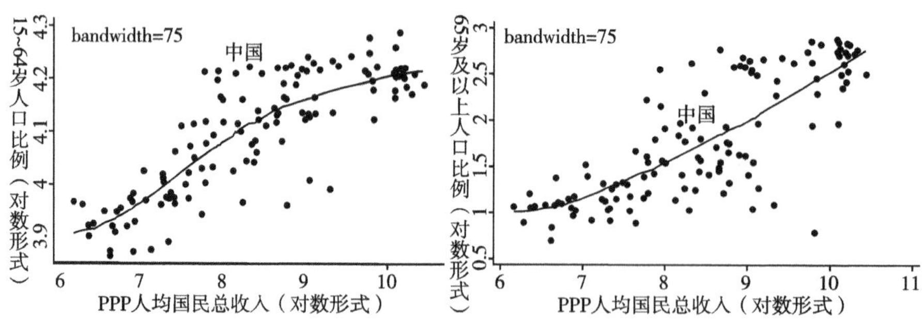


**图 6 - 5　人均收入水平与人口年龄结构的关系***

* 按购买力平价折算的人均国民总收入为 2001 年数据，劳动年龄人口比例和老年人口比例为 2000 年数据。

资料来源：World Bank，2003，“World Development Indicators”，Washington D. C.。

如果中国的老龄化过程不是由于特有的计划生育政策的执行而提前催生的，与其他国家相比则没有什么特殊之处。从政策措施上看，我们只需参照已经出现老龄化的其他国家的经验，通过产业结构的调整和养老保障制度建设，即可应对老龄化带来的各种问题。然而，中国的人口转变，是在社会经济发展和计划生育政策的双重作用下，特别是具有在其他国家从未存在过的后一效果的情况下实现的，相对来说，它不是一个自然发展的过程。这使得中国的老龄化与其他国家经历的老龄化有明显的不同。也就是说，中国在经济发展水平尚较低的情况下，实现了人口转变过程，过早地迎来了人口老龄化，产生了其他国家未曾遇到的问题，构成特殊的政策挑战。

从图 6－5 的左图和右图看，中国都处于拟合线的上方，表明在相同的人均收入水平下，中国的劳动年龄人口比例和老年人口比例都高于世界平均水平。这不仅说明中国过早地迎来了人口老龄化，而且表明中国劳动年龄人口比例也提早上升。这是由于高速经济增长带来的收入提高，以及计划生育政策的实行，使得中国的生育水平在短时间内下降，少年儿童人口比例急剧降低，老年人口比例相应迅速提高。在一定时间内，少年儿童人口比例的下降幅度，高于老年人口比例的上升幅度，带来了劳动年龄人口比例的相对上升。在图 6－5 的左图和右图中，中国都恰好处于拟合线斜率开始发生变化的位置。这表明，中国的劳动年龄人口比例提高速度将不断下降，而老年人口比例提高速度将不断上升。这整个变化轨迹将形成中国“未富先老”的特征性画面。

## 二　增长源泉及可持续性

在经济发展的较早阶段上，大多数国家具有劳动力相对丰富而资本相对稀缺的资源禀赋特征。因此，资本积累成为是否能够打破贫困陷阱，实现经济起飞的关键要素。例如，刘易斯（Lewis，1954）认为，经济发展的核心问题是迅速的资本积累，或者说如何把储蓄率和投资率从 4%～5% 或更低的水平，提高到 12%～15% 甚至更高的水平。罗斯托（2001：8）也把储蓄率和投资率从 5% 上升到 10% 或以上作为经济起飞阶段的条件。因此，在早期的经济增长理论中，资本被看做唯一需要关注的生产要素。在劳动力无限供给的条件下，投资增加从而使工业部门扩大就是经济发展的代名词。

以索罗（Solow）为代表的新古典经济增长理论，主要以发达国家为研究对象，因此，不再作出劳动力无限供给的假设。当把劳动力作为第二种生产要素纳入增长分析中的时候，由于资本报酬递减规律的作用，经济学家观察到增长中存在一个资本和劳动都不能解释的部分，即被称为全要素生产率（TFP）的残差。经济增长的可持续性，就来自于这个残差中包含的因技术进步和体制改革产生的生产率改善，以及其他尚未能够单独计量的因素（Solow，1956）。继承新古典增长理论传统的经济学家探讨了影响经济增长绩效的各种因素，包括起点时的发展水平、常规生产要素、人力资本的各种度量、技术进步、开放程度、地理因素、自然资源禀赋、人口结构因素、经济和政治制度、社会安定程度等。

在改革开放期间，中国得以实现年平均接近10%的高速经济增长，有两个具有特殊意义的贡献因素值得指出。首先，市场化改革特别是生产要素的市场发育带来了资源重新配置效应。农村实行家庭承包制后，从农业中解放出来的劳动力大规模向城镇非农产业转移，矫正了计划经济时期严重不平衡的劳动力资源配置，通过提高资源配置效率，为经济增长提供了一个源泉。一项研究表明，1978～1998年期间，GDP增长率中有21%来自于劳动力从农业向非农产业转移的贡献（蔡昉、王德文，1999）。其次，人口转变的提早完成，使中国正处于劳动年龄人口比例逐年上升的阶段，劳动力供给丰富，储蓄率持续攀高，为经济增长提供了人口红利。

凭借丰富的劳动力资源，中国企业得以克服资本报酬递减规律的作用，以低廉的劳动密集型产品在国际市场获得竞争优势，实现了近30年的高速经济增长。与此同时，中国经济增长也形成了过分依赖生产要素投入的惯性，而主要不依靠生产率提高来驱动。我们需要讨论的是，这种增长方式能否使中国经济增长长期可持续。世界经济发展史上的先例表明，单纯依赖生产要素投入实现经济扩张，生产率没有实质性增长的国家，尽管在一定时期内也可能实现高速增长，但是，最终都被证明是不具有可持续性的。

例如，苏联经济曾经表现出比西方国家快得多的增长速度，但是，由于其增长是典型的靠增加投入而在外延上实现的，生产率对增长的贡献微小，而且呈现日益降低的趋势，及至经济增长速度不能持续（吴敬琏，2003）。在关于“亚洲四小龙”增长方式的判断上，存在着很大争议。艾尔文·扬（Young，1992）和保罗·克鲁格曼（Krugman，1994）认为这些国家和地区单纯依靠资本的积累，缺乏生产率进步，因而尽管实现了高速增长，但是并不意味着是什么“奇迹”。相反，这些经济终究会遭遇报酬递减而不可持续。

但是，随着计量技术和数据的改进，人们发现，上述国家和地区既有高投资率也有技术进步率，而且，通过外向型经济发展，从进口设备和引进外资中获得技术和管理，全要素生产率的贡献率逐渐扩大，增长速度有明显的加快趋势（Bhagwati，1996），与苏联的情形明显不同。而在获得较大的 TFP 贡献份额之前，人口转变带来的劳动年龄人口比重提高和抚养比降低，产生了经济增长的人口红利，使高速经济增长得以在较长时间里持续（Bloom & Williamson，1997；Williamson，1997）。

虽然增长理论有不同的流派，不同的国家和不同的发展阶段又有相异的增长表现，但是，我们可以用各国的经验，把众说纷纭的理论协调起来，帮助我们认识中国经济增长中的问题。如图 6－6 所示，在整个人类发展过程中，分别经历过自然资源作为主要增长源泉的阶段、物质资本作为主要增长源泉的阶段、（对部分经济体来说）劳动力作为主要增长源泉的阶段，以及主要依靠技术进步作为增长源泉的阶段。相应的，从一种要素为主的发展阶段到另一种要素为主的发展阶段的转变，就是所谓增长方式的转变。迄今为止，人类经济发展已经经历了三个这样的转折点。每逢实现一次这样的转变，一个国家或地区便获得新的增长源泉，经济增长得以持续。

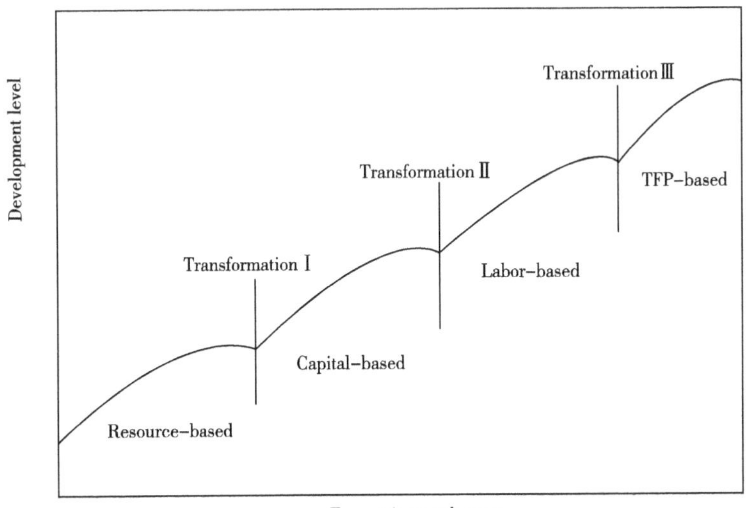


**图 6－6　经济增长的源泉和可持续性**

在经济发展的早期，一个国家的比较优势通常体现在相对丰富的自然资源或初级产品上面，表现为农业经济相对大的份额，或者初级产品出口的较大份额。但是，依靠不可再生资源维持增长是不可长久的，因此，这种增长方式终究要遇到一个转折点，即从依靠资源转向依靠可再生的物质资本的积累。大部分发展经济学和早期经济增长理论的分析逻辑，就是从这个转折点开始的。这个转折能否成功的标志，就是能否把国民储蓄水平提高到具有打破贫困恶性循环的临界最小水平。

一旦实现这个转折，资本及其积累水平在经济增长中就开始成为至为重要的要素。由于资本报酬递减规律的作用，资本积累并不能无限地保持经济增长，终究要遇到第二个转折点，即把经济增长源泉转向主要依靠技术进步或生产率提高。在这个转折点上，国家之间会发生分化，经验表明有三种可能的路径。第一种是实现了这个转变，生产率提高成为持续经济增长的主要源泉。第二种是没有实现这个转变，如由于劳动力短缺造成资本报酬递减，从而未能保持其高速经济增长的苏联就是最典型的例子。第三种是一些人口转变完成较快，劳动年龄人口不断增长，创造了充足劳动力供给和高储蓄率这样的经济增长条件，使得资本报酬递减过程后延的东亚国家和地区。然而，一旦劳动年龄人口不再增长，老龄化过程加速并加深，经济增长可资利用的人口红利便会消失，增长源泉必须转移到依靠生产率的提高。

全要素生产率在经济增长中贡献份额的大小，通常成为经济学家判别经济增长方式的标准（Krugman，1994）。中国的全要素生产率及其在经济增长中的贡献，在经历了改革后一段时期从负到正的提高之后，20 世纪 90 年代以来表现并不理想。例如，一项研究显示，1979～1995 年期间全要素生产率的增长率为 4.63%，1996～2001 年期间下降到只有 0.60%（郑京海、胡鞍钢，2004）。另一项研究表明，1978～1993 年期间，中国的劳动生产率增长率为 7.0%，其中，因全要素生产率提高作出的贡献超过 1/2，其他部分的贡献来自资本—劳动比率的提高。而在 1993～2004 年期间，劳动生产率提高速度为 7.8%，其中全要素生产率的贡献只有 1/3，来自资本—劳动比率提高的贡献明显提高（Kuiijs & Wang，2005）。

出现这样的现象，与当年亚洲四小龙最初生产率没有提高的理由十分相似，即由于人口红利的存在，劳动力数量、质量和价格具有明显的优势，并得以形成和保持很高的储蓄水平和资本积累率，使得这种主要依靠投入的增长方式足以支撑中国经济的高速增长。然而，随着刘易斯转折点的到来①，传统增长方式赖以作用的条件就发生了变化，经济增长方式向主要依

① 二元经济发展的理论框架，是由经济学家刘易斯（Lewis，1954）提出的，因此，劳动力从无限供给到短缺的转变，即是二元经济结构转换，也被称为“刘易斯转折点”。下文中将进行详细介绍。

靠生产率提高的转变迫在眉睫。

## 第四节　人口转变与社会建设

按照规律，人口老龄化是人口转变过程中必然出现的现象，也是社会经济发展到一定阶段的产物。中国的人口转变相对来说不是一个自然发展的过程，这使得中国的老龄化与其他国家经历的老龄化有明显的不同。也就是说，中国在经济发展水平尚较低的情况下，实现了人口转变过程，过早地迎来了人口老龄化，产生了其他国家未曾遇到的问题，构成特殊的政策挑战。应对挑战的路径可以是双重的，一方面是积极的应对，即通过加快建设社会保障制度，提高养老能力和未来的储蓄能力，消除性别偏好；另一方面是对现行生育政策进行渐进性调整，稳定生育水平。

### 一　养老保障制度

在计划经济条件下，中国没有建立起一个有效、可持续的养老保障体系，20 世纪 90 年代以来的养老保障制度改革，旨在形成一个社会统筹与个人账户相结合的体系。但是，由于历史欠债甚重，个人账户难以做实，目前城镇养老保障采取的是典型的现收现付制。在现在的发达国家，现收现付养老保障制度大都是在人口比较年轻的条件下建立起来的，当这些国家进入老龄化时期，特别是当“婴儿潮”一代进入退休年龄之后，都面临着养老保障的潜在支付危机，改革的选择方向通常是增加养老保障制度中的积累因素。中国的“未富先老”，把选择一个具有可持续性的养老保障模式的任务急迫地提上了议事日程。

向新体制过渡的一个不可回避的问题是，目前的“新人”（新参加工作的职工）和“中人”（在实施个人账户制度以前参加工作的在职职工）要承担旧体制和新体制的双重责任，既负担自己在新体制下的个人养老金积累，又要负担现已退休人员（“老人”和“中人”中逐渐退休的人员）的统筹养老基金。在新旧体制转轨完成之前，如果新人数量既定，越到转轨的后期，中人的养老负担越重。因此，利用劳动力市场，通过扩大“新人”总量，是解决养老负担过于沉重的一个可行办法（蔡昉、孟昕，2004）。在 1997 年开始实行现行制度后的很长一段时间里，由于历史欠账的原因，该资金账户严重亏缺，只好与个人账户混账管理，以后者弥补前者的不足，形成个人账户的空账运行。所谓的历史欠账，核心是如何以现行的职工缴费来支付在改革之前没有资金积累的退休人员养老金，难点在于抚养比。如果把主要由年轻人构成的农民工纳入社会养老保险制度，则意味着大幅度降低抚养比。与此同时，随着辽宁省社会养老保障制度试点的完成，以及试点地区扩大到了 11 个省份，个人账户已经有了一定的积累。反映在每年的社会养老保险资金收支中，即为出现了显著的结余。

增加劳动力市场上新人数量的一个途径，是把农村进入城市就业的劳动者吸纳到城镇养老保障体系中来。按照中国经济增长和结构变化的要求，农村劳动力大量转移到城市将是长期的趋势，也是经济发展不可回避的规律。而由于户籍制度的改革相对滞后，这些打工者不能成为合法、稳定的城市劳动者，既没有为自己积累起相应的养老基金，也未能对城市目前的社会养老统筹作出贡献。因此，加快户籍制度改革，有利于利用这些新生劳动者年轻的优势，提高养老保障体制向新体制过渡期的承受能力，同时也避免在这些流动打工者退出劳动力市场时出现养老危机。

## 二　出生人口性别比

人口结构矛盾的另一个重要表现是出生人口性别比失调。出生性别比，是指每百名出生女婴对应的出生男婴数。从生物学上，这个比例在 103 ~ 107 之间比较正常。我们观察 0 ~4 岁人口组的性别比可见，1990 年为 110，2000 年为 120，2004 年进一步提高到 123。关于这种不平衡的性别比有两个争论焦点，众说纷纭，莫衷一是。一是这个现象是否是计划生育政策造成的。二是这种失调的婴儿性别比是否会造成未来婚姻市场的挤压。根据目前的出生性别比预测，2020 年中国 25 ~35 岁男子将比 20 ~30 岁的女子多 4000 万人左右，按照中国习惯的婚姻年龄差别，这些人将找不到合适的配偶。

不管上述观点孰是孰非，劳动力市场对女性的歧视，是生育行为中男孩偏好造成性别比失调的根本原因。在学术界和政策研究领域，人们普遍把社会保障体系不健全造成的老人对男孩的依赖，作为出生性别比失调的社会经济原因。很多研究者建议通过宣传教育，改变只有儿子才能养老的传统观念。尽管这种观念的改变是有意义的，但是不能解决养老的问题。因为在子女和年老父母的比例发生变化的情况下，养老负担的确成倍加重。假设一对夫妇仅仅具备赡养一方父母的能力，同时又没有儿子养老的传统习俗，儿子养老或者女儿养老成为随机的，养老资源仍然不足。而由习俗决定的儿子养老模式，实际上在养老资源的分配上恰好符合这个随机原则。

如果说出生性别比的偏好与养老保障问题相关，其因果关系不是子女哪一方养老的问题，而是第一，社会养老资源不足、覆盖率低下，导致对子女数量的需求，进而转化为对儿子的需求；第二，女性在劳动力市场上的不利地位，导致其养老能力不足，从而诱发出对男孩的偏好。因此，在这种由于资源不足或能力不足产生的养老危机诱致出性别偏好的情况下，仅靠转变“养儿防老”的观念不能解决问题。

在劳动力市场发育的初期，随着企业用工自主权的扩大，以及在追求利润最大化动机的驱动下，企业或者对女性在劳动供给上有较低的评价，或者干脆具有歧视女性的倾向。如果人力资本和其他个人特征不能解释工资差异的全部，则存在劳动力市场歧视。例如，对中国城市劳动力市场进行的调查结果进行分析，显示男女劳动者在就业中获得的工资差异是十分明显的。根据一项计量经济学分析结果，在现存的性别工资差异中，有不到5%是男女受教育水平以及其他个人特征差异造成的，其余95%以上是由于一些不可解释的因素造成的，而其中最主要的就是性别的歧视（王美艳，2005）。

因此，解决出生性别比升高这个矛盾的治本举措是完善和规范劳动力市场，以及建立社会化的养老保障体系，根除劳动力市场对女性的歧视。由于劳动力市场歧视的存在，进一步诱导出家庭对女孩教育的投资偏好低于男孩，因此，随着教育层次提高从而造成教育成本的提高，家庭对女孩的投资倾向于减少①。在贫困家庭数量增加，家庭预算趋紧的情况下，这种情况最容易发生。因此，关注和干预贫困家庭女孩的受教育问题，是避免劳动力市场上性别歧视的重要内容。

## 三　生育政策

早在实行计划生育政策的之始，该政策就被表述为一代人政策②。至今

① 研究表明，随着教育层次的提高，男女入学率的差距逐渐扩大，到了高等教育层次，差距可高达一倍左右。参见蔡昉、王美艳（2001）。

② 在1980年发表的著名的《中共中央关于控制我国人口增长问题致全体共产党员共青团员的公开信》中，在号召实现一胎化政策的同时也指出：“到三十年以后，目前特别紧张的人口增长问题就可以缓和，也就可以采取不同的人口政策了。”（参见 http://news.xinhuanet.com/ziliao/2005-02/04/content_2547034.htm。）

30 年过去了，中国经济社会面貌发生了巨大的变化。1980～2008 年期间，按照可比价格计算，人均 GDP 提高了近 4 倍；农业增加值占 GDP 的比重从 30.2% 下降为 11.3%；随着大规模农村劳动力向城市迁移并久居，一些农村人口成为在城市居住超过 6 个月的常住人口，城市化水平提高了 26.3 个百分点。在社会保障领域，城市基本养老保险的覆盖率逐年提高，农村正在扩大新型养老保险制度的覆盖范围。这些经济社会条件的变化，必然反映为生育意愿的下降。实际上，在自 1980 年以来，总和生育率已经从 2.31 下降到 1.8 以下。一些城市的户籍人口增长率已经多年为负数，人口增长主要靠农村向城市的移民。

在这些社会经济条件逐渐成熟的情况下，渐进式的人口政策调整已经在进行。例如，绝大多数城市实行了“夫妻双方都是独生子女可以生第二胎”的政策，一些地区甚至扩大到“夫妻中有一方是独生子女即可生第二胎”的政策，某些地方政府重申可以生育两胎的条件，公开鼓励年轻夫妇利用这样的政策①。

近年来，围绕是否应该允许生育两胎的关于生育政策的讨论十分活跃，一旦政策进行调整，可能出现的人口增长情形也被进行模拟。由于中国改革一向具有的渐进性特点，特别是关系一项在长期艰难困苦中得以实施的人口控制政策，一旦作出大幅度调整会发生什么样的情况，决策者尚未做到心中有数，因此，对生育政策的激进式调整可能不会在近期发生。不过，影响实际生育率的因素是众多的，在严格实施一胎化政策期间也始终有着诸多例外规定，从放宽这些条件入手进行渐进性的人口政策调整，仍然是可以预期的。

## 思考题

1. 你认为人口转变对经济增长的促进作用是有条件的吗？如果是的话，这些条件是什么？请用各国的经验从正面和负面分别说明这些条件的作用。
2. 请根据中国计划生育政策促进经济增长的作用机制，预测未来对该政策进行调整可能遵循的原则和策略。

---

① 《解放日报》2009 年 7 月 23 日，《上海生育政策未变：鼓励符合条件夫妻生育二胎》（http://news.sohu.com/20090723/n265427643.shtml）。

3. 你认为农民工是扩大社会保障制度覆盖率的负担还是积极因素？应该如何将这个群体纳入社会保障体系？
4. 你认为出生人口性别比失调是计划生育政策的后果吗？应该从何处入手解决出生人口性别比失调的问题？

## 参考文献

阿瑟·刘易斯，1989，《无限劳动力：进一步的说明》，载阿瑟·刘易斯编著，施炜、谢兵、苏玉宏译《二元经济论》，北京：北京经济学院出版社。

蔡昉，2005，《发展阶段判断与发展战略选择——中国又到了重化工业化阶段吗?》，《经济学动态》第9期。

蔡昉、都阳、王美艳，2003，《劳动力流动的政治经济学》，上海：上海三联书店、上海人民出版社。

蔡昉、孟昕，2004，《人口转变、体制转轨与养老保障模式的可持续性》，《比较》第10辑，北京：中信出版社。

蔡昉、王德文，1999，《中国经济增长可持续性与劳动贡献》，《经济研究》第10期。

蔡昉、王美艳，2001，《妇女劳动力供给特点与教育投资》，《江海学刊》第6期。

都阳，2004，《中国低生育率水平的形成及其对长期经济增长的影响》，《世界经济》第12期。

国务院人口普查办公室、国家统计局人口与社会科技司，2001，《2000年第五次全国人口普查主要数据》，北京：中国统计出版社。

库兹涅茨，1997，《现代经济增长：事实和思考》，载王宏昌编译《诺贝尔经济学奖金获得者讲演集（1969/1977）》，北京：中国社会科学出版社。

林毅夫，1994，《制度、技术与中国农业发展》，上海：上海三联书店、上海人民出版社。

林毅夫，2006，《发展战略、人口与人口政策》，载曾毅、李玲、顾宝昌、林毅夫主编《21世纪中国人口与经济发展》，北京：社会科学文献出版社。

罗斯托，2001，《经济增长的阶段——非共产党宣言》，郭熙保、王松茂译，北京：中国社会科学出版社。

王德文、蔡昉、张学辉，2004，《人口转变的储蓄效应和增长效应——论中国增长可持续性的人口因素》，《人口研究》第5期。

王美艳，2005，《中国城市劳动力市场上的性别工资差异》，《经济研究》第12期。

吴敬琏，2003，《当代中国经济改革》，上海：上海远东出版社。

张维迎，1995，《企业的企业家——契约理论》，上海：上海三联书店、上海人民出版社。

郑京海、胡鞍钢，2004，《中国改革时期省际生产率增长变化的实证分析》，国情研究中心工作论文，No. 1。

Anderson, K. , 1995, "Lobbying Incentives and the Pattern of Protection in Rich and Poor Countries", *Economic Development and Cultural Change* 43.

Becker, G. 1960, "An Economic Framework Analysis of Fertility", In Universities - National Bureau Committee for Economic Research, Demographic and Economic Change in Developed Countries, Princeton: Princeton University Press.

Bhagwati, N. Jagdish, 1996, "The Miracle That Did Happen: Understanding East Asia in Comparative Perspective", Keynote Speech at the Conference on "Government and Market: The Relevance of the Taiwanese Performance to Development Theory and Policy" in honor of Professors Liu and Tsiang, Cornell University, May 3.

Bloom, David & Jeffrey Williamson, 1997, "Demographic Transitions and Economic Miracles in Emerging Asia", NBER Working Paper Series, No. 6268.

Bloom, David E. , David Canning & Jaypee Sevilla, 2002, The Demographic Dividend: A New Perspective on the Economic Consequences of Population Change, RAND.

CIA, 2006, The World Factbook, https://www.cia.gov/cia/publications/factbook/index.html.

Didier Blanchet, 1991, "On Interpreting Observed Relationships Between Population Growth and Economic Growth: A Graphical Exposition", *Population and Development Review* 17.

Fields, Gary, 2004, "Dualism in the Labor Market: A Perspective on the Lewis Model after Half A Century", The Manchester School of Economic and Social studies 72.

Freeman, Richard, 1993, "Labor Markets and Institutions in Economic Development", AEA Papers and Proceedings, 83.

Krugman, Paul, 1994, "The Myth of Asia's Miracle", *Foreign Affairs*, November/December.

——, 2006, "Wages, Wealth and Politics", *New York Times*, August 18.

Kuijs, Louis & Tao Wang, 2005, "China's Pattern of Growth: Moving to Sustainability and Reducing Inequality", World Bank China Office Research Working Paper, No. 2, October.

Kuznets, Simon, 1955, "Economic Growth and Income Inequality", *American Economic Review* 45.

Lewis, W. A. , 1954, "Economic Development with Unlimited Supplies of Labor", *The Manchester School of Economic and Social Studies* 22, Reprinted in A. N. Agarwala and S. P. Singh (eds. ), *The Economics of Underdevelopment*, Bombay: Oxford University Press.

Olson, M. , 1985, "The Exploitation and Subsidization of Agriculture in the Developing and Developed Countries", Paper presented to the 19th conference of International Association of Agricultural Economists, Malaga, Spain.

Ranis, Gustav, 2004, "Arthur Lewis' Contribution to Development Thinking and Policy", Yale University Economic Growth Center Discussion Paper, No. 891, August.

Solow, Robert M., 1956, "A Contribution to the Theory of Economic Growth", *Quarterly Journal of Economics* 70.

United Nations, 2005, "World Population Prospects: the 2004 Revision", United Nations Population Division, Department of Economic and Social Affairs / United Nations Population Division.

Watanabe, Susumu, 1994, "The Lewisian Turning Point and International Migration: The Case of Japan", *Asian and Pacific Migration Journal* 3.

Williamson, Jeffrey, 1997, "Growth, Distribution and Demography: Some Lessons from History", NBER Working Paper Series, No. 6244.

Young, Alwyn, 1992, "A Tale of Two Cities: Factor Accumulation and Technical Change in Hong Kong and Singapore", in Olivier Blanchard and Stanley Fischer (eds) *NBER Macroeconomics Annual*, Cambridge, Mass., MIT Press.

# 第七章
# 政治体系与中国改革

杨大力

任何一个社会，其制度环境对权力地位的获得都有着根本性的影响。在经济社会转型过程中，政治体系对转型始终发挥着重要作用。同时，经济社会转型又对制度环境产生着深刻的影响和作用。因此，对中国的研究，必须不断挖掘和探讨改革与转型中各种变量是如何影响权力、地位与稀缺资源的分配和再分配的。

## 第一节　中国个人权力地位获得的制度环境及其演进

从 1949 年中华人民共和国成立以来，个人权力地位获得的制度环境大致经历了两大时期和五个具体阶段。所谓两大时期是指改革前后这两个时期。改革前第一个阶段是从 1949 年新中国成立到 1956 年社会主义改造完成，该阶段是个人权力地位获得的制度环境生成和巩固的阶段；第二个阶段是从 1956 年到 1966 年“文化大革命”前，该阶段是制度环境成型阶段；第三个阶段是 1966 年到 1976 年“文化大革命”时期，一个比较混乱而特殊的阶段。国外学者称这种体制在经济方面是再分配经济体制，在政治上是“全能主义政治”，而社会体制方面则是一种总体性社会（邹谠，1994：69）。这种体制环境及其制度安排决定和影响着个人权力地位的获得。

即使在改革开放时期，虽然中国社会发生深刻转型，但政治权力的影响力依然不容忽视。我们又把改革时期分为两个阶段。一是 20 世纪 70 年代末到 90 年代初改革的初期阶段，一些具有崭新意义的制度变革开始出现，个人权力地位获得的环境发生巨变；另一阶段是从 90 年代初至今，个人权力地位获得的制度环境表现出新的趋势和特点。

## 一 改革前个人权力地位获得的制度环境

### （一）新中国成立初个人权力地位获得的制度环境

从1949年到1956年社会主义改造完成，是个人权力地位获得的制度环境生成和巩固阶段。对这个时期生成的制度的分析是理解1949年以来各个阶段有关权力地位获得的制度环境和变迁的前提和起点。

#### 1. 个人权力地位获得的制度环境

个人要获得政治权力必然会受到国家政治制度、干部人事制度、成为干部的制度性渠道等因素的影响，但我们还要结合当时特定历史时期下政治体系面临的总任务进行考察。总体上看，个人所在社会政治体系的制度要求对其成为干部获得权力有着紧密关联。1949年到1956年期间的中国政治制度正在向社会主义过渡，1954年，中华人民共和国各项基本政治和社会制度已具雏形，而1956年社会主义改造的完成更确立了经济制度的社会主义性质。

首先，新政权政治制度的性质使中国共产党对国人进行了人民与敌人的区分，这种区分对属于人民的个人获得权力敞开了大门，并对那些属于敌人范围的个人获得权力实施了限制，甚至对其人身自由施加了制裁。国家政权的基本制度在宏观上决定着哪些群体及个人可以进入政府或其他领域获得权力，哪些群体是阶级敌人而成为被压制、被排斥的对象。同时，这一时期比社会主义改造完成后的社会阶层要复杂，针对这种阶层结构进行人民与“非人民”的划分也是有其必然性的。

其次，在特定历史环境下，新政权的主要任务与和平建设时期有很大不同，这使中国共产党领导的政府在选拔任用干部的过程中特别强调阶级出身、忠诚度、党员身份等标准。当时，中国共产党面临着多种艰巨任务，包括加强政治和社会稳定，恢复经济保障物质供给等。在国内，中国共产党在镇压反革命的破坏和颠覆活动的同时，建立和强化了对全社会的政治控制。在国际社会，年轻的共和国集聚力量参加了抗美援朝战争。新政权建设和对抗外部，尤其是西方军事政治压力等现实任务，特别注重干部问题，而选拔任用干部的首要标准就是家庭阶级出身和政治忠诚度。

革命时期形成的干部人事制度延续到了新中国成立后，这种制度对个人权力地位获得有着很大影响。中国共产党在制度设计和建构方面沿用了苏联的制度和革命年代形成的一些制度，尤其是干部人事制度被保留下来。

革命时期的党管干部和相应的组织制度在中华人民共和国成立之后仍然继续着自己的职能。其实，党管干部本质上主要是一种干部的委任制，任命者是中国共产党的委员会或领导人，负责全过程的是党委组织部门。① 在选拔干部候选人的时候，首先要对候选人进行政治审查（即政审），再征求周围同事和群众的意见，最后进行任命。在政审中，政治忠诚度、党员身份和经历表现（有无历史问题）是非常重要的内容。应该说，当时的政审是比较严格的，而且也落实了一定的民主原则，群众意见具有不小的影响力。由于经济恢复的需要和管理、技术人才的缺乏，受教育程度较高或掌握相当技能的人员也会有任用提拔空间。

个人成为干部的主要制度渠道有三个，一是军队人员转业为干部，二是通过大中专教育分配到国家机关等部门，三是有计划地从社会上招录。新中国成立初由于缺乏大量的干部，旧政府的部分管理人才被保留，但随着政权的稳固，原有的旧政府行政管理者逐步被中国共产党的干部替换了下来。大量的解放军转业为干部，军转干部个人权力地位的高低首先受到其转业前在部队职位地位的影响。一批符合条件的大中专院校的毕业生被分配到了干部岗位上，当然，通过教育渠道进入政权具有干部身份还不是主要渠道。另外一个非军转的途径是从社会上招用积极分子加入政权。积极分子包括农村土地改革或扫除文盲运动中表现突出的贫下中农，城市建设和所有制改造中表现突出的工人、营业员、社会青年等。就军转干部、学生分配来的干部和社会招录的干部之间的人数比例来看，军人和工农群众成为新中国成立初进入干部行列的主要群体。②

应该注意到的是，当时的政治体系正在初建和稳定形成时期，个人有着比较多的机会进入政府和党组织获得权力。据统计，20 世纪 50 年代初，国家机构不断增加，人员不断增长，1949～1952 年这 3 年时间，政府机构数净增 20%；除军事人员、教职员等，全国解放区的脱产干部由新中国成立前夕的 60 万人增加到 1950 年的 175 万人，1951 年的 271 万人，1952 年达到 390 万人（陆学艺主编，2004：226）。这些现实状况说明当时个人获

① 苏联斯大林时代“党管干部”成为制度，中国革命年代“党管干部”就已经存在。但是，“党管干部的原则”作为概念正式出现的时间是在 1990 年。江泽民 1990 年在阐述党的领导和人民代表大会的关系时正式使用了这个说法（参见《毛泽东、邓小平、江泽民论党的建设》，1998：556）。

② 参见陆学艺主编，2004：215～216。该结论根据书中例证计算得出。

得政治权力的机会比较大，制度性的障碍远没有之后的历史时期那样严重。

总之，新中国成立初不少制度是在当时历史背景和条件下，在不断的探索和调整中逐步生成的。个人权力获得的制度存在着“路径依赖”现象，它既是历史的延续，又是现实的产物，这种制度安排及其内在观念对之后的制度变迁都产生了深刻影响。例如，直到今天，干部提拔任用的政治考核依然把政治上的可靠性作为一个重要标准。所以，分析新中国成立初的各种因素和制度对于理解改革前个人权力地位获得的条件和环境而言极为重要。

2. 影响个人权力地位获得的诸因素分析

新中国成立初期，一些影响个人权力的制度刚刚萌芽或出现，对个人权力地位获得的制约作用开始显现出来，还有一些制度尚未呈现和发挥作用。

在先赋性因素中，阶级成分的不同对个人权力地位获得的影响力突显出来。当时，国际政治环境和新政权的性质使党和国家对人群进行了“敌”与“我”的划分，即人民与“非人民”的划分，前者如工农阶级，后者如地主、官僚资本家等。这个时期的社会流动的显著特征是新中国成立前的下层阶层社会地位上升，而原来地位较高的阶层地位急剧下降，剧烈而颠覆性的社会流动构成了个人权力地位获得的大环境。这种情况下，个人能否获得权力进入国家机关和其他重要部门与自身家庭阶级出身有着紧密联系。另外一个先赋性因素是父亲的干部身份对个人权力地位获得的影响力开始显现。例如，如果“14 岁时父亲身份”是“干部”，那么，自己的第一次就业（获得初职职位）成为干部的概率就非常大，为“14 岁时父亲身份”不是干部的那些人的 2.65 倍（陆学艺，2004：202）。

后致性因素（包括党员身份、政治表现、受教育程度等）也成为影响个人权力获得的重要因素。一般而言，获得党员身份的个人必然是符合出身和忠诚度条件。个人是否为党员一直以来是权力地位获得的前提性因素，若个人欲在国家机关部门选择初职职位的话，党员身份有着显著影响；同时，在现职为干部的人晋升的时候，党员身份的影响力则更高。越是上升为更高级的干部，越要具备党员这一政治资本，因此，党员身份作为政治资本对个人权力地位获得的影响力在当时比较显著。可见，中国共产党在新中国成立初的历史任务大大强化了干部选拔任用标准中的家庭阶级出身、党员身份、政治忠诚度等身份标识的影响力。政治表现指的是个人对党和政府的忠诚度以及依次所表现出来的坚定信仰、积极行为等，其中，政治忠诚度是影响个人地位获得的重要因素。

新中国成立初权力资本的作用力要显著地大于教育资本（陆学艺，2004：202）。当然，这并不意味着个人受教育程度毫无影响力，尤其是新中国成立初百废待兴，需要知识分子、技术人员来恢复和发展国民经济，因此，个人受教育程度也关系到其能否获得权力。另外，受教育程度较高且掌握专业技术的人仍然可以成为专业技术型的干部，并不一定要具备党员身份，这是因为中国存在"双重职业路径"，专业技术型干部与政治管理型干部分别在不同轨道上，依照不同的标准进行录用和提拔（Walder et al.，2000）。总之，虽然个人的受教育程度在新中国成立初由于经济建设和社会管理的客观需要也逐步变得重要起来，但其影响较之阶级出身、家庭背景和党员身份等因素还不十分显著。当受教育程度与其他因素结合起来（例如受教育程度较高的党员在初职成为干部以及从低级到高级干部的提拔）时，却有着非常重要的影响力。

### （二）社会主义初期阶段个人权力地位获得的制度环境

1956 年之后，中国从新民主主义阶段进入了社会主义初期阶段，在 1957～1966 年社会主义建立和发展的初期阶段是一个制度定型期，共和国的基本制度在这个时期呈现在了世人面前。

首先，再分配经济体制初步建立。在这种再分配体制下，"资源的分配与社会结构里的个人地位大多由政治权力，而非市场机能所决定"（周雪光等，2002：280）。这样，一方面，行政权力对资源的控制直接导致政治权力拥有者的社会地位至高无上，干部作为这种体制权力的持有者和行使者成为人们向往的职业选择；另一方面，那些越是处于权力核心部分的干部，其所能够支配和占有的资源也越是可观，其地位也就更高。再分配体制实际上表现为行政权力对经济资源的支配和控制，这种对资源的支配和控制同时也成为左右个人地位获得的激励性制度。

其次，户籍制度分割了城乡社会。1958 年 1 月，以《中华人民共和国户口登记条例》为标志，中国政府开始对人口自由流动实行限制和政府管制，第一次明确将城乡居民区分为"农业户口"和"非农业户口"两种不同户籍。随后所发生的饥荒，又促使政府对人口的流动和迁移实施了严格的限制（Yang，1996），同时还建立起了包括农村的人民公社制度和城市的单位制度在内的总体性社会制度框架。这种制度体系的建立使个人获得权力地位的场域发生了根本性变化，他们只能在农村公社，城市的单位内获得地位，而要跨越城乡区割，突破单位界限则十分困难。严格的户籍制度，使农民获得权力的机会大大降低。除了少数当兵和升学的人员及少数其他特例之外，他们只能在农村进入公社等基层组织，成为城市干部的几率大为减少，上升的可能大为减少。

最后，以党管干部为原则的干部人事制度也确定了下来。党员身份成为进入政治体系并获得权力的必要条件，档案制区分了干部与群众两种不同的身份，干部等级制度等也纷纷建立。到20世纪50年代中后期，中国已经形成了一套比较稳定的制度体系，并一直延续到了1979年改革开放之前。当时的中国社会分层制度体系的“身份制”成为一种保护社会秩序的“社会屏障”（李培林等，2004：17），这无疑对于社会流动中个人获得政治权力产生了巨大影响，一些阶级或阶层的政治录用机会明显下降，而另外一些阶级或阶层由于先赋性因素（户籍、家庭出身、所在单位不同等）和后致性因素而拥有更多获得政治权力的机会。对社会屏障的解释上，有学者认为这一时期已经形成了三道屏障，即户口身份屏障（户籍制度）、档案身份屏障（行政档案制度）和政治身份屏障（意识形态）（李春玲，2005：391）。上述“社会屏障”对个人权力地位获得有着制度性的影响，它们在宏观上构成了一种制度框架，个人权力地位获得只能在该制度框架中进行，突破这些框架非常困难。

从城市单位制度对个人权力地位获得环境和机制的影响方面可以使我们理解其中的微观机制。国外学者注意到，工作单位的部门分割是中国城市社会分层的重要准则。边燕杰通过对天津的调查分析（1985年以前的情况）后认为，作为社会分层准则，工作单位部门与社会（教育和职业）、经济（工资和奖金）和政治（党员资格）资源相关，并由此决定社会分层体系（边燕杰主编，2002：111）。魏昂德研究了工厂（单位）内干部与工人之间的权威关系，他对单位体制下以政治忠诚的回报为激励机制的“庇护主义”关系的分析从微观方面阐述了限制人们职业流动和获得资源的制度机制（Walder，1986）。显然，单位制度下“组织性依附”现象既揭示了个人与组织、群众与干部的客观关系，也体现了党政权力组织和动员单位内个人的微观机制。

这一时段的制度环境逐步体现出了相当的刚性：权力高度集中的政治体制和再分配体制是其基本政治、经济制度环境，而户籍制度、人民公社制度、单位制度则构筑起总体性社会制度框架，其他诸如档案制度、配给制度、票据凭证制度等在细节方面强化着整体制度安排。加上党组织内部的其他规定、习惯等规则作为制度屏障，共同形成了中国个人权力地位获得的制度环境。应该注意到，新中国成立初就已经出现的以政治表现、家庭出身等作为个人权力地位获得的标准这一现象进一步得到了强化，并且这些因素已经深入到了社会制度的微观机制之中。制度屏障使政治体系呈现出一定的刚性，已经成型并稳固下来的制度使个人权力地位的获取渠道和具体规定确定了下来。这些制度的定型使代际流动方面的特点也显现了出来，如父亲的干部身份对于其子女初职职位中获得权力的影响力下降，但父亲的受教育程度则开始显著起来（陆学艺主编，2004：203）。

此外，这个时期也是后一阶段（“文化大革命”时期）诸多因素的生成萌发期。在“反右”、“大跃进”、“三年饥荒”、“四清”等对国内政治产生深远影响的事件和运动中，那些表现突出的个人获得了权力，而那些表现一般或成为敌对派系的人则被排斥或抛出了政治体系；运动导致干部的非常规机制开始出现。这种非常规机制在“文化大革命”期间成为个人权力地位获得的重要途径或方式。

**（三）“文化大革命”时期个人权力地位获得的制度环境**

“文化大革命”中，此起彼伏的政治运动严重冲击了政治体系，不断有干部被打倒，失去了权力地位，又不断有人由底层神话般地上升为国家领导人。此刻，权力获得的制度究竟为何物似乎扑朔迷离，难以确定。“文化大革命”期间国家制度环境的混乱状况和政治运动的非常态性特点的确造就了一批又一批来自底层的人士使他们上升为政治人物，显示了个人权力地位获得的环境发生了很大变化。例如，父亲干部身份对子女初职职位成为干部的影响力大大下降了，体现了当时追求社会平等的特点。

当时，政治权力中心——革命委员会——集政治、经济与军事权力于一身，干部人事权力尽揽其手，政治体系进入新中国成立以来最为集权的时期。

“文化大革命”中，在20世纪60年代初期完善起来的政权机构以及党组织体系受到严重冲击，大批干部受到打击，被迫离开工作岗位，到“文化大革命”后期，没有受到冲击的参与者几乎凤毛麟角。另一大的变化是，在“文化大革命”期间，个人的受教育程度、专业技术等能力和素质的确对个人获得权力的作用微乎其微，甚至从知识分子成为“文化大革命”的受害者这一方面的情况来说，似乎起的是一种反作用，知识分子个人权力获得的制度环境恶化了。

“文化大革命”时期个人权力获得的制度环境虽然有着复杂、动态的特点，但中国已经形成的影响个人获得权力的基本制度环境并没有发生根本变化。首先，政权的性质没有变化，政权依赖的再分配体制也没有根本变化。更重要的是，已经形成的那些对个人权力地位获得有着重要影响的基本制度——户籍制度、人民公社制度和单位制度等总体性制度框架也没有发生根本变化。从整体制度环境分析，“文化大革命”不但没有从根本上动摇和打破具有“身份制”性质的社会分层制度体系，相反，“文化大革命”期间更激进地强化了阶级成分、家庭出身、政治忠诚度和纯洁度等制度标准的地位。当时，选拔任用“革命”干部时，家庭出身与获得权力之间的联系在“文化大革命”时期反倒显得更加紧密，在现职职位中父亲为干部对其子女升迁有着更显著的影响。

普特南在《政治精英人物的比较研究》中提出不同政治体系选拔政治精英过程中具有普遍意义的三条标准：政治上的忠诚可靠；组织能力和说服能力；技术专长（阿尔蒙德等，1987：158～159）。即便是“文化大革命”时期的特殊政治运动时期，也无法完全改变干部选拔任用中某些带有规律性的客观标准。

## 二　改革后个人权力地位获得的制度环境及其演进

1976年以来，被“文化大革命”破坏的国家政治体系得到恢复和重建。改革开放首先在农村开始实施，中国社会进入到新的发展时期。这个时期大致分为两个阶段，即20世纪80年代到90年代初的阶段，90年代到目前为止的阶段。个人在两个阶段的权力地位获得的制度环境发生了深刻演变。

### （一）改革初个人权力地位获得的制度环境发生巨变

改革初期，即1978年到20世纪90年代初，个人权力地位的制度环境发生巨大变化。最突出的表现是政治资本在个人权力地位获得中的影响力下降，而教育资本的权重显著上升，能力素质和工作业绩日益重要。当然，这并不是说改革前个人的受教育程度对个人政治前途没有任何影响。有学者认为在1949～1977年这段时间的城市中，中国创造了一种个人成为城市精英的“双重职业路径”（dual career paths），这种路径划分了专业技术型精英和管理型精英两种不同类型，其中，专业技术型干部更强调受教育程度和业绩的标准（党员身份不是标准），而管理精英（政治与行政管理型干部以及更高层的领导者）更强调党员身份（教育标准也不适用），而且，这种安排从新中国成立到改革开放初一直贯穿始终，成为一种独特的制度安排（Walder et al.，2000）。由此可见，中国改革前后影响个人权力地位获得中各种标准（包括政治忠诚度、家庭和阶级出身、受教育程度和业绩等）的权重变迁有着一些规律性的东西和独特的制度安排。

改革前具有“身份制”性质的三大“社会屏障”逐步被侵蚀或打破。户口身份屏障（户籍制度）功能削弱，档案身份屏障（行政档案制度）效用下降，而政治身份屏障则迅速消失，中国社会流动模式和特征发生巨大变化。在20世纪80年代到90年代初拨乱反正政策推行过程中，最重要的变化是家庭出身的阶级成分在个人权力获得方面的作用大幅度下降，人民包括的范围扩大了，敌人概念只在发生大的社会动荡的时候才会被提及。与此同时，个人受教育程度、能力与素质等后致性因素对个人权力地位获得的影响日渐重要。高考制度和大学生分配制度的恢复使大学生无论是哪种家庭出身都可以接受高等教育，并进入国家机关和企事业单位。由于允许农民进入城市出售剩余的农产品，以及一些农民开始进入城市打工，户籍制度对农民的束缚功能被削弱。档案制度在那些非公有经济和国家机关事业单位之外的部门中显得无足轻重。到90年代初期，一些发达地区为了争夺人才而放松了对专业技术人才档案的要求，可以进行没有档案的调动，专业技术人员也可以落户这些地区重新建立档案。

上述变化首先与20世纪70年代末国家修复政治体系，战略重心转移到了经济建设方面并推行改革开放政策，以及20世纪80年代的拨乱反正等历史性变革有关。同时，再分配经济体制开始松动，体制外的边缘地带逐步出现和发展起来的私营、乡镇集体与城市个体经济以及外来投资使市场机制发挥作用成为可能，到20世纪90年代初期，计划与市场并存，市场力量明显上升，大大改变了中国经济体制的面貌和内在运行机制。

改革初期恢复和完善了20世纪50年代末建立的国家政权体系，大量被“打倒”的领导干部重新回到工作岗位。国内经济改革的发展，国外改革经验的引入，推动了始于1987年（十三大）的政治体制改革，这一改革增加了干部人事制度的民主成分，强调了被选拔任用者的受教育程度、能力与素质的重要性。民主直接选举在一些地方和领域开始推行，要成为基层领导干部不仅要有党委和政府的推荐，而且要有选区选民的投票支持。政治体系内部，领导干部的升迁也出现类似的情况，差额民主选举、全国人民代表大会无记名投票表决重大决策等制度开始实施。虽然党委推荐并考核过的干部在各级人民代表大会选举中的通过率高得惊人，但是，从民主程序的角度分析，这种制度化本身是民主建设过程中不可缺少的环节，这既是一种民主训练，也是一种实质民主的表现。在提拔高级干部的各项标准中，不再是依靠阶级成分而是依赖于个人对党和改革开放政策的拥护和贡献来进行判断，文凭和能力（专业技能、组织能力以及所取得的政绩）的权重越来越重要。通过对政治精英群体的分析，国外学者认为中国进入了技术官僚治国（technocracy）的时代（Lee，1991；Li & White，1990）。

20 世纪 90 年代初期，虽然重申了党管干部的组织原则，并一度加强了对干部候选人的政治审核，选人用人方面显示出谨慎的倾向，但是，80 年代中期政治体制改革中的一些比较成功的制度和理念被保留了下来，而且逐步稳定为重要的制度渠道和组织程序。这一时期，个人需要通过委任、选任、考任等方式才能成为干部。委任制是由具备人事任免权的机关或个人，依据法律、法规、条例、章程规定，对非选任制人员直接进行职务任命的一种方式。选任是以选举的形式产生被任用者的一种领导干部选拔机制。考任是以公开的竞争性考试择优产生被任用者的干部选拔机制。目前委任制和选任制是主要的方式，其中委任制又占据主导地位（陆学艺主编，2004：223）。在退出机制方面，离退休制度（包括任期制）、机构改革是比较重要的渠道（后者显然缺乏制度性特征）。尽管上述制度还存在若干缺陷，但是，中国干部人事制度和其他有关个人权力地位获得的制度显然已经具有了自己的框架体系和运行程序，这种情况体现出制度化的趋向。

在上述制度环境下，个人获得权力地位的初始环境开始趋于公开和制度化，而现职为干部的个人要获得地位的升迁则有赖于其上级的推荐或提拔，也有赖于周围同事的认可和评议，更有赖于自己的文凭、能力和政绩（主要是经济方面的成绩）（Bo，2002）。

但是，一些历史上形成的因素仍然比较重要，例如父母的政治身份在个人权力地位获得中的权重虽然有所下降，但其作用仍然明显。父亲为干部身份对子女初职职位的影响作用在 1957 年到“文化大革命”后都下降了，但对现职职位的影响依然较大（陆学艺主编，2004：204）。改革后，这种情况有所改观，因为要成为干部或被提拔重用，必须有相当的受教育程度，而拥有文凭成为受教育程度如何的主要指标，这使得具有干部身份的父亲也必须加大对子女的教育投资，包括动用各种资源努力让子女进入优秀的大学。获得大学文凭不仅意味着个人具备了被提拔的必要条件，而且80年代的大学毕业生分配制度使很多学生直接进入了党政机关或国营企业，成为令人羡慕的干部，这强化了文凭的重要性。此外，相对于改革前而言，由于个人受教育程度、能力素质的限制，工人和农民阶层的个人参政的机会减少，他们成为干部的可能性一直在下降。

**（二）20世纪90年代初以来个人权力地位获得的制度环境**

1992年邓小平的南方讲话不仅表明中国要向社会主义市场经济转型，而且推进了政治制度的发展。从1992年以后，个人权力获取的制度化水平有了加强，其中公务员制度的广泛推行（1993年）是干部人事制度建设中最为世人瞩目的亮点。该制度奠定了个人进入政治体系的开放且相对公正的制度渠道。人民代表大会制度和其政治地位的相对提升也为高层干部选举、人事变动创造了比较制度化的环境。在中国共产党、人民代表大会、国务院之外，来自统一战线的民主党派的意见和建议在中国政治体系中变得比以前重要了。一方面，政治协商会议在国家制度建设中影响力有所提高，另一方面，政府官员必须有一定民主党派或无党派爱国人士比例的组织规定，使得民主党派、无党派爱国人士等非中共党员个人有了获得更好权力地位的机会。2001年江泽民发表“七一讲话”，允许私营企业主加入中国共产党。那些一度曾经是社会主义的异己阶级的私营企业主获得了加入中国共产党并进入政协、人大的机会，这一方面体现了20世纪90年代中后期中国政治体系的开放性增加了，另一方面则暗示了党在性质、执政理念和方式上的微妙变化（Dickson，2003）。

在上述政治体系的变化框架内，公务员制度渠道向全社会开放；党组织推荐下的人大选举制度程序化、规范化和法制化；干部选拔升迁制度引入了公开竞争和民主的机制（例如公示制度）；国家领导人任期制真正实施……这些制度所构成的制度环境展示了中国政治体系对个人进出该体系以及个人在该体系内的升降规则。此外，中国党和政府还在基层民主、干部的监督和检查制度等方面不断进行着制度性的探索。

当然，就宏观体制方面而言，中国的政治体系传承了再分配体制时代的基本框架，没有能够及时跟上经济体制的变化，体现出一定的封闭性，暴露出一些弊端，这使个人进出政治体系的制度和渠道都存在不少问题。

例如对现职为干部的个人来说，其父辈干部身份的影响力有所增强。干部提拔中，非制度因素的作用仍然显见，关系网络在干部录用和提拔中作用依然明显。随着获取权力的经济利益动机日益强烈，一些买官卖官的腐败问题浮出水面；同时，底层阶层向上流动的几率大大降低，成为干部的可能性微乎其微，等等。

此外，随着市场经济体制的逐步建立和完善，相对于再分配体制而言，政治权力能够支配的经济和社会资源在范围和类别上尽管缩小了，但在向市场经济转轨的过程中，其地位是否下降仍然是众多学者所关注的焦点。90年代中后期以来，干部仍旧是最吸引人的职业之一，这导致每年报考公务员的人数迅速增长。2005年中央国家机关103个部门拟录用8400余名公务员，网上报名者达541552人次。合格人数与计划录用人数的比例平均为37∶1，其中38个部门的报考人数与拟录人数之比超过100∶1。人们如此热衷于仕途，既可能是公民意识的体现，也可能与公务员经济社会地位稳固、潜在获利机会过大有关。

再分配体制向市场体制的转型带来了关于干部特权是否得到削弱的争论，这一争论在国外尤其激烈。倪志伟（Victor Nee）在1989年10月号《美国社会学评论》上发表的《市场转型理论：国家社会主义再分配向市场的过渡》引出的若干命题中有两个最受非议的假设：一是市场转型将会降低政治权力的经济回报；二是市场转型将会提高直接生产者的经济回报。该思想遭到多方面的抨击，如罗纳塔斯（Akos RonaTas）的权力转换论、边燕杰和罗根（John Longan）的权力维续论、白威廉和麦谊生（William Parish，Ethan Mechilson）的政治市场论、林南的地方市场社会主义以及魏昂德"作为厂商的地方政府"的观点就是其中具有代表性的观点。这些观点从不同角度均认定改革后中国政治权力的经济回报不但没有削弱，甚至还有所加强。魏昂德关于"作为厂商的地方政府"思想对90年代中期前的中国地方政府进行了分析，认为地方政府在全力投身于地方经济发展、成为乡村工业化和地方经济增长主导力量的时候，其与企业的关系出现了类似于一个工厂或公司内部的结构关系，地方政府官员在此角色中获得了更多的经济回报（Walder，1995）。魏昂德认为，不能泛泛地谈市场的影响，"市场对不平等的影响取决于以下因素：市场种类，资产管理的分配，不同类企业的进入壁垒，使计划经济得以解体的政治原则，不同经济部门的增长率，以及影响物价水平和以上诸因素的国家政策"（Walder，1996）。脱离这些具体条件和制度环境，是不可能预测向市场分配过渡会产生什么影响的。所以，对市场作出界定的制度和条件才是重要的研究目标，并且“向市场分配转移本身与权力和收入的分配并无内在的联系”（Walder，1996）。

## 第二节 中国社会结构转型中的政治体系及其发展

政治体系不是孤立的存在，它必然是在中国特定社会环境和社会变迁中的系统，必然是在与社会系统进行着不断互动过程中的体系（戴维·伊斯顿，1993：122，92～93）。伴随中国社会经济结构的转型，政治体系的变化与发展始终是非常重要的一个方面。

### 一 改革开放以来的中国政治体系及其发展

中国改革开放以来在政治体系方面的发展主要体现在三个方面，一是体系内部的政治权力结构的建设和调整，二是政治体系与经济、社会相互关系的变化，三是意识形态的巨大变迁。

首先，改革以来中国政治权力结构发生了不小的变化，尽管这些变化尚未改变其根本性质。改革以前，中国政治权力结构的基本特征表现为政府权力结构的集权化和政府权威结构的人格化。此外，改革前政治体系对经济领域的掌控依托的是再分配经济体制，这种体制造成了政企不分，经济资源管理支配权集中于政府手中。而总体性社会制度体系建立后，政府控制了全部社会领域甚至深入个人生活领域。政府权威结构的人格化倾向突出表现为人治大于法治，在“文化大革命”期间甚至基本没有法律的地位。

改革以来，中国政治体系内部经历了不断的调整和改造。人民代表大会制度、政治协商制度等基本政治制度在经历“文化大革命”破坏之后重新建立起来，并且逐步形成了以中国共产党的系统为领导，通过地方共产党组织和各种渠道分层次地把地方和部门上的各个系统稳定地掌握起来的政治格局（朱光磊，2002：421）。在地方层面，新中国成立前期失去相对独立自主权及立法、司法权力等的地方党委政府又获得了相对的财政权、立法和司法权力、人事权等。

1987 年开始的政治体制改革尝试，由于体制内力量的摩擦，以及外部西方政治压力和苏联东欧国家剧变而中断。中国共产党领导层对政治改革进行了总结和反思，采取了更加谨慎的战略和技巧进行政治体制改革安排。实际上，改革并没有停滞不前，1993 年开始的一系列改革尝试仍然在行政机构改革及政府职能转换、国家制度建设和党建，法治的追求，社会主义民主建设，以及意识形态等方面，通过富有中国特色的试点、实验在整个政治系统进行着（Yang，2004）。有学者称这种改革策略是把政治改革寓于经济改革之中（黄卫平，1998：135～149）。基层的政治改革试验尤其引人注目。例如，党政领导干部选拔任命制度改革过程中，出现“两票制”选举农村党支部书记，“公推公选”乡镇长和乡镇党委书记，“民主推荐”、“民意测验”与组织考察、上级讨论、任前公示相结合的干部考察任用程序；党委讨论表决干部任免实行“票决制”等（何增科，2004：57）。

另外，由于“以经济建设为中心”路线的实施和社会管理的需要，以国务院和各级政府为组成部分的行政机构权力逐步增大，在政治体系中扮演着日益重要的角色。从历次的行政改革来看，中国行政系统先期主要是减少机构和裁减冗员，后期转为政府职能转换。改革的结果是，行政机构的权力运行日益规范化和制度化，行政系统与中国共产党组织系统、军队系统等成为中国政治体系中最重要的构成部分。从行政系统与社会环境的互动方面观察，目前出现的听证制度、政务公开、审批权裁减以及职能转变等方面的改革和完善已经取得了一定成绩，行政机构公共部门的角色作用正在得以发挥。更主要的是通过改革，包括“军队武警不经商”等重要举措，对国家制度进行了合理化，这适应了市场经济的要求，推动了中国经济发展和政治发展（Yang，2004）。

随着改革的深化，中国政治体系与社会和市场的关系已经发生巨大变化。一是国家在经济和社会领域的控制范围日益缩小，控制强度弱化。除少数关键领域外，改革前再分配体制下的政企不分问题基本得到解决、市场经济领域的经济自由化迅速提高，这些都与国家权力的稳步收缩和控制体制的不断创新相伴发生。二是政府对社会的管理和服务在手段上日益法制化、规范化，社会领域的自治空间得到初步扩展。总体性社会制度体系下的户籍制度、单位制度和人民公社制度有的已经功能削弱，有的业已消失，公民社会发展成为可能。与这种变化同时存在的是公民社会开始生成，自由资源和活动空间出现并不断拓展。当然，中国共产党依然牢牢掌控着武装力量，并拥有关键权力，如重大事务决策权，政治宣传控制权、重大人事权控制权均在各级党委掌控之下。但是，这些方面也有很大变化：文艺、学术空间的自由度，媒体与出版物的市场化，网络舆论的开放性，以及干部人事制度的公开和公正性，均得到了不同程度的提高和深化。

改革以来中国政治体系的变迁还体现在意识形态领域的巨大变化。从改革前马列主义、毛泽东思想到改革后的邓小平理论、“三个代表”重要思想以及科学发展观、和谐社会等重要思想的演进，体现了中国共产党在改革时期在意识形态领域对持续变革和创新的追求。中国共产党依据经济和社会形势、各阶层力量对比和社会意识的主流诉求进行的意识形态调整，一方面为改革提供了指引性航标，另一方面则反映了执政党在全球化时代的应变适应能力。正如诺斯所说，成功的意识形态必须是灵活的，以便能够得到新的团体和旧团体的忠诚拥护（诺斯，1991：58）。

诚然，应该注意的是，中国政治体系的变化是有限度的，但其发展模式和路径的一些特点已经显现了出来。国内学者认为，中国政治发展的模式有如下特征：从中国国情出发的自主性发展、党领导下的主导性发展、发展与稳定统一的发展、渐进性的发展（桑玉成、袁峰，1998）。徐湘林认为，中国共产党领导下的政治改革是“摸着石头过河”的过程（徐湘林，2000）。这些概括描述了中国政治体系发展的一些重要特征，多数学者认为中国政治发展的模式是渐进性的。但俞可平仿照经济体制“增量改革”的思想提出了“增量民主”的概念，认为中国正在进行的政治改革所采取的是由体制外到体制内的改革策略（俞可平，2003：155～161）。综合上述观点后，何增科认为中国政治发展是通过试错积累经验、循序渐进、分阶段、由局部到整体，先易后难、先外围后中心、先微观后宏观的不断取得突破的过程（何增科，2004：55）。萧功秦则从新权威主义政治角度分析中国政治体系的变化，认为新权威主义是从全能主义向民主主义政治体制过渡的必经阶段。他还对中国的“后全能主义政治”进行了分析，得出了一些独特观点（萧功秦，2000）。萧功秦的观点不仅涉及中国政治发展的特点和模式问题，其中还包含着对中国业已存在的政治形态和模式的定性。值得注意的是，很多国内学者或明或暗地支持这种观点，国外学者更是把中国现在的政治体系看做威权主义式的（authoritarianism）。

相对于经济体制改革为基本动力的社会结构转型而言，中国基本政治结构和制度的变化并不明显，例如政治体制中最核心的问题——党政关系——并没有实质上的变化，对经济与社会进行控制的倾向依旧存在，等等。政治体系未变化的主要原因是中国共产党始终坚持稳健、渐进的改革模式，这种模式造成的政治体系发展的诸多特征说明了中国政治改革具有一定限度。中国改革中经济的放开和政治上的权力集中，以及其表现出的一些特点，确有威权主义的基本特征。

除了威权主义政治的认定以外，关于中国政治发展的各种观点，不论“渐进性”发展，还是由外到内、由下到上的“增量改革”，抑或是缺乏总体战略构思的“摸着石头过河”，均是对中国政治发展模式所展示出来的一些特征的客观描述，了解这些特征对于我们认识中国政治体系的深刻变化与发展模式是有益的。

## 二　社会结构转型与政治体系

美国社会学家布劳总结了三种社会结构的定义，一是把社会结构视为社会关系和社会地位的组合；二是整个社会和历史的深层次结构；三是社会或其他集团中经过分化后人们的社会地位所构成的多维空间（Blau，1975）。从这个角度看，社会结构是指存在于不同的社会行动者之间的相对稳定的社会关系模式，是一个社会中各种社会力量之间所形成的相对稳定的关系，其中最基本的关系是国家、民间精英与民众之间的关系（孙立平，2004：28，43，267；李培林等，2004）。

社会结构转型在一定程度上指的是政治体系与社会民众之间的关系从一种形态变化为另外一种形态，而中国的社会结构转型大体上是一个走出总体性社会，步入分化和分权并存社会的过程。由于中国社会在改革前的总体性社会特质使国家在国家与社会的关系中占据了主导和控制地位，改革后强国家—弱社会的格局也没有根本变化，所以，离开中国政治体系研究中国社会结构转型是无法想象的。而且，政治体系及其变化在社会结构转型过程中是一个非常重要的因素。同时，政治体系既是独立的，也是生存于社会内外环境之中、不断与环境进行相互作用的系统；所以，社会结构作为社会系统中的核心部分，它的转型和变化对政治体系有着很大的影响。

转型期间中国社会力量正在进行重新组合，个体和私营经济的崛起使一个体制外的利益群体逐步壮大起来，到20世纪90年代初期，体制内精英群体“下海”和90年代中期国有企业改革过程中的体制内成员成为私营企业主，新的经济力量越来越独立地表达自己的利益诉求和进行自主的经济、社会活动。虽然现在没有理由说私营企业主已经形成一个阶级（Tsai，2005），但毫无疑问，非公有经济的迅速壮大已使得主导并组织经济生活的力量不再仅仅是政府及其企业，这本质上就是社会结构的变动。改革使那些一直依附于政治系统，以事业单位成员或官员智囊身份生存的知识分子自主性不断增强，特别是部分掌握先进专业技术的理工科人才首先与体制外的资本结合，不再依赖于国家的经费从事科研活动。经济管理学和法学领域的知识分子也在20世纪90年代中后期与私营企业家等体制外群体或阶层过往甚密，并从对他们的服务方面获得了相当的收入。这种因素导致不少经济学家、管理学者和法学专家越来越独立地从事自己的各种活动并表达自己及其所代表的利益伙伴的观点和要求。

最独特的是，在中央向地方分权的过程中，地方政府也渐渐具有了自己的利益和行为逻辑，地方官员开始具备了更多的地方社区取向。地方政府为促进地区经济发展，与私营企业逐步紧密地结合为利益共同体，地方官员、大中型私营企业主以及知识分子相互联盟形成了一个在政治体系与社会之间的强势中间层。相对而言，那些缺乏权力、经济和文化资源的群体虽然数量巨大，但却在转型中在某些利益博弈过程中成为相对弱势群体。于是，大中型私营企业主群体、知识阶层、地方政府官员三者之间的关系及其演变，以及他们与普通民众之间的关系就成为非常重要的焦点问题。其实，这一问题涉及的是中国不同利益群体的关系问题，涉及的是中间阶层的成长与整个社会结构的稳定问题。

中国之所以没有在经济快速增长的过程中生成一个中间阶层占主体的橄榄形社会结构，一个重要原因就是由于强势群体对政治资本、经济资本、文化资本等的总体性资本垄断，在一定程度上压缩了中间阶层的发展空间。在这样的社会结构下，强势群体的利益实现有着强有力的渠道和资源，他们直接通过各种手段和渠道影响政策过程。例如，2005～2006年关于房地产宏观调控方面的事态发展就能反映出这一点。中央政府屡次采取调控政策甚至动用行政手段干预过快增长的房价，但在地产商、部分地方政府，以及一些经济学者的联盟抵制下，房价一度不仅不下降，反倒越涨越高。更重要的是，一些地方基层政府官员与私营企业主的经济政治联盟使他们在20世纪80年代末成为“公司”或者“厂商”，到90年代后期，地方政府表现出独立的利益和行为逻辑，具有了强烈的经济色彩，成为私营企业的经济人、中间商以及服务者。与此同时，一些地方政府在社会服务和公共管理方面却角色严重错位，影响了社会协调发展，并在一些地区引发了社会群体的不满情绪。可见，在与社会结构的联系互动之中，社会结构的变动不仅对国家政策产生影响，而且对国家结构及其运行也会产生深刻影响。

此外，在国家与普通民众之间，逐步生成了强势群体和弱势群体之间，既不是属于国家，也不是底层社会的民间精英群体（中间阶层的重要社会来源），这个中间阶层包括个体户和小私营企业主、一部分知识分子和自由职业者（如自由撰稿人、文艺界人士、律师，会计师及其他群体等）、专业技术群体、农村精英、社区业主委员会的核心领导及成员，等等。当然，中间阶层人员还包括国家机关和企事业单位的部分成员（如党政官员、企业经理人员、专业技术人员和办事人员）。这里只是特指中间阶层中那些没有政府和单位归属的人群，这一人群主要在市场和公民社会领域生存和发展。中间阶层在社会各阶层中所占比例非常小，而民间精英群体又只是其中一部分而已，可见其数量与所占比例的微小。

自由中间阶层力量薄弱，不仅导致国家与社会力量对比上的严重悬殊，而且使国家与民众群体之间缺乏一个矛盾缓冲的结构性空间和阶层，这使中国社会结构处于一种不稳定的状态。社会结构不稳定又促使国家权力强化了其对社会和经济资源的控制以保证社会秩序和稳定。进一步的变化是，政治体系的集权化又加强了强势群体占有公共空间和资源，中间阶层发育不良以及弱势群体贫困积累的程度和趋势，最终的结果就是社会结构转型困难重重、步履维艰。上述的机制不断循环，导致中国政治转型的步伐缓慢和犹豫不决。

在当前结构转型背景下，公民社会开始萌发与发展，市场经济机制作用日显强大，且这些变化本身均与政治体系的权力结构调整和功能转换、意识形态变迁有着复杂的互动关系。

中国改革以来实行的向地方政府分权使政治体系在纵向上发生结构和功能变化，地方政府具有了更大自主权，而且地方政府领导的权力集中度甚至比中央领导层还要高。这是因为地方领导人集中了党政权力于一身，无须考量国际关系和国家安全等问题，而地方人大和政协的作用一直不甚突出，使地方党委“一把手”（党委书记）往往具有极高的权力集中度。虽然上级党委可以通过干部委任制和轮换制，以及组织纪律监督等制度渠道和手段对下级党委政府实施控制和监督，但是，对数量大、层级多的省以下党政部门，上级党委政府有效控制和监督的能力有限，从而使某些地方官员在缺乏有效权力监督的情况下演变为独立的利益群体并与企业家等组成利益联盟。此外，改革以来在官员政绩标准、制度约束和激励等方面偏重经济成就，也是地方政府行为经济化和众多干部变为企业经纪人、中间商的重要原因之一。

在社会转型的宏观视野中，中国社会结构转型不仅与经济体制转轨同时并行，而且与工业化、城市化、全球化过程相互交织并存，这种局面使中国要在同一个时期去完成西方国家在不同时期分阶段完成的多个历史性变迁。因此，我们在理解社会结构转型与政治体系的相互作用的时候，务必要把两者放置到这种大环境下进行剖析，这样才能更加深刻准确地把握其作用过程、特征和内在机制。当然，这样的视野使我们的研究不得不涉足体制改革、宏观经济（如所有制结构、产业结构、就业结构以及收入差距等）、城市化等社会经济的众多领域，同时也要涉及政治体制和行政改革等方面，并对全球化下的诸多问题予以重视，其广泛性和艰巨性可想而知。

## 思考题

1. 政治社会学研究的基本内容是什么？
2. 改革开放以来中国政治体系发生了哪些变化？
3. 什么是“市场维护型联邦主义”？
4. 中国社会结构的演变会对政治体制产生什么影响？
5. 当前中国政治体系面临的主要社会问题是什么？

## 参考文献

敖带芽、梅伟霞，2004，《私营企业主政治参与现状分析》，《长白学刊》第5期。

敖带芽，2004，《试论我国私营企业主的政治参与》，《岭南学刊》第5期。

北方网（新闻前线），《万州假公务员打人：一耳光启动突发事件处置预案》，http://news.enorth.com.cn/system/2004/10/20/000885032.shtml。

边燕杰主编，2002，《市场转型与社会分层：美国社会学者分析中国》，北京：生活·读书·新知三联书店。

陈谊、吴江，2003，《我国非公有制企业劳资冲突的现状、根源与走向》，《甘肃社会科学》第5期。

戴维·伊斯顿，1993，《政治体系：政治学状况研究》，马清槐译，北京：商务印书馆。

何增科，2004，《中国政治体制改革研究》，北京：中央编译出版社。

黄卫平，1998，《中国政治体制改革纵横谈》，北京：中央编译出版社。

加布里埃尔·A. 阿尔蒙德等，1987，《比较政治体系、过程和政策》，曹沛霖等译，上海：上海译文出版社。

郎友兴、郭夏娟，2005，《人大代表制度与先富群体的政治诉求》，中国社会变化与政治学研究学术研讨会论文。

李春玲，2005，《断裂与碎片：当代中国社会阶层分化实证分析》，北京：社会科学文献出版社。

李路路，2003，《制度转型与阶层化机制的变迁——从“间接再生产”到“间接与直接再生产”并存》，《中国社会科学》第5期。

李培林、李强、孙立平等，2004，《中国社会分层》，北京：社会科学文献出版社。

李培林等，2005，《社会冲突与阶级意识：当代中国社会矛盾问题研究》，北京：社会科学文献出版社。

林南，2003，《社会网络与地位获得》，俞弘强译，《马克思主义与现实》第2期。

刘湘国，2004，《我国私营企业劳资冲突的原因及对策》，《北京计划劳动管理干部学报》第2期。

陆学艺主编，2002，《当代中国社会阶层研究报告》，北京：社会科学文献出版社。

陆学艺主编，2004，《当代中国社会流动》，北京：社会科学文献出版社。

《毛泽东、邓小平、江泽民论党的建设》，1998，中央文献出版社、中央党校出版社。

诺斯，1991，《经济史中的结构与变迁》，陈郁等译，上海：上海三联书店。

钱颖一，2003，《现代经济学与中国经济改革》，北京：中国人民大学出版社。

《人民日报》（海外版），2006，《中共中央发出通知部署中共十七大代表选举》，11月13日。

汝信、陆学艺、李培林主编，2004，《2004年中国社会形势分析与预测》，北京：社会科学文献出版社。

汝信、陆学艺、李培林主编，2004a，《2005年中国社会形势分析与预测》，北京：社会科学文献出版社。

桑玉成、袁峰，1998，《世纪之交的中国政治发展》，《政治学研究》第3期。

孙立平，2004，《转型与断裂：改革以来中国社会结构的变迁》，北京：清华大学出版社。

王绍光、胡鞍钢、丁元竹，2002，《经济繁荣背后的社会不稳定》，《战略与管理》第3期。

魏昂德，2002，《职位流动与政治秩序》，转自边燕杰主编《市场转型与社会分层：美国社会学者分析中国》，北京：生活·读书·新知三联书店。

萧功秦，2000，《后全能体制与21世纪中国的政治发展》，《战略与管理》第6期。

肖唐镖，2003，《近二十余年来中国大陆农村政治稳定状况的变化》，《二十一世纪》（香港）2（4月）。

谢庆奎，1995，《中国政府体制分析》，北京：中国广播电视出版社。

新华网，《高房价症结：地方政府"以地生财"》，http://news.xinhuanet.com/house/2006-06/07/content_4657871.htm。

新华网，《受利益驱动有地方政府对楼市"下不了手"》，http://news.xinhuanet.com/house/2006-06/06/content_4652214.htm。

新华网，《新华时评：稳定房价关键是规范地方政府行为》，http://news.xinhuanet.com/fortune/2005-05/12/content_2950812.htm。

新华网，《政策频频"亮剑"楼市仍未"退烧"》，http://news.xinhuanet.com/house/2006-07/21/content_4861980.htm。

新华网，2006，http://news.xinhuanet.com/fortune/2006-07/30/content_4894002.htm。

熊比特，1979，《社会主义、资本主义和民主主义》，绛枫译，北京：商务印书馆。

徐湘林，2000，《以政治稳定为基础的中国渐进政治改革》，《战略与管理》第5期。

于建嵘，2003，《农民有组织抗争及其政治风险》，《战略与管理》第3期。

俞可平，2003，《增量民主和善治》，北京：社会科学文献出版社。

中共中央组织部党建研究所调研室课题组，2001，《正确认识和处理新形势下人民内部矛盾》，《马克思主义与现实》第2期。

中华人民共和国人事部网站，http://www.mop.gov.cn/Desktop.aspx?PATH=rsbww/sy/xxll&Gid=d7ba085f-7cce-442b-b630940bc2277e25&Tid=cms_info；http://www.mop.gov.cn/desktop.aspc?PATH=rsbww/sy/xx11&Gid=635889a2-a7ff-431b-b7al-1dcee091983&Tid=cms_info。

"中国私营企业研究"课题组，2003，《2002年中国第五次私营企业抽样调查数据及分析》，3月3日，http://www.gzii.gov.cn/script/dweb/testnew/listinfo.asp?classid=164&siteid=11137。

周雪光、图玛、摩恩，2002，《国家社会主义制度下社会阶层的动态分析》，载边燕杰主编《市场转型与社会分层：美国社会学者分析中国》，北京：生活·读书·新知三联书店。

朱光磊，2002，《当代中国政府过程》，天津：天津人民出版社。

邹谠，1994，《二十世纪的中国政治——从宏观历史与微观行动视角看》，香港：牛津大学出版社。

Batson, Andrew & Shai Oster, 2006, "As China Booms, the Poorest Lose Ground", *Wall*

*Street Journal*, November 22.

Blau, Peter (ed.), 1975, *Approaches to the Study of Social Structure*, New York: Free Press.

Bo, Zhiyue, 2002, *Chinese Provincial Leaders: Economic Performance and Political Mobility Since 1949*, Armonk, New York: M. E. Sharpe.

Byrd, William, 1990, "Entrepreneurship, Capital , and Ownership", in William Byrd & Qingsong Lin (eds.), *China's Rural Industry : Structure , Development and Reform*, New York: Oxford University Press.

Cai, Yongshun 2004, "Managed Participation in China", *Political Science Quarterly* 119, no. 3.

Chen, An, 2002, "Capitalist Development, Entrepreneurial Class, and Democratization in China", *Political Science Quarterly*, vol. 117, no. 3.

Chen, An, 2003, "Rising – Class Politics and its Impact on China's Path to Democracy", *Democratization*, vol. 10, no. 2 .

Dickson, Bruce, 2003, *Red Capitalists in China: The Party, Private Entrepreneurs, and Prospects for Political Change*, Cambridge: Cambridge University Press.

Gallagher, Mary, 2005, *Contagious Capitalism: Globalization and the Politics of Labor in China*, Princeton: Princeton University Press.

Lee, Hong Yung, 1991, *From Revolutionary Cadres to Party Technocrats in Socialist China*, Stanford: Stanford University Press.

Li, Cheng & Lynn T. White, 1990, " Elite Transformation and Modern Change in Mainland China and Taiwan: Empirical Data and the Theory of Technocracy", *The China Quarterly* 121.

Montinola, Gabriela, Yingyi Qian & Barry Weingast, 1995, "Federalism, Chinese Style: the Political Basis for Economic Success", *World Politics*, vol. 48, no. 1.

Nee, Victor, 1992, " Organizational Dynamics of Market Transition: Hybrid Forms, Property Rights , and Mixed Economy in China", *Administrative Science Quarterly* 37 (March).

Oi, Jean, 1992, "Fiscal Reform and the Economic Foundations of Local State Corporatism in China", *World Politics* 45 (October).

Oi, Jean, 1998, " The Evolution of Local State Corporatism", in Andrew Walder, (ed.), *Zouping in Transition: The Process of Reform in Rural North China*, Cambridge, Mass. : Harvard University Press.

Oi, Jean, 1999, *Rural China Takes Off : Institutional Foundations of Economic Reform*, Berkeley and Los Angeles: University of California Press.

Qian, Yingyi & Barry R. Weingast, 1996, " China's Transition to Markets: Market – preserving Federalism, Chinese Style", *Journal of Policy Reform* 1.

Solinger, Dorothy, 1999, *Contesting Citizenship in Urban China: Peasant Migrants, the State, and the Logic of the Market*, Berkeley: University of California Press.

Tsai, Kellee S., 2005, "Capitalists without a Class: Political Diversity Among Private Entrepreneurs in China", *Comparative Political Studies*, Vol. 38, No. 9.

Walder, Andrew, 1986, *Communist Neo – Traditionalism: Work and Authority in Chinese Industry*, Berkeley: University of California Press.

Walder, Andrew G., 1996, "Markets and Inequality in Transitional Economies: Toward Testable Theories", *American Journal of Sociology*, vol. 101, No. 4.

Walder, Andrew G., 1995, "Local Governments As Industrial Firms", *American Journal of Sociology*, vol. 101, no. 2.

Walder, Andrew G., 2003, "Elite Opportunity in Transitional Economies", *American Sociological Review*, Vol. 68, No 6.

Walder, Andrew, G., Bobai Li & Donald J. Treiman, 2000, "Politics and Life Chances in a State Socialist Regime: Dual Career Paths into the Urban Chinese Elite, 1949 to 1996", *American Sociological Review*, Vol. 65, No. 2.

Walder, Andrew & Litao Zhao, 2006, "Political Office and Household Wealth: Rural China in the Deng Era", *China Quarterly*, no. 186.

Weitzman, Martin & Chenggang Xu, 1994, "Chinese Township & Village Enterprises as Vaguely Defined Cooperatives", *Journal of Comparative Economics* 18.

Whiting, Susan, 2004, "The Cadre Evaluation System at the Grass Roots: The Paradox of Party Rule", in Barry Naughton & Dali Yang (eds.), *Holding China Together*, New York: Cambridge University Press.

Wong, Christine C., 1992, "Fiscal Reform and Local Industrialization: The Problematic Sequencing of Reform in Post – Mao China", *Modern China* 18.

Yang, Dali L., 1996, *Calamity and Reform in China*, Stanford: Stanford University Press.

Yang, Dali L., 2006, "Economic Transformation And Its Political Discontents In China: Authoritarianism, Unequal Growth, and the Dilemmas of Political Development", *Annual Review of Political Science*, no. 9.

Yang, Dali L., 2004, *Remaking the Chinese Leviathan: Market Transition and the Politics of Governance in China*, Stanford: Stanford University Press.

# 第八章
# 城市化与城乡关系

蔡　禾

城市化是人类文明从乡村文明向城市文明的转型，它“不仅是农业人口转化为非农业人口并向城市（镇）集中的聚集过程，而且是城市（镇）在空间上数量增多、区域规模上的扩大、职能和设施上的完善以及城市（镇）的经济关系、居民的生活方式以及人类的社会文明广泛向农村社会渗透的过程。”（周毅，2003）。

## 第一节　城市化的历程

城市作为一种与乡村对应的社会生活形式的出现已有几千年的历史，如古巴比伦的城市，古希腊的斯巴达和雅典，古埃及的孟菲斯，中国的殷墟和商城，甚至有“考古资料证明，世界最早的城市是位于死海北岸的古里乔，距今已9000年左右。”（高佩义，2004）但是城市的历史与城市化的发展历史是有区别的，作为一种文明转型的城市化过程，是近代历史才发生的，它的动力来自于产业革命以及由此激发的工业化进程。回顾工业化进程开始之前的几千年城市发展史，我们会发现，直到1800年，整个世界的城市人口仍然只占世界总人口的1%～3%。而1800～2001年，伴随着工业化的发展，世界城市人口迅速增长到占世界总人口的51%（高佩义，2004）。中国的城市化发展也是从近代开始启动的，它既受到中国工业化发展道路和发展速度的影响，也深深地打上了中国近现代历史发展独特历程的烙印。

### 一　城市化过程与阶段

#### （一）1840～1949年：艰难启动的中国城市化

在工业革命之前，中国是世界上城市最发达的国家之一，但是这与我们所说的城市化没有多大的联系。中国古代的城市首先是政治中心，是以行政管理为主要职能，以乡村供给为主要经济内容的消费性城市，因此城市的发展是随行政区的增加而增加的，它所带来的城市发展是有限的，这个发展大约到宋代达到极限而趋于停滞。

“城”与“市”的结合在中国由来已久，但是这种“市”与现代社会的“商业城市”有根本区别。建立在小手工业和自然经济基础上的“市”主要不是服务于生产者之间的交换，而是满足城市居民的消费，因此其发展空间也是极为有限的。而现代城市所言的商业，是建立在工业化基础上的商业，是生产流通中的重要一环，它首先满足的是生产者之间的交换需要，而非私人消费者的生活需要。也正因为如此，它与工业一起构成了城市化发展的巨大动力（隗瀛涛，1998：2～9）。

中国历史上真正意义上的城市化，是从鸦片战争后西方工业文明对中国农业文明的冲击开始的，换句话说，中国城市化过程的启动主要不是自身经济社会发展到一定阶段的结果，而是具有强烈的殖民主义色彩。也正因为如此，中国的城市化进程从一开始就表现出不等同于西方城市化过程的特征。

首先，鸦片战争及其之后签订的一系列不平等条约迫使中国封建王朝开放门户，1842～1922年，中国政府先后开商埠约79个。开埠通商把中国卷进世界市场，城市不再只是满足内需的农业手工业产品集散地，而是世界市场的组成部分。尽管中国自身当时还谈不上有什么大工业，但是通过开埠通商，它已经与整个世界的工业化发展联系起来，由此形成的巨大商业力量成为推动中国近代城市发展的巨大动力。如果说西方的城市化是以工业化为先导启动的，那么中国的城市化则是在世界工业化背景下的商业化为先导启动的，中国近代的工业、金融、服务业的发展都是伴随着开埠通商才逐步发展起来的。抗日战争前夕，中国的商业资本约占工商业资本总合的70%，到1948年，这一比例扩大到90%（隗瀛涛，1998：21～22）。

其次，虽然西方资本主义的进入在一定程度上促进了中国民族资本的发展和民族工业的进步，但民族资本和民族工业十分脆弱，工业化发展带有对外国资本严重依附的色彩。到1936年，在中外产业资本的比重中，外国资本仍然占到社会总资本的78%（侯蕊玲，1999）。而且，西方资本主义列强在中国的资本投入通常带有垄断性。“如美商上海总电力公司的发电量，相当于全国各华厂发电量的总合；英美颐中烟草公司的产量，超过所有华厂的产量……在交通运输方面，中国领水里帝国主义的航运势力始终占着绝对优势，直到 20 世纪 30 年代，华轮吨位占总吨位的比重，连 1/4 都不到。”（戴均良，1992：310～315）

最后，开埠通商使中国近代工商业首先在沿海和沿江的口岸地区得到发展，从而加速了这些地区的城市发展，成为中国城市化过程启动的“引擎”地区，而内陆地区的城市发展相对落后，一些传统的城市更是趋向衰落。“据统计，解放前夕沿海六个省份（不包含福建），面积虽只有全国的 10%，却集中了 36.3% 的人口、93% 的纺织工业、55% 的铁路。”（戴均良，1992：313）

缓慢的工业化发展艰难地启动了中国的城市化进程，1843 年中国（不包括东北、台湾、新疆、青海、西藏）城镇人口约 2070 万，占总人口 40500 万的 5.1%。到 1949 年，中国大陆城镇人口 5765 万，约占总人口的 10.6%。在约 100 年的中国近代历史中，中国城市人口的比重增长了 5.5%。而在大致差不多的时间里，世界城市的人口比重从 1800 年的 3% 增长到 1900 年的 13.6%（戴均良，1992：319～320）。

### （二）1949～1978 年：大起大落的中国城市化

中国历史上真正以自身工业化发展为基础的城市化是从 1949 年中华人民共和国成立开始的，从 1949 年到 1978 年的 30 年间，中国的城市化水平从 10.6% 增长到 17.9%。但由于受到这一时期中国政治经济巨大变动的影响，城市化发展仍然缓慢且起落波动。

#### 1. 1949～1960 年：中国城市化的复苏和发展

1949 年，中国共产党执掌国家政权，恢复和发展城市生产成为当时重要的战略选择，毛泽东在中国共产党七届二中全会上明确提出“将消费城市变成生产的城市”的方针。同时为了摆脱工业化发展的殖民主义依赖，为建立独立自主的经济体系奠定良好的工业基础，国家把重工业的发展放在了首位。新中国成立初期的前三年，整个国家的重工业以年均 48.8% 的速度增长，远超过轻工业年均 29% 的增长水平；工业产值在工农业总产值中的比重由 30% 提升到 43.1%；1952 年全国城市人口约 7163 万，占到全国总人口的 12.5%（戴均良，1992：384）。

1953 年，国家开始实施第一个五年计划，825 个大型工业建设项目上马。将工业建设与城市发展相结合，通过工业项目的建设，改善城市体系，调整城市布局，开发内地城市成为国家的发展战略。到五年计划结束时的

1957年，全国城镇人口9949万，比1952年增加了2800万，城市化水平达到15.4%（戴均良，1992：386）。

1958年，中国政府开展了“大跃进”运动，固定资产投资占国家财力的60%以上，经济的超常规投入导致城市的快速发展。1958～1959年，国家新设市33个，新设县城以上建制镇175个，城镇人口增加3124万，达到13073万，比1957年增加了31.4%，城市化水平在1960年达到19.8%，为改革开放前最高水平（杨立勋，1999：100～101）。

总的来讲，除“大跃进”三年的冒进，从1949～1960年的十余年间，中国的城市化发展大致呈稳定发展态势，年均增加城镇人口约665万，城镇人口比重年均提高约0.83个百分点。

2. 1961～1978年：中国城市化的倒退

违反经济规律的“大跃进”运动，超前的“一大二公”的人民公社运动，使中国经济陷入严重的工农业发展不均衡状态，国民经济遭受重大打击。1961年，国家决定调整城市工业项目，压缩城市人口。到1963年底，全国精简职工1800万，减少城镇人口2600万，城镇人口占全国总人口的比重由1960年的19.7%下降到16.8%。同时，国家提高了设置市镇的人口规模和非农业人口比例标准，限制了城市郊区的设立，并对已经设立的市镇进行重新审查。经过调整，建制市从1961年的208个减少到1965年的169个，而建制镇的减少幅度更大，仅1962年就撤销了210个（戴均良，1992：389～391）。

1966～1978年，中国进入一个政治经济最为动荡不安的时期，十年“文化大革命”使经济建设遭受重大损失，极大制约了城市化的发展。1964年6月中共中央北京工作会议上提出的建设“大三线”方针在这一时期进入高峰，“分散、靠山、进洞”成为工业建设的指导思想，一些原来在城市中发展的工业也迁往三线，避开城市建设工厂被作为经验加以推广，城市建设的投资大幅度减少（戴均良，1992：393）。同时，国家还有计划地动员、组织大批城市青年学生上山下乡、插队落户、迁居农村，这一数字约在1600万～2000万人。所有这些都使中国这一时期的城市化呈现出基本停滞的状态，城市化水平一直徘徊在17.1%～17.9%，低于1960年的19.8%。

3. 1979年至今：中国城市化的持续快速发展

从1978年开始，中国经济体制逐步从计划经济向市场经济转变，经济成分从单一公有制转为多种所有制并存；对外开放的政策打开了国门，使中国的经济日益融入全球化的过程，无论是农业还是工业，生产力都得到极大的解放。2003 年，人均 GDP 从 1978 年的 381 元迅速增长到 2005 年的 14040 元。在城市管理制度上，国家放松了城乡户籍管理制度，取消了生活资料计划供给制。所有这些变化都为中国的城市发展提供了前所未有的资金、资源和劳动力，城市化进入一个持续快速发展时期。

中华人民共和国成立以来，城市化从 10.6% 增长到 20.26% 的第一个 10% 用了 32 年（1949～1981 年）；从 20.2% 增长到 30.4% 的第二个 10% 用了 17 年（1981～1998 年）；从 30.4% 增长到 40.5% 的第三个 10% 用了 5 年（1998～2003 年），中国的城市化发展已经进入一个快速发展的轨道。

## 二　中国城市化的地域特征

中国土地辽阔，各地方的自然环境和资源禀赋差别明显，城市化发展显现出明显的地域差别。

长期以来中国是一个以农业为主的国家，耕地大部分集中于东部地区，因此很早就已形成东西部经济发展的差别。从明清以后，具有资本主义萌芽性质的手工业、商品生产在中国东部地区率先得到发展，尤其是对外贸易在沿海沿江地区的繁荣，使得城市化在这些地区的发展也较为迅速。早在 20 世纪初，以现在的京广线为界，铁路以东地域内的城市发展就领先于西部地区。表 8－1 是帕金纳尔的计算，虽然统计的范围并不完整，其地区的划分和统计口径也很难与今天的比较，但仍能使我们看到，基本属于今天所说的东部地区的长江流域、东南沿海、上海、东北地区一直是城市化发展最快速的地区（戴均良，1992：325）。

**表 8－1　中国不同地区在不同时期内的城市化差别和变动***

单位：千人，%

| 年代 | 上海、东北、河北 | | 华北其他地区 | | 长江流域、东南沿海 | | 西　南 | |
|---|---|---|---|---|---|---|---|---|
| | 人口 | 城市化水平 | 人口 | 城市化水平 | 人口 | 城市化水平 | 人口 | 城市化水平 |
| 1900～1910 | 3230 | 22 | 1350 | 9 | 9960 | 68 | 100 | 1 |
| 1938 | 10460 | 43 | 2570 | 10 | 10890 | 44 | 640 | 3 |
| 1954 | 22890 | 48 | 7491 | 16 | 15301 | 32 | 1850 | 4 |

＊华北其他地区包括山东、河南、山西、陕西、甘肃、青海、西藏、安徽（除芜湖、安庆）以及江苏的苏州；长江流域、东南沿海包括四川、湖北、湖南、江西、安徽芜湖和安庆、江苏（除苏州）、浙江、福建、广东；西南包括广西、贵州、云南。

中华人民共和国成立初期，国家制定了合理利用东北、上海等老工业基地，重点发展内地工业，改变沿海偏重的工业布局的方针，带动了内地城市的发展。1949～1957年，全国增加建制市44个，其中东部仅4个、中部23个、西部17个，中西部城市建设速度远远快于东部。加上20世纪60年代国家实施的“三线”建设战略，对缩小城市化发展的区域差别起到了明显的作用。1949年，东、西、中部地区的城市个数在全国城市总数中的比例分别为50%、40.4%和9.6%；到1976年，这一数字为35.6%、44.2%和20.2%（戴均良，1992：407）。国家用行政力量在一定程度上缩小了东西部的城市化差别。

改革开放实现了由计划经济向市场经济的转轨，把中国引入了工业化发展的快车道。但纵观改革开放的过程，各种开放政策的实施是沿着先沿海特区和若干港口，再沿海、沿江，再内陆地区的推进过程，东部地区从这一过程中获得了改革开放“先行一步”的优势，加上历史上形成的经济文化优势，各种资源要素加快向东部地区流动，东部地区城市化再次呈现出超过中西部地区的发展特征，这一点可以从表8－2中清楚地看到。

**表8－2 中国城市人口发展状况：东、中、西部地区城市人口占城市全部人口比重**

单位：%

| 年份 | 东部城市 | | 中部城市 | | 西部城市 | |
|---|---|---|---|---|---|---|
| | 市区总人口 | 非农业人口 | 市区总人口 | 非农业人口 | 市区总人口 | 非农业人口 |
| 1949 | 67.9 | 69.0 | 20.0 | 20.7 | 12.1 | 10.3 |
| 1965 | 54.4 | 55.9 | 30.4 | 30.0 | 15.2 | 14.2 |
| 1978 | 47.9 | 49.5 | 33.7 | 34.2 | 18.4 | 16.3 |
| 1987 | 48.3 | 49.2 | 34.5 | 34.7 | 17.2 | 16.1 |
| 1990 | 48.5 | 49.4 | 35.8 | 35.3 | 15.7 | 15.3 |
| 1997 | 51.0 | 51.3 | 32.8 | 33.9 | 16.3 | 14.8 |

资料来源：国务院发展研究中心信息网。

到了2004年，东部城市的数量虽然只占全国的39.8%，但其中超大城市占83.8%，特大城市占72%，大城市占36.1%（国家统计局城市经济调查总队，2005），人口密度为每平方公里55922人，相当于中部地区的140%、西部地区的286%（国务院发展研究中心信息网，2003）。

20世纪末至21世纪初，中国政府提出了西部大开发的发展战略，国家有计划的加大对西部基础建设的投入，并通过各种优惠政策吸引民间资本向西部投资，这对加快西部工业化、提高西部城市化发展水平是有作用的。但是，在一个基本实现资源按照市场原则流动的市场经济社会里，靠政府或者特殊政策的干预来消除东、中、西部差别的能力是有限的，中国东、中、西部的城市差别还会在相当长的时间内存在。

## 三 经济全球化与中国城市化

首先，经济全球化对中国的工业化和城市化发展带来重要影响。改革开放以来，外资成为推动中国经济起飞的主要动力之一，但外商在东部地区的投资远远超过西部地区，而且在东部地区的投入呈现出从以东南沿海为主逐步向长三角、京津唐地区转移的趋势（李小建，1999）。外商投资的这一区域差别与中国经济发展和城市化的区域差别呈现直接的联系。有研究者对广东、福建、上海、江苏四个主要吸引外资省份的研究表明，其外资投入与当地经济增长的弹性系数分别达到为2.88、2.03、1.84和1.76（钟昌标，2000）。对江苏的个案研究还表明，以外资为主要指标之一的“技术与经济开放程度”因子每增加1个百分点，可带来0.27个百分点的城市化增长（吴莉娅，2005）。

其次，全球化使生产活动在整个世界的范围内进行，传统产业逐步从发达国家向发展中国家转移，中国日益成为“世界制造”的中心。传统产业的低技术含量和劳动力密集性质，加上非中心城市和农村在土地、劳动力价格、管理成本等方面的优势，使得中国的城市化增长并没有表现出其他发展中国家那种大城市“一枝独秀”的现象，而表现出中小城镇快速增长的特征（当然这里面有小城镇发展战略选择的因素），尤其是在改革开放早期。以珠三角地区为例，港澳台地区大量“三来一补”产业并没有首先在广州这一中心城市转移落地，而是首先选择珠三角中小城镇，形成在珠三角中小城镇进行生产，在港澳地区进行交易的“前店后厂”格局，小城镇的人口增长快过大城市。

最后，全球化导致以大跨国公司为主体的扩张，信息、金融、科技、管理中心则越来越集中在少数城市，形成若干全球性城市或国际性城市（薛凤旋、杨春，1997）。而从20世纪90年代以来，尤其是中国加入WTO以来，中国经济的迅速发展和大量跨国公司的进入，使一些原来的区域性中心城市逐步成为全球性经济和金融组织在中国的聚集地，成为新兴产业和高新技术的创新基地和中国参与全球化竞争的桥梁，例如北京、上海、广州、深圳、天津、青岛、大连等，这些城市开始在全球城市体系中形成自己的地位，向国际性城市发展，并引领中国重建自身的城市体系。

## 四　大城市圈的形成

城市圈是城市化发展到高级阶段的产物，它“意味着市场化、工业化、信息化进程中诸种基本生产要素（如人口、土地、资源、资本等）和高等生产要素（如知识、高新技术及人才、科研机构、领先学科、跨国公司和现代通讯网络等）呈网络状态的区域聚集，具体表现为以一个或多个特大城市为核心的若干城市网络集合或区域城市共同体的形成”（陈文科，2003）。目前在世界上发达国家中，已经形成若干主导整个国家发展的大城市圈。例如美国以纽约为中心的大西洋沿岸城市圈，以芝加哥为中心的中部大湖区城市圈，以旧金山、洛杉矶为中心的太平洋沿岸城市圈；日本的东京—横滨城市圈、大阪—神户城市圈、名古屋城市圈；法国的大巴黎地区；英国的大伦敦地区；德国的鲁尔区城市圈，等等。

改革开放以来，中国大城市的中心地位得到巩固，其聚集—辐射能力得到加强，同时随着中小城市和小城镇的大规模发展，加上便利的交通网络，城市之间的乡村隔离地带日益模糊，大城市圈开始逐步形成。有学者认为，目前中国初步形成了以成渝盆地城市圈为代表的西部城市圈；以武汉城市圈和中原城市圈为代表的中部城市圈；以长江三角洲城市圈、珠江三角洲城市圈、京津唐城市圈为代表的东部城市圈。由于我国的社会经济发展呈现多样性和差异性，东、中、西部的城市化发展水平不同步，因此城市圈的发展程度也依东、中、西部表现出成熟期、发展期和雏形期不同阶段。到 20 世纪末，东部三大城市圈以占全国 1.24% 的国土面积聚居了占全国 7.53% 的人口，创造了占全国 30.7% 的 GDP、26.7% 的工业产值和 73.1% 的出口额，吸纳了 73% 的外资（薛凤旋、蔡建明，2003）。尤其是长江三角洲城市圈，已经形成一个中心城市与次中心城市、特大城市与大中城市紧密结合，层次分明、布局合理的体系（见表 8－3）（吕林，2004）。

**表 8－3　长江三角洲（地级）城市经济分层（2001 年）**

| | | 国内生产总值（亿元） | 财政收入（亿元） | 人均 GDP（元） |
|---|---|---|---|---|
| 首位城市 | 上海 | 4950.8 | 1995.6 | 37000 |
| 第一层次 | 苏州、杭州、无锡、宁波、南京 | >1000 | >100 | >20000 |
| 第二层次 | 绍兴、南通、常州、扬州、镇江 | >500 | >40 | >10000 |
| 第三层次 | 泰州、湖州、舟山 | <500 | <40 | 10000 左右 |

## 第二节　城市化的特征

任何城市都是在具体的政治、经济和文化制度下逐步形成和发展的，城市作为社会的重要载体形式其发展道路必然会烙上这个社会的体制特征。从 1949 年到现在的 60 多年里，中国经历了从计划体制向市场体制过渡的重大转变，这一转变对城市化发展的影响是复杂的、多方面的。

### 一　行政主导：从资源垄断到政策引导

中国是一个以公有制为基础，以权力集中为特征的经济政治体制，这一体制特征决定了政府的意志和制度安排是影响城市化发展的最主要因素，呈现行政主导的城市化特征。

#### （一）城市化发展呈现波动性特点

1949～1957 年，中国的城市化发展基本上保持在一个与经济发展相应的速度上，城市化水平年平均增长率约为 0.6 个百分点。1958 年，经济领域的生产资料改造基本完成，新的国家政权得以巩固，国家具有了强大的资源动员的行政手段和力量，由国家开展的“大跃进”运动超常规地吸纳了约 2000 万农民进城，1960 年的城镇人口总量比 1957 年增加了 31.4%，城市化水平三年内猛然从 15.4% 增长到 19.7%，大约相当于前 8 年平均水平的 2.5 倍。“大跃进”失败后，国家又运用行政力量指令性地动员城镇人口返回农村，并行政性地撤销了一批已经建立的城镇。到 1963 年，城镇人口减少了 2600 余万，城市化水平降到 16.8%。

在整个计划经济时代，“以阶级斗争为纲”是指导国家建设和发展的中心，1959年，全国范围的“反右倾”运动把近2000万城镇职工送回农村原籍；60年代开始的“四清”运动和“文化大革命”又把近千万城镇职工遣返农村。同时，“文化大革命”带来的动乱迫使政府不得不把近2000万青年学生送到农村“接受贫下中农再教育”（杨立勋，1999：111）。历次政治运动共将约5000万人口强制性地迁出城镇，迁入农村。同时60年代中期出于备战考虑的国家“三线建设”方针，也使相当多的人口被迫离开城镇走进大山。在1964年开始经历一个暂短的上升达到1966年的18%后，到“文化大革命”结束的10年间，中国的城市化水平始终在17%～18%之间停滞。

20世纪80年代中叶，国家为了加快城市化发展，推动县域地区城市对乡村的带动作用，改变了原来以“切块建市”为主的城市设置方式（即新的城市是通过将原来隶属于某个县经济相对较发达的地区单独划分出来设立为城市），实行“整县改市”。1979年，“整县改市”只占当年新设城市的13%，但1983～1997年，“整县改市”在新建市中的比例一直维持在90%左右。“整县改市”的推行带有明显的行政意志，一些地方政府为了追求城市化指标和尽快实现经济职能向非农转变，将一些根本达不到国家规定的城市设置标准的县也“整县改市”，例如，原安徽皖南太平县工业产值不足1亿元，也曾批准设市。许多县改市后农业人口仍然维持在80%以上（刘君德、汪宇明，2000：141），造成某种“虚假的城市化”。从90年代后期开始，国家又不得不行政性地停止了“整县改市”。

**（二）地方政府的行政主导作用增强**

中国的改革开放是从中央政府的简政放权开始的，地方政府从改革中得到了更多的权力，例如土地审批权、投资决策权、资金筹措许可范围、分税等，地方政府日益成为具有相当独立性的经济实体。为追求地方经济社会的发展，地方政府在城市化发展中扮演着更加主动积极的行政主导角色。例如，在国有经济单位基建投资中的比例，中央政府从1985年的53.5%下降到1995年的40.1%；在国有经济固定资产投资中，国家预算内资金占的比重从1985年的24%下降到1995年的5%（宁越敏，1998）。但是，与中央政府的宏观战略立场不同，地方政府的城市化发展方针和政策往往具有明显的地方保护主义倾向，这使得这一时期的城市化存在着中央政府与地方政府的利益博弈。例如，中央政府为保护农业用地规模稳定，对地方政府征用农业土地的审批权限有严格限制，对此地方政府往往用“化整为零”或“租赁土地”的方式避开中央政府的监督。为了抑制这类源于地方政府发展偏好的行为，中央政府不得不经常出台新的政策对以往政策导致的行为进行调整。这种博弈使整个国家的城市化发展仍然无法完全摆脱政治的不确定性和多变性的影响。

### （三）政府力量主要体现在制定城市化政策和调动城市化发展资源

随着从计划经济向市场经济的转变，行政主导的城市化正经历一个从资源垄断的行政主导向政策引导为主的行政主导的转变。

在计划经济时代，资源掌握在政府手上，所以城市化发展主要是通过国家重大项目的投资和国有经济的发展来带动。例如在新中国成立初期，国家为了减轻1949年以前就形成的东西部地区经济与城市发展的不平衡，将"一五"期间重点建设的800多个大型工业项目中的64%投向了内地，沿海地区只占36%（杨立勋，1999）。"一五"期间国家重点新建了6个城市，大规模扩建了20个城市，其中5个新建城市和11个大规模扩建的城市在京广线以西（戴均良，1992：407），有效地缩小了东西部地区城市化发展的差距。

在市场经济时代，劳动力、资金等多种资源不再为政府所垄断，市场力量开始进入城市化发展的资源配置。以投资来看，到2004年，非国有经济投资占城市投资总数的48.2%（国家统计局，2005：188～189），截至2005年底，全国在私营企业就业、个体就业人员达到10724.6万。与国有经济不同，非国有经济的资本必然遵循市场经济的准则向获利最大的部门和地区流动。因此在这一时期，政府在推进城市化发展上，主要是靠在土地、税收、贷款、相关人才引进等各方面制定相应的优惠政策来吸引资源。

## 二　发展路径：从单向到双向

20世纪50年代以来，中国的城市化发展出现了两种不同的发展路径，即自上而下的城市化与自下而上的城市化。

### （一）自上而下的城市化是一种由政府发动和提供资源的城市化

在改革开放前的计划经济时期，自上而下的城市化是中国唯一的城市化发展路径，具有以下明显的特征（辜胜阻、刘传江、钟水映，1998）。

第一，自上而下城市化的发动主体是中央政府，中央政府按照预先制定的发展战略，有计划地安排城市发展和城市布局。在这种体制下，各种资源要素的流动并不遵循效益最大化原则，而是服从于国家宏观战略和政治社会因素，国家在重大项目的投资和城市建设上，往往不会把经济效益和经济发展对城市化的带动作为首要的考虑因素。例如，20 世纪 60 年代出于备战的政治考虑，在“分散、靠山、进洞”的方针指导下，相当多工厂被安排在深山，而且极为分散，一个工厂的不同车间可以安排相距百里，甚至有人提出，“三线工业布局越分散越好……应该像在飞机上撒黄豆那样分散”（戴均良，1992：393）。这样的工业化发展虽然符合了战备的要求，但大大减低了工业发展的经济效率，而且难以推动城市化的发展。在深山僻野中，除了属于工厂的生产和生活区，几乎没有任何可以称得上是“城市”的地方，这造成了一种没有城市增长的工业化。

第二，城市化是与城市人口的增长联系在一起的，由于自上而下的城市化是政府提供城市发展的资源，因此每增加一个城市人口，国家不仅必须提供一个就业安置机会，还必须增加城市基础设施的投资和以福利的方式提供包括教育、医疗、住房、养老、救济等各种公共产品，并保障一定数量的粮、油、面、布等各种生活必需品的供给。但是，在计划经济时期重工业优先和先生产后生活方针指导下，不仅城市就业机会和城市基础设施增长缓慢，而且计划经济的“短缺经济”特征极大地制约了城市公共产品和生活消费品供给能力的增长。所以在整个计划经济时代，城市人口增长不得不受到严格的行政控制。

第三，自上而下的城市化作为一种完全由政府发动和包揽资源的城市化，造就了政府在城市化中“绝对”的主导地位，这种地位极易导致以政府行政中心为核心的城市化发展倾向。即政府借助其政治权力和垄断的资源，使政府所在城市得到优先增长，成为该地区的政治、经济和文化的复合中心。中央以直辖市为依托，省政府重点发展省会城市，县政府重点发展城关镇，每级政权都把非农产业集中在自己周围，集中政府的优质资源重点建设政权所在地的城市。例如，中国最好的高等教育资源大部分都在首都或中央直辖市；最好的高等中学教育资源大部分都在省会城市；在农村，最好的初等教育资源一定在县城。这种倾向使整个国家或地区的城市体系呈现以政府所在城市为中心的梯度模式，在这种城市体系中，小城镇发展的动力明显不足，城市发展对乡村的带动性不大，甚至城市越发展，乡村相对越落后。以上诸特征造成的必然结果是城市化增长低于工业化增长，经济发展的城市化效益不高。

根据钱纳里对 101 个国家的经济社会发展统计分析，在一个国家人均国民生产总值为 300 美元时，城市化水平平均为 43.9%，但中国在 20 世纪

80年代末人均国民生产总值超过300美元时，城市化水平只有26.2%（杨立勋，1999：113）。李郇的研究证明，世界上中低收入（人均国民生产总值545～2200美元）国家的经济增长（人均GDP）对城市化增长的弹性系数为0.55，但中国只有0.42（李郇，2005）。这种状况一直到改革开放后的今天仍然存在。根据世界银行的统计，1997年中国人均GNP为860美元，城市化水平为29.9%，而当年人均GNP在630～1090美元的12个国家的平均城市化水平为41.3%；按世界银行的购买力平价计算，1997年中国人均GNP为3570美元，而当年按世界银行购买力平价计算，中国的城市化水平要低22个百分点。

在世界上绝大多数国家的城市化发展历史中，城市化水平要高于工业化水平，而且当一个国家的工业化发展速度让位于服务业发展速度时，这个差别会更加明显。以美国为例，1870年时，城市化水平高出工业化水平10个百分点；1940年两者相差26个百分点；1970年这个差别达到47个百分点（陈明、彭桂娥，2004）。但中国的情况则相反。1949年，中国的城市化率与工业化率基本同步，只相差1.93个百分点，之后逐步扩大，1980年双方差距达到24.81个百分点；改革开放后这个差距有所缩小，但到20世纪末，这个差距仍然在10个百分点以上（高寿仙，2005）。

**（二）自下而上的城市化是以乡镇工业为动力和以小城镇发展为路径的城市化**

20世纪70年代末期，中国农村率先突破了传统的经济体制，“家庭承包联产责任制”与随后的农村制度变迁，使农民拥有或部分拥有了农业剩余的处置权。由此，生产积极性被激发，致富的欲望被激活。但这也使农村久已存在的人多地少和剩余劳动力问题显性化，城乡之间、工农之间的比较收益差别导致农民向非农产业转化或向往进城务工。但直到80年代初，长期形成的城乡二元格局还没有被打破，城市本身也面临艰难的企业改革问题和由此引发的失业下岗和再就业安置问题。在这一时期，国家一方面放松了将农民固化在土地上的约束，但另一方面又不得不对农民向城市流动，尤其是向大城市流动仍然实行控制。另外，对于希望向非农产业转移以寻求更高收益的农民，土地是他们吸引非农产业投资的最重要资源，但中国土地制度的性质决定了土地不具有自由转让的性质。土地的非自由转让性和农民的非自由流动性，二者相加迫使农民只好走就地转移、离土不离乡的发展乡村工业的道路，从而很快就在中国农村形成了极具特色的“乡镇工业”。1978～1996年，乡镇企业从152.42万个猛增到2336.3万个，其工业总产值在全国工业总产值中的比重从1978年的3%上升到1991年的30%。正是乡镇工业的发展加速了小城镇的发展，形成了一股自下而上的城市化力量。

与自上而下的城市化完全依靠国家计划安排和资源供给不同，乡镇企业的发展主要是靠吸引外资、农村集体经济资金或农民个人集资。例如，在乡镇企业较为发达的江苏、浙江和广东，自有资金都超过了50%；1994年农民集体集资在乡镇企业的固定资产投资中已达到9.5%。所以，自下而上的城市化是由农村社区、乡镇企业、农民家庭或个人等民间力量发动的，由市场力量诱导的自发的城市化。它改变了过去城市办工业、农村办农业的格局，使农村整体产业结构得到优化，农民也从中增加了经济收益。

自下而上的城市化缓解了农村剩余劳动力向大城市转移就业的压力，国家也适时地实行了“控制发展大城市，合理发展中等城市，积极发展小城镇”的城市发展战略，通过政策引导，吸引农民进入农村地区的小城镇。例如，1984年国务院宣布允许农民自理口粮进入农村城镇购买（建、租）房、投资办厂、务工经商，从1984年到1993年的10年间，共有173万户近500万农民办理了小城镇自理口粮居民的手续（辜胜阻、刘传江、钟水映，1998）。自下而上的城市化加速了中国小城镇的发展，1978~1996年，全国建制镇从2850个猛增到10871个；在20余年的时间里，乡镇企业大约吸收了1.5亿~2亿的农村剩余劳动力；全国建制镇非农人口占全国人口的比重从4.2%上升到9.8%（崔功毫、马润潮，1999）。自下而上的城市化改变了大、中、小城市的比例，2004年全国大、中、小城市的比例达到1:1.23:4.73，小城镇成为联结城乡之间关系的重要纽带。

但是，随着中国市场经济体制的建立、国有企业改制的初步完成、城市非公有企业的发展和成熟，自下而上城市化的局限性也显现出来。首先，乡镇工业在总体上讲具有分散、规模小的特点，形成了“村村点火，镇镇冒烟”的格局，难以形成真正的规模效应；其次，乡镇企业的资源利用效率低，工业技术水平低，环境破坏严重；最后，在乡镇工业推动下形成的小城镇往往基础设施和公共体系建设滞后，公共产品供给不足。以上因素也导致了农村城市化滞后于农村工业化，这种滞后程度要大于全国城市化的滞后程度。1996年，全国农村劳动力非农化率为28.8%，农村城市化率为13.6%，二者的比率是2.12:1；而全国就业人员非农化率为49.5%，全国城市化率为29.4%，二者的比率是1.68:1（高寿仙，2005）。

## 三　城市社会的变化

随着中国从计划经济向市场经济的转变，资源不再被政府垄断，组织越来越依靠市场获取资源，政府与组织之间的资源依赖与控制的关系开始弱化，甚至在一些组织中完全消失。而组织本身为了增强市场竞争能力，也从全能化的组织向职能分工明确的组织转变，许多原本由职业组织承担的社会职能和政治职能被分离出来，“铁饭碗”、“大锅饭”被打破，组织与员工之间的依附与控制关系也开始弱化或消失。在这种转变中，单位制开始解体，城市社会逐步发生变化。

1. 城市居民的居住空间布局改变

市场经济的发展与城市社会的阶层分化改变了城市社会的空间结构。首先，计划经济体制下以单位分房为主的房屋分配体制被房屋商品化制度所取代，“住房市场的建立和发展开始对城市空间发挥巨大影响。”（Wang & Murie，1996）过去由单位行政等级和个人行政地位决定的住房水平转变为由个人的房屋购买或房屋租赁能力决定，过去由单位员工聚居形成的社区内异质混居、社区间单位隔离的空间结构转变为由不同收入、不同社会地位的人群形成的社区内同质聚居、社区间阶层隔离的空间结构。“城市最高收入者普遍分布在市区中心的新建豪华社区及城市边缘的别墅区内；中高收入者主要集中在城市交通干线附近的商品房社区；一般中等收入者多分布在早期以单位分配方式获得的公房社区；低收入阶层主要集中在城市的旧城区；外来民工这一新的社会群体则于城乡结合部租借廉价私房或搭建棚户聚居，且以籍贯相同的地缘和职业相近的业缘为特征。”（李志刚、吴缚龙、卢汉龙，2004）其次，随着城市土地使用由国家行政划拨转变为有偿使用，市场对土地的“分配作用”日益明显，城市用地的格局也发生了变化。单位制下的工作/居住空间混合的现象被工作/居住分离的格局改变，那些占地面积大、污染大、经济收益相对不高的工业组织逐步向城市外迁移；旧城区改造使大量破旧的民居被拆除，取而代之的是高档楼盘，原有居民则被迫迁往城市外围（李志刚、吴缚龙、卢汉龙，2004），城市中心区逐步被商务、金融活动所取代。“大城市的人口密度分布发生新的变化，即市中心地区人口数量减少，人口密度下降，而市中心以外地区人口则迅速增加，人口密度上升，使人口密度分布曲线的坡度倾向平缓。”（谢守红、罗志刚，2005）

2. 城市社会管理模式发生变化

单位制的解体、城市社会结构的分化给城市社会带来的另一个重要影响是城市社会管理模式发生变化，即从计划经济体制下依靠单位实现城市社会管理和控制的模式向人们居住的社区转移，社区建设成为城市政府最重要的城市发展目标。在中国城市管理的行政架构中，街道办事处作为政府的派出机构是最基层的政府行政单位，但是长期以来，街道办事处的职能和权力有限，除了极少数没有单位的人归街道管理，街道的主要工作是管理街道社区内的公共卫生和治安、调节日常生活的纠纷、派发城市居民购买生活消费品的计划票证等。随着原来各种由单位承担的社会职能或代理的政府职能的逐步分离，随着单位对员工社会控制力的减弱，以及大量农民进入城市劳动力市场，城市政府需要寻找一种新的组织载体来承接许多由单位分离出来的社会职能，例如老年人退休后的经济社会事务管理、贫困人员的社会关怀与救助等；流动人员的管理与计划生育、下岗失业人员的服务、出租屋的管理等，而以居住关系为纽带的城市街道社区成为城市政府实现城市管理和控制的最重要组织选择。街道的管理权力得到加强，街道的职能得到扩充，街道社区日益成为城市居民获取公共产品和物质、精神、文化产品的重要场所。

随着市场经济的转变，政府的职能也在发生转变，“小政府，大社会”成为城市政府的发展目标。以城市居民委员会自治和各种城市社会组织的产生为标志的中国式的民间社会开始显现。第一，居民委员会作为城市居民的自治组织得到发展，1999 年，城市首次实现了居民委员会直选，在城市社区范围开始实施城市居民自治；第二，各种以行业、职业、利益关系、志趣等形成的社会组织发展迅速，一个与政府、市场相对应的民间社会正在城市中发育成长。但是，在中国高度集中的政治体制和政府仍然是社会发展资源最主要的供给者的情况下，城市民间社会的发展呈现“官民二重性”的特征，即居民委员会、各种社会团体、志愿者组织的负责人的产生往往需要得到政府正式批准或非正式默许，组织开展的活动需要与政府倡导的目标保持协调，与政府的管理者需要保持良好的互动，甚至吸收政府管理者进入组织。总之，社会组织的存在和发展，不仅需要法律的合法性（注册登记批准）、社会合法性（社会成员的参加和支持），还需要政治的合法性（组织目标和活动与政府制定的政治目标和管理的一致性）与行政合法性（政府主管部门行政官员的认同和支持）。

## 第三节 城乡关系

城乡关系通过政治、经济、社会、人口、生态、服务等诸多因素和具体方式表现出来。古代中国的城乡关系被维系在自然经济的古老轨道中，加之中国深厚的中央集权统治，所以，城乡关系体现出乡村在政治上依附城市、乡村在经济上制约，城市的特点，城市和乡村彼此在社会体系中承担着不同的社会职能。步入近代社会以后，城市不仅延续了对乡村的政治统治，还增加了对乡村的资本主义剥削和西方殖民掠夺。一方面，若干重要的口岸城市得到了快速发展；另一方面，广阔的内陆地区仍然停留在自然主义的经济环境中（蔡云辉，2003）。

1949 年中华人民共和国成立后，中央政府明确提出要消除城乡差距，实现社会主义工业化和城乡统筹发展。在新中国成立初期的经济恢复阶段，国家通过预购、现购、代购等多种形式和国营商业、合作社、私营商业等多种渠道，把各种农村土特产品送进城，把各种农村需要的工业产品送下乡，农民从中增加了收入，工业从中拓宽了市场，获得了充足的生产原料，城乡之间通过商品的交换和流通加强了联系和共同发展。然而，随着 1953 年开始实施的农产品统购统销、1957 年农村合作化和城市生产资料公有制改造的完成，市场对城乡联系的客观调节不再起作用，行政性的计划约束成为影响城乡关系的决定性因素，城乡关系在相当长的一段时间里呈现城乡分治和城乡不平等的特征。

### 一 城乡分治

所谓城乡分治是指，农村和城市几乎是两个完全不同的系统，国家是用不同的制度和政策来管理这两个系统，“城乡分治，一国两策”是城乡关系的基本格局。

中国是一个存在刘易斯—托达罗描述的二元结构且农村剩余劳动力庞大的国家，虽然从“一五”开始的大规模工业建设为农村劳动力的转移提供了机会，但是国家采取的重工业优先战略使得工业化发展对农村人口的吸纳能力有限；而为了发展重工业，对农业剩余的超强占有也使农业缺乏必要的资本积累，生产力长期停滞在低下的水平；低下的农业生产力一方面限制了农业为城市人口增长提供农产品的供给能力；另一方面又加大了农民流入城市的预期。面对农村人口向城市转移的供给超出城市发展需求的压力，中央政府从1953年4月颁布《关于阻止农民盲目流入城市的指示》开始，采取了限制农村人口流动的政策，1958年1月9日《中华人民共和国户口登记条例》颁布，以法规形式正式将城乡有别的户口登记制度和限制迁移制度确立下来。同时，国家相继建立了一套导致城乡二元分治的经济、社会、政治体制。

首先，在身份上，农村实行农业户籍登记制度，农村户籍身份决定了农民只能从事农业生产和在农村社区中生活；城市则实行城市户籍登记制度，城市户籍身份给予城市居民从事非农职业工作的机会和在城市中生活的权利。这种身份具有世袭性。

其次，在经济上，农村实行集体经济所有制，城市以国有经济为主体；农村实行土地集体所有，城市实行土地国家所有；农村办农业，城市办工业，乡村工业和商业发展受到严格的控制；农村以农村信用合作社为金融体系，城市则以国有大银行为金融体系；农村建立了专门服务于农村经济活动和农民生活供给的农村供销合作社，城市建立了以国有商业系统与城市供销合作社结合的商业体系。

再次，在生活上，农村基本上是一个集体性的“自给自足”体系，而城市基本上是一个全民性的国家供给体制。例如，农村通过集体生产和家庭自留地，自给自足地获得粮棉油等基本生活资料，城市则通过国家粮食系统，有保障的获得基本生活资料供给；农民通过自建房满足居住需求，城市主要通过政府和单位提供的公屋满足居住需求；农村以集体经济和农民分摊为基础，建立起“五保户”等社会救助体系，城市则以国家或国有单位为基础提供社会救助；农村以“赤脚医生”为特色建立自己独立的乡村医疗体系，城市则以正规化的医院体系提供基本上免费的医疗保障。

最后，在公共产品供给上，农村是农民集体办义务教育，城市是政府出资办义务教育；在农村，道路建设与维护、治安管理等各种公共产品是由集体经济或农民集资来供给，即使是国家建设的国有主干道和大型水利工程的建设，也需要农民提供义务工，而城市则完全是由国家来提供。

总之，处在这两个系统中的人具有完全不同的身份和权利，他们之间基本上是不能流动的，唯一有可能从农村进入城市的主要途径只有参军、提干、上大中专院校。在这样一套制度安排下，刘易斯所描述的城乡二元经济结构差别转化成了全面的城乡二元社会。

## 二　城乡不平等

在城乡二元分治的状态下，中国的城乡关系在相当长的历史时间里呈现利普顿所描述的“城市偏向”，即由于政府政策对城市的过分保护而引起的非公平的城乡关系，城市化发展不仅没有较好地带动农村发展，反而是乡村在为城市发展提供资本的“原始积累”。市场经济的建立逐步打破了城乡分治的格局，城乡流动开始形成，但是长期积淀的二元差别不可能马上消失，而且它造就了城市和乡村进入市场的不同机会与条件。在市场的“过滤”下，城乡关系呈现复杂的状况，某些方面的差距在缩小，但某些方面还在扩大。

### （一）产品或生产要素交换的不平等

城乡不平等首先是产品或生产要素交换的不平等，这种不平等使农村长期为城市化发展提供原始的“资本积累”。在计划经济体制下，国家为了保证工业发展的需要，实行了“剪刀差”策略，即国家以较低的价格统购农产品，以相对较高的价格统销工业产品，“剪刀差”将农业生产创造的剩余价值几乎全部集中到了国家手中。在改革开放前的20多年里，国家通过工农业产品不等价交换从农业获得的剩余达几千亿元，这些财富被大量投入到工业和与工业发展相伴随的城市。

改革开放后，国家取消了统购统销，在农产品市场放开的同时实行农产品保护价格，使由工农业产品交换“剪刀差”造成的不平等大大缩小。但是，农村为城市化发展提供资本“原始积累”并没有停止，其突出地体现在土地关系中。在中国，城市土地属于国家所有，农村土地属于农民集体所有，城市化发展对土地的要求是通过国家对农民土地的征收来实现的。在计划经济体制下，国家征地除了要对农民给予一定的经济赔偿外，更主要的是赋予失地农民城市户籍身份，使农民获得在城市就业和相应的一套由国家提供的职业保障和社会福利的权利，使农民从一个只能依靠不稳定的集体经济支撑、收入水平低下、社会保障缺乏、文化资源贫乏的生活空间，进入一个由国家财政支撑、收入相对较高、保障齐全、文化资源相对丰富的生活空间。而随着市场经济体制的形成，政府对农村土地的征地补偿形式转变为用货币支付。但是由于土地市场为政府单边垄断，土地价格不是由市场决定，而是政府定价，因此普遍较低。另一方面，国家对国有土地使用权的转让从无偿行政分配转变为有偿的市场交易，政府从征地和出让土地使用权的价格差别中获得了巨大的收益。

**（二）收入的不平等**

中国的改革开放是从农村开始的，首先，国家逐步取消统购统销，基本上实行自由的农产品贸易，并在市场放开的同时实行农产品保护价格；另外，乡镇企业的发展使农村非农经济迅速发展。一系列的改革使农民的经济收入水平得到提高。

但是，长期形成的城乡二元结构并没有发生根本性改变，随着改革的深入，二元结构对农村经济发展的深层制度性约束逐步显现出来。首先，农民虽然获得了土地承包权，但地少人多与低下的生产力水平使农民的农业收益极低；其次，农民虽然走出了农村，但他们只能进入城市的低端劳动力市场，从事缺乏技术、体力繁重、收入低下的工作；再次，农村乡镇企业虽然得到发展，但它仍然无法从国有大银行获得足够的贷款，人才不足、技术滞后、规模效益低等原因使乡镇企业在国家的产业升级和产业结构调整过程中显得缺乏后劲；最后，由乡镇企业发展带动的自下而上的小城镇建设在城市公共设施、服务配套、环境生态、生活质量上明显落后，难以对高素质人才聚集的高技术产业形成吸引，从 20 世纪 90 年代后期开始，推动农村经济起飞的乡镇企业发展缓慢，甚至停滞。城乡经济发展差距在经历改革开放初期一段逐步缩小的过程后再次拉开距离，且差距程度迅速超过改革开放前的状态。

**（三）社会事业发展的不平等**

城乡不平等的第三个主要方面是教育、医疗卫生、社会保障等社会事业的不平等。在城乡二元经济的背景下，城乡社会事业的发展同样呈现差别。不过，在计划经济的公有制体制下，政府的资源动员能力使它可以依靠企业和集体提供基本的社会服务。因此，尽管存在城乡社会事业差别，但各自都形成了相对稳定的、由国家或集体保障的社会事业。

改革开放改变了教育与医疗卫生事业的所有制构成和资金来源构成，在那些集体经济不发达的乡村和政府财政不足的城市，社会事业的经济基础受到削弱。尤其在农村，农村义务教育、医疗卫生事业和保障制度赖以维系的集体经济基础受到严重的冲击，社会事业的城乡不平等在改革开放后呈现出扩大的趋势。改革开放打破了计划体制下城镇单位社会保障体系和农村人民公社集体社会保障体系，新的社会保障体系开始重建，但是重建过程在城乡的发展极不平衡。

## 三　走向协调发展的城乡关系

随着中国经济的持续发展，缩小城乡差别、实现城乡协调发展已经成为中国21世纪实现全面持续发展的重要目标。

### （一）反哺农业

中国在1949年后的相当长一段时间里，基本上实行的是一个以农业养育工业，以农村养育城市的政策。从新中国诞生到20世纪90年代末，国家通过税收、工农产品价格“剪刀差”和银行储蓄从农村吸取资金累计超过2万亿元（睢党臣、王征兵，2007），农村成为我国工业化和城市化发展的重要资金来源。进入21世纪以后，中国的城乡关系进入一个工业反哺农业、城市反哺农村的时期。

首先，国家加大了农业投入，通过各种设施减轻农民负担，增加农民收入。2001～2006年，国家先后取消（包括降低）面向“三农”的各种费用150多项；2006年，国家全面取消农业税。同时国家还对农机、农药、化肥实行免税，对与农产品有关的进口产品实行税收优惠，并着重加大对农业基础设施的投入。仅2003～2005年的3年时间，国家财政对“三农”的投入就达到7726亿元（郑有贵，2007）。同时国家改变财政支持方式，从对农民的间接补贴转变为对粮食、良种、购买农机具和劳动力培训等进行直接补贴，仅2004～2005年，四项直接补贴达326亿元。

其次，国家加大对农村社会事业的投入，增加公共产品的供给（郑有贵，2007）。长期以来，中国农村的教育、医疗、文化等社会事业和农村公共基础生活设施主要依靠农村集体经济或农民自己。而21世纪开始的新农村建设运动启动了国家对农村基础生活设施的建设。2006年，仅解决农村饮用水安全一项国家就投入40亿元；“村村通”工程（包括用电、电视接收、道路）则使绝大部分农村的基础设施得到改观；2006年国家提出用两年时间全部免除农村义务教育阶段的学杂费、对家庭困难学生免费提供课本、对寄宿学生给予省会补贴，实现真正的义务教育；2006年，国家对每个农民的合作医疗补贴从过去的10元提高到20元，增加了一倍。

但总体来讲，国家财政投入的力度仍然有限，国家仍然需要持续、大力度的增加对农村的财政投入，尤其是农村基础设施和农业基础设施的建设。

### （二）以城带乡

在中国的政府行政建制中，农村地区一般设县制进行管理，城市地区设市制管理，二者的规划、财政、税收、投资和行政管辖权相对独立，这种设置使城市地区的发展与农村地区的发展难以形成统一的规划，难以实现优势互补、城乡互促的协调发展。从1982年开始，中央政府就在江苏省开始了市管县的体制改革，即以经济相对发达的中心城市为核心，对周边的县行使管理权，推动中心城市与周边农村地区形成一个规划和发展的整体。到1994年底，93.8%的直辖市、地级市实行了市管县（刘君德、汪宇明，2000：128）。市管县的体制改革是从行政管辖权力上推动了城市发展对乡村的促进，虽然在市场经济下，城乡发展最终要靠城乡之间自由开放的市场，但这在一个以行政为主导的国家里仍然是有意义的，因为它有助于排除基层政府为追求基层地方利益而设置的行政封锁和区域隔离，在一个相对较大的区域范围里合理规划、整体发展，形成区域经济社会发展整体。另外，国家有计划的在部分较发达城市与部分贫困农村之间建立了互助关系，通过这些城市实施工业下乡、科技下乡、人才下乡、医疗下乡、教育下乡等措施，扶持贫困农村经济和社会事业的发展。

### （三）新农村建设

中国农村地域广阔，农业人口比例和绝对数量在相当长一段时间里仍然会保持在一个较高的水平上。因此，实现城乡协调发展还必须加快农村自身的发展。

在中国城市空间急剧扩张的今天，实现农村自我发展的当务之急是有效保护与合理利用农业资源，实现可持续发展。保护农业资源一方面是要保证一定数量的耕地、山林、水面不被城市发展侵占或被工业污染、破坏，以确保国家的农业安全和生态环境平衡；另一方面是保护农民对这些资源的所有权不被随意侵占或保障农民在资源流通过程中的收益。对于农民来讲，这些资源几乎是他们被工业化、城市化浪潮裹胁进去后唯一可以帮助他们实现经济发展和再社会化的资本。而且在农村社会保障体系没有建立、城市社会保障没有接纳他们之前，这些资源也是他们的最低生活保障。2007年3月颁布的《中华人民共和国物权法》首次以法律形式明确规定："国家对耕地实行特殊保护，严格限制农用地转为建设用地，控制建设用地总量。不得违反法律规定的权限和程序征收集体所有的土地。"

中国人均耕地资源贫瘠，农业生产效益偏低，即使城市化速度始终维持改革开放后年均约1%的水平，到2025年城市化水平达到约62%，也仍然有约1/3即约4亿~5亿人口生活在农村，相对世界平均水平而言，人均耕地面积仍然很低，只有加快实现农业现代化，农村才可能跟上城市发展的步伐，农村居民的生活水平才可能缩小与城市居民的差距。实现农业现代化首先必须由国家投资和引领，加强农业科技研究，深化农业科技创新和科技推广体制改革，开展农村实用科技人才培训，用现代科学技术逐步改造传统农业。近几年，中国在杂交水稻、人工养殖、大棚蔬菜种植等领域取得的科学技术进步，以及政府组织的“农村劳动力转移培训阳光工程”都取得了明显的经济效益，显示出现代科学技术对农业发展的巨大作用。实现农业现代化还必须加快农村经济结构的调整，推进农业集约化生产，发展非农产业，通过专业产品村或专业产品镇建设，形成农村基层地区经济发展的“引擎”。要在自愿的基础上促进农村自治性生产或销售合作组织的产生，提高农民的市场竞争能力。

要实现城乡协调发展就必须提高农村村落的建设水平。在中国相当多的农村地区，村落建设一直处在自发、杂乱、土地利用效益低下、文化建设落后、卫生条件缺乏的状态，缩小城乡差距不仅仅是缩小收入水平，更重要的是要建立美好的新农村家园。政府应该加强对村落规划和建设的引导，“在革除农村生产生活陋习、合理整合资源的基础上，充分考虑农村各组合元素，保留乡村特色，营造适合广大农民居住、有利于发展生产、发展经济、新型的美好人居环境”（王志民、戴志军、邵瑞、孙鸿达，2006）。要在加大农村教育投入，提高农民文化水平的基础上，加快农村文化事业的发展，提高农民综合素质。

由于在短时间内中国难以建立城乡统一的社会保障体系，因此建设社会主义新农村就必须建立和完善农村社会保障体系，要改变农村社保农民办的状况，多渠道筹集农村社会保障资金，扩大覆盖面，使农民老有所养、病有所医、困有所帮。

## 思考题

1. 改革开放以来中国城市化的发展过程与特征是什么？
2. “单位制”对中国城市空间结构和城市管理模式的影响是什么？

3. 中国城乡二元社会的主要表现是什么？
4. 中国城乡不平等形成的原因和缩小不平等的途径是什么？
5. 你认为中国应当走什么样的城市化道路？

## 参考文献

鲍传友，2005，《中国城乡义务教育差距的政策审视》，《北京师范大学学报》（社会科学版）第3期。

边学芳、吴群、刘玮娜，2005，《城市化与中国城市土地利用结构的相关分析》，《资源科学》第3期。

蔡禾，2003，《城市社会学：理论与视野》，广州：中山大学出版社。

蔡俊豪、陈兴渝，1999，《“城市化”本质含义的再认识》，《城市发展研究》第5期。

蔡云辉，2003，《城乡关系与近代中国的城市化》，《云南师范大学学报》（人文社会科学版）第9期。

陈成文、刘剑玲，2004，《中国城市化研究二十年》，《中南大学学报》（社会科学版）第5期。

陈明、彭桂娥，2004，《美国150年城市发展历程及其对我国城市发展的启示》，《经济问题探索》第8期。

陈文科，2003，《城市圈（带）发展的当代蕴含与阶段特征》，《江汉论坛》第5期。

崔功毫、马润潮，1999，《中国自下而上城市化的发展及其机制》，《地理学报》第2期。

戴均良，1992，《中国城市发展史》，哈尔滨：黑龙江人民出版社。

丁孝智，2002，《经济全球化与珠江三角洲城市发展新思路》，《华南师范大学学报》（自然科学版）第4期。

高佩义，2004，《中外城市化比较研究》，天津：南开大学出版社。

高寿仙，2005，《1949年以来的中国城市化进程：回顾与反思》，《湖南科技学院学报》第3期。

辜胜阻、刘传江、钟水映，1998，《中国自下而上的城镇化发展研究》，《中国人口科学》第3期。

顾朝林等，2001，《论深圳新工业空间的开拓——经济全球化、产业结构重建与转移的结果》，《经济地理》第3期。

国家统计局历年《中国统计年鉴》，北京：中国统计出版社。

国务院发展研究中心信息网，2003，http://www.drcnet.com.cn/DRCnet.common.web/docview.aspx? docid=-97490&leafid=1364&chnid=420 12-11。

韩俊，2006，《工业反哺农业，城市支持农村》，《农村、农业、农民》B版，第8期。

侯蕊玲，1999，《城市化的历史回顾与未来发展》，《云南社会科学》第2期。

胡必亮、马昂主，《城乡联系理论与中国的城乡联系》，《经济学家》第4期。

黄勇、朱磊，2005，《大都市区：长江三角洲区域城市化发展的必然选择》，《经济地理》第1期。

李峰峰，2005，《城市化二元结构分析框架文献述评》，《城市化研究》第7期。

李郇，2005，《中国城市化滞后的经济因素——基于面板数据的国际比较》，《地理研究》第3期。

李路路，2005，《论"单位"研究》，《社会学研究》第2期。

李卫平、钟东波，2003，《中国医疗卫生服务业的现状、问题与发展前景》，《中国卫生经济》第3期。

李小建，1999，《外商直接投资对中国沿海地区经济发展的影响》，《地理学报》第5期。

李燕凌、李立清，2005，《中国农村公共服务现状与政策建议》，《湖南农业大学学报》（社会科学版）第5期。

李志刚、吴缚龙、卢汉龙，2004，《当代我国大城市的社会空间分异》，《城市规划》第6期。

林广、张鸿雁，2000，《成功与代价——中外城市化比较新论》，南京：东南大学出版社。

刘君德、汪宇明，2000，《制度与创新：中国城市制度的发展与改革新论》，南京：东南大学出版社。

刘志军，2004，《论城市化定义的嬗变与分歧》，《中国农村经济》第7期。

陆学艺主编，2002，《当代中国社会阶层研究报告》，北京：社会科学文献出版社。

吕林，2004，《城市圈理论与我国城市化进程》，《承德民族师专学报》第4期。

民政事业发展统计报告，2005，http://www.mca.gov.cn/article/index.asp? currentid = 128&parented = 21。

隗瀛涛，1998，《中国近代不同类型城市综合研究》，成都：四川大学出版社。

吴莉娅，2005，《全球化、外资与发展中国家城市化》，《城市规划》第7期。

谢守红、罗志刚，2005，《新时期中国城市社会空间结构演变初探》，《生产力研究》第1期。

薛凤旋、蔡建明，2003，《中国三大都会经济区的演变及其发展战略》，《地理研究》第5期。

薛凤旋、杨春，1997，《外资：发展中国家城市化的新动力——珠江三角洲个案研究》，《地理学报》第3期。

薛兴利等，2006，《城乡社会保障制度的差异分析与统筹对策》，《农村观察》第3期。

颜媛媛、李强、李乐荣，2006，《城乡人口健康差异的原因透视与政策建议》，《农村经济》第8期。

杨翠迎，2004，《中国社会保障制度的城乡差别及统筹改革思路》，《浙江大学学报》第3期。

杨立勋，1999，《城市化与城市发展战略》，广州：广东高等教育出版社。

杨上广，2006，《中国大城市社会空间的演化》，上海：华东理工大学出版社。

杨晓民、周翼虎，2000，《中国单位制度》，北京：中国经济出版社。

姚洋主编，2004，《转轨中国：审视社会公平和平等》，北京：中国人民大学出版社。

叶南客，2003，《都市社会的微观再造——中外城市社区比较新论》，南京：东南大学出版社。

俞德鹏，2001，《城乡社会：从隔离走向开放》，济南：山东人民出版社。

曾赛丰，2003，《城市化定义刍议》，《湘潭大学社会科学学报》第6期。

郑有贵，2007，《农业养育工业政策向工业反哺农业政策的转变》，《中共党史研究》第1期。

钟昌标：《外资与区域经济增长关系的理论与实证》，《数量经济技术经济研究》2000年第1期。

周飞舟，2007，《生财有道：土地开发和转让中的政府和农民》，《社会学研究》第1期。

周毅，2003，《城市化释义》，《锦州师范学院院报》第9期。

http://www. zhb. gov. cn/ztbd/lszglt/200508/t20050830_ 11878. htm

John. R. Logan (ed.), 2002, *The New Chinese City*, Blackwell: Publishers ltd. UK.

Gregory Andrusz, Michael Harloe & Lvan Szelenyi (eds.), 1996, *City After Socialism*, Blackwell: Publishers Ltd, UK.

Wang, Y. P & A. Murie 1996, "The Process of Commercialization of Urban Housing in China (J)", *Urban Studies*, 33 (6).

# 第九章
# 社会分层与制度变迁

李　强

社会分层（social stratification）指社会群体之间的层化现象。在自有文字记载以来的人类历史中，我们还没有发现哪一个社会是完全没有层化现象的。既然是分层，处在不同层级上的人群之地位就是不平等的。所以，社会分层研究的焦点就涉及平等与不平等、公平与不公平、公正与不公正的问题。在任何社会中，这些问题都是全社会所关注的最为核心的问题。

## 第一节　中国社会分层结构的基本特征

要想讲清楚中国社会分层结构的特征，就必须按照中国社会历史发展的不同阶段来分析。笔者拟将中国社会历史区分为三个阶段，即传统中国社会、1949 年新中国成立以后的中国社会和改革开放以来的中国社会。

### 一　传统中国社会分层结构的特征

#### （一）士、农、工、商的阶级结构

传统中国社会的基本制度是皇权为中心的政治制度和地主土地所有制的经济制度。在中国自秦汉以来的 2000 多年的时间里，皇权在社会中始终处于绝对的统治地位，皇帝、皇帝的家族（包括同姓家族和外戚）及一些功臣，俗称皇亲国戚，控制着主要的政治权力和经济资源。皇亲国戚毕竟是一个很小的集团，仅仅依靠它还难以统治全国。皇帝要依靠一个庞大的官僚体系进行全国的管理和统治，这个官僚体系本身以及它的基础就叫做“士”阶层。通过科举考试考中功名的各种“士”阶层成为在位的官员，即使没有考中功名的士阶层在意识形态上与官僚阶层也是一致的。士阶层

在地方上与土地的所有者往往是一致的，往往是乡绅阶级。所以，费孝通先生说："经济结构中的地主阶级是这个社会结构中的绅士"，"绅士的维持是靠经济上有地，政治上做官"（费孝通，2006：14，121）。而人口的绝大多数是农民。包括有小块土地的自耕农和没有土地的佃农。传统中国的手工业者人数不多，直到20世纪以来才逐渐形成现代工人阶层。而商人阶级虽然富有，但是常常受到官僚阶级的排斥。中国传统上有所谓"农本商末"之说，就是官僚排斥商人的意识形态。事实上，不止是商人，任何对于官僚体系形成竞争的社会力量都会受到排斥。

### （二）城乡区别与金字塔社会

中国自古以来就是城乡差异巨大的社会，城乡资源很不平衡，许多人以为城乡差异是20世纪50年代建立城乡户籍制度造成的，但实际上，城乡差异的形成历史是很久远的。古代中国即有所谓"国人"、"野人"之分，"国人"就是指在城市里面居住的人，"野人"就是指在城外、乡下居住的人。中国是世界上建立城墙最多的国家，城墙就是用来区分城里人和乡下人的。由历史的传承看，今天要消除城乡差别，那是难度很大的事情。

什么是金字塔形的社会结构呢？社会学在分析社会结构的时候，常常使用结构图形的方法。比如，按照人口的收入分布，将高收入的放在上面，低收入的放在下面，这样就可以看到社会分层的结构图形了。中国自古以来就是一个金字塔形的社会结构。中国自古就是一个皇权社会，皇室、贵族、高层官宦人数是很少的，绝大多数还是贫苦的农民。虽然有士绅阶层，处在中上层的位置上，但是其人数也是很少的，早年康有为在批判科举制度时就曾提到这一点，说考科举的人数本来就不多，而考中者仅占千分之一，甚至万分之一。新中国成立以后直至改革开放以后，中国的社会结构确实已经发生了不小的变化，但直到今天还是大体上属于金字塔形的。为什么呢？其实，我们从城乡的分化就可以体会到上面小、下面大的总体结构。到2007年底，我国城市户籍人口约占44%，农村户籍人口约占56%。所以说，我国现代化的社会结构还没有形成，如果想形成现代化社会结构，就只有把农民占的比重大大缩小，不断扩大社会的中间阶层。

### （三）官民社会与身份等级社会

我国历来是十分重视身份的社会，身份、等级是很森严的，比较突出地体现在官民身份和官员的等级层次上。改革开放以前，户籍制度与利益的挂钩和单位制等，强化了身份制度。当然，改革开放以来，在淡化身份制方面，应该说有了很大的推进。过去那样一种是非常强化的（比如说农民都不能够进城）体制已经大大弱化了，但是我们也不能忽视身份制是几千年形成的，是不能在很短时间解决的问题。改革以来的再一个新问题是，新产生的社会阶层在原有的社会身份体系中找不到他们的位置，比如，新兴的私营企业主阶层就常常抱怨，在正式的社交场合中，他们的地位常常被降低或被忽视。

与身份的特点相关联，中国社会历来是一个“官民”社会，即官吏与一般平民形成了两种有明显地位差异的群体，这种情形在汉朝以后的历代封建社会中均表现得很突出。官员成为社会中控制社会资源的最主要群体。隋朝以来建立的科举考试的制度，使得官僚体系有了再生产和晋升的常规渠道。当然，官僚体系再生产的渠道除了考试以外还有恩荫、举荐、军功以及捐官等其他渠道。总之，官僚体系成为全社会的中心，吸引着社会上的各种精英人才。因为，对于精英来说，有了官位，功名利禄就全都有了。反之，中国社会由于受孔子儒家思想的影响，轻视商人阶级，商人阶级虽然有资产但是社会地位并不高，无法与作为社会中心的官员阶级相抗衡。而且，商人的地位也不稳定，如果不与官府缔结良好关系，也常常会受到官府的侵扰。在中国封建社会，富有商人财产被查抄的事例屡见不鲜。中国官僚体系比世界各国的显得更为发达，官僚体系、政治权力控制着全社会最主要的资源。社会地位区分的主线在于政治权力，财产资源变成了从属于政治权力的因素。这恐怕与中国自秦以来一直奉行中央集权的政治制度有关。虽然中国封建社会确实存在官绅、地主和农民三种不同的阶级，但是，地主与官绅阶级往往是结为一体的，地主的家族成为科举考试、士绅阶级的重要源泉，民间的地主又往往要与官僚阶级通过联姻等方式结成十分密切的关系。总之，最重要的关系还是官和民两个基本阶级之间的关系。

**（四）精英群体的巨大作用**

中国社会历来是精英群体或上层群体对社会影响很大的社会。秦以来是集中型的社会，建立了发达的组织管理体系统筹全国。其中一个重要原因就在于我们民族的队伍太大，人数太多，地域太广，这样就遇到了究竟用什么把大家联合起来、统一起来的问题。秦始皇建立了集中统一管理的行政体系，这种集中管理的行政体系延续了两千多年。从建立行政体制来说，秦朝是成功的。但是，为什么秦朝十几年就亡国了？最重要的原因就是，秦虽然建立了集中管理的行政体系，但是并没有寻找到与这套管理体制相一致的思想意识形态体系。所以，秦以后的汉朝继续在寻找这个东西，到了汉武帝接受了“废黜百家、独尊儒术”的建议，从而实现了以儒家思想为基础的集中统一的意识形态。集中型管理和意识形态体制导致了上层精英群体对于社会的巨大影响作用。这种现象对于今天仍有意义。既然是精英处于十分关键的位置上，那么，对于精英的标准必然很高；如何选择精英，应该将什么样的人输送到精英的位置上就变得十分重要。中国社会精英团结，社会团结就比较容易实现，精英分裂则必定国无宁日。

### （五）宗族、家族的穿透阶级结构的作用

上述四点关于中国社会分层结构的分析都说明，中国自古就是阶级、身份、地位差异很大的社会，那么是不是说这种地位差异就难以弥合了，社会和谐就难以实现了呢？并不是这样。要注意到，社会还存在另一方面，中国社会也有特殊的机制起着缓和阶级冲突、弥合阶级差别的作用，其中很重要的一点就是家族、宗族的穿透作用。什么是家族、宗族的穿透作用呢？中国自古以来就比较强调同姓氏的家庭、家族的内聚功能。村庄里同一姓氏的成员往往建立自己的祠堂供奉共同的祖先。但是，同一姓氏的人员并不是属于同一个阶级，同一姓氏的人也是有贫有富，从财产上说他们属于不同的阶级。然而，姓氏可以成为穿透阶级的纽带。这种情况直到今天还是存在的，比如，改革以来，很多的农村乡镇企业是家族式的管理方式，他们只聘用同一姓氏的人员。家族式的企业内部，不管是老板还是雇员，都相互视为家族成员，相互之间的关系比较融洽。

### （六）科举与社会流动机制

自古以来，我们就创造了比较好的社会流动机制，这是很有中国特色的东西。虽然古代社会分层明显、社会差异巨大，但是中国从公元 587 年起就建立了科举制度，这个制度与世界上同时代的其他制度相比有非常明显的优越性。当时的欧洲社会以及其他社会，大多还是贵族制度，通过家庭关系、血统关系来继承爵位，他们都还没有建立通过考试来选拔人才的制度。而且，科举制度不是一般的考试选才制度，它能够将精英人物通过考试直接输送到社会上层去，比如出任官职，成为很重要的社会管理者。当然有人会问，考中科举的究竟是富家子弟还是贫家子弟呢？历史文献可以证明，中国直到明朝的时候，科举登第者的家庭背景，有约 50% 的人是“前三代俱无功名”的贫寒家子弟。

从社会流动这一点上看，近代以来，中国社会一直是流动率比较高的社会。社会学将社会区分为两种类型，一种是流动率偏低的社会，另一种是流动率比较高的社会。比如，贵族等级制的社会就是流动率偏低的社会，贵族是世袭的，这样的制度阻止着其他阶级流入上层。中华人民共和国成立以来，中国一直是社会阶层流动率比较高的。当然，造成流动的原因有很大差异，在中华人民共和国前30年历史中，造成高流动率的更多是政治原因；在此后的近30年历史中，造成高流动率的更多是经济原因。根据笔者的测算，我国20世纪90年代父母子女两代人之间的职业地位流动率，与美国的代际流动率近似，在国际上均属于流动率比较高的社会。这证明目前中国社会还是有相当活力的。具有中国特色的社会流动机制和前述的家族、宗族的穿透作用均发挥着缓解阶级冲突的重要功能。

## 二　新中国成立以后中国社会结构的巨变

### （一）打碎阶级结构的实验

1949年革命的最主要特征是在中国打碎了传统的阶级体系。这是通过两个重大步骤完成的。第一步是新中国成立初期的土地改革运动，用革命的手段剥夺了地主的土地，把它平分给农民。从此，中国农村中已不具有真正经济意义上的地主阶级了。第二步是发生在1956年的社会主义改造。它用“低额利息”赎买的形式，改造了中国的民族资产阶级；将城市中的私营企业先变为“公私合营”的形式，后来又逐步变为国家所有和集体所有两种形式，用渐进革命的方式剥夺了资产者的所有权。同时还进行了私有房产的改造。因此，1956年的社会主义改造以后，无论城市还是农村，实际上都已不存在真正经济意义上的阶级了。

既然阶级体系打碎了，大家都不占有巨量财产或大规模的生产资料了，那么，财产所有权就难以作为区分社会地位高低的标志了，中国是否就因此进入“均等”社会了呢？事情并不是这样简单。财产所有权只是形成群体之间差异的一个方面，可以区分群体差异的方面还有很多，例如户口、家庭出身、参加工作时间、级别、工作单位所有制等等。到了50年代中期，这样一种非财产所有权型的社会分层，已经形成了一套比较稳定的制度体系，并一直持续到1979年改革开放以前。对于这套社会分层制度体系，我们可以称之为“身份制”。

这种以身份制为核心特征的制度，具体说来表现为：户籍身份、干部与工人身份、干部级别身份和单位身份 4 个方面，下面分别述之。

### （二）户籍身份

从 50 年代中期，一直到 1979 年，甚至可以说一直到今天，中国一直实行着比较严格的户籍制度。按照这种制度，一个人一旦在某地注册了户口，那么，迁居他地就成为十分困难的事情。户籍制度最主要的作用就是将人们分为两类：城市户口和农村户口。所有持农村户口的人均被称为农民，尽管他们中的很多人并不从事农业生产劳动。对于中国的农民来说，要改变户籍身份是极为困难的，他们极难进入其他身份群体。

中国城乡户籍制的形成是有一个历史过程的。1949 年新政权刚建立的初期，中央政府对人口在城乡之间流动的控制尚不十分严格，按照当时的法律规定，公民尚有迁居之自由。然而，在 50 年代期间，随着工业化的高涨，农民开始大量流入城市，并由此引发了粮食、副食供应、交通、住房、城市服务等诸多问题。于是，中央政府曾先后两次采取较为严格的措施限制农民流入城市。第一次是在 50 年代中期，中央曾专门为“劝止农民流入城市”发了指示，并从 1955 年 6 月开始在全国范围内建立了经常性的、严格的户口登记制度。中国的户籍制度就是从这个时候开始的。第二次是在“大跃进”后的 1959、1960 年，由于当时出现了经济上的困难和食品、生活用品等供应上的短缺，中国便开始实行了几乎完全制止农民流入城市的政策。按照当时的规定，全国每年只允许 1.5‰的持有农业户口的人可以转为非农业户口（即城市户口）。这里面包括一些因工作上有成绩而被提升进城的干部和干部家庭成员，对于一般农民来说是绝无可能进入城市的。这种政策一直实行到 1979 年改革开放以前。严格的户籍制度造成了我国城市与农村相互分割的二元社会结构。城乡差异成为最基本的社会分层。从总体上说，城里人的生活水平是大大高于乡下人的，持有城市户口的人在收入、消费、社会福利、就业等方面所享有的条件和待遇都是持有农村户口的人所不能比的。例如，仅从城乡消费水平比较看，城市居民的消费水平是大大高于农村居民的，前者相比后者的倍数在 2.4 倍到 3.2 倍之间浮动。不仅如此，当时城市居民还享有其他多方面的福利条件，例如各种食品的补贴、住房补贴、医疗保险以及单位提供的子女教育等，而这些都是农村居民所享受不到的。这样，当时的城市居民与农村居民生活在两个世界之中，形成了两种差异很大的生活模式。在城乡之间有种种的限制，例如粮票和副食证的制度就是一种很重要的限制。城市居民每月都可以领取一定数量的粮票等票证，只有凭粮票才能买到食品，也才能在城市中生存。农民没有粮票，因而也就买不到食品，即使他们私自来到城市中，也无法在城里生存下去。农民可以改变自己身份的渠道也并非没有，但却十分窄小。对年轻的农村居民来说，考学是一条主要渠道。如果一个人通过高考，考入了高等学府，那么，他的农村居民身份就可以改变为城市居民身份。农民称之为“跳龙门”。但是，由于农村教育水平的普遍低下，真正能“跳龙门”的是极少数。由于农民占到人口的绝大多数，这种城乡高低差异很大的体制自然就造成了我国社会底层大、上层小的金字塔形社会分层结构的特点。城乡分割的户籍身份制度，将农民牢牢地束缚在土地上、使他们没有流动的自由，这就将中国人口中最大一部分人的劳动生产、社会活动积极性束缚住了。这显然不利于我国的经济发展，不利于社会现代化和社会进步。这也是在一段时间内我国经济发展速度迟缓的重要原因之一。

### （三）干部与工人身份

1979 年改革开放以前，城市中的就业者，基本上可以区分为两种社会身份群体：干部与工人。干部这个概念有广义与狭义之分。广义上，中国对所有的管理人员均称为干部。最初人们将从解放区来的共产党官员称为干部，但后来这种称谓方式则被泛化了，人们用它泛指一切的管理者和领导者。上至国家主席、总理可以称为干部，下至农村的村长、小组长，甚至中小学的班组长也可以称为班干部。这是中国广义的干部概念。

我们在这里所说的作为一种身份群体的干部并不是广义的干部概念，而是狭义的干部概念。狭义上，干部指的是一种社会身份。一个人能进入这种身份的关键是要由人事部门按照有关规定而列入干部编制。这种所谓列入编制靠的是一整套“档案身份管理制度”。我国城镇中的正式就业者都有一份由他所在的组织（单位）保存的档案。档案记载着这个人一生的经历、家庭背景、亲属状况等。档案编制身份基本上是两类，即干部身份和工人身份。这两种身份的区分不仅仅是档案管理的一种方式，而且体现着重大的物质利益差别。两种身份在工资级别、工作待遇、出差补助、住房条件、医疗、退休等福利待遇上均有很大差异。一般说来，干部编制的待遇要大大优于工人。因此，绝大多数就业者都希望被列入干部编制。然而，对于绝大多数被划为工人身份的人来说，他们是很难转入干部身份的，其难度并不亚于从农村户籍身份转变为城市户籍身份。

那么，什么人才能被列入干部编制呢？首先，教育是最主要的途径，凡是由国家正式全日制中等专业技术学校、高等学校毕业的具有中专、大专、大学本科等以上学历的学生，在按国家计划分配到工作单位后，才可取得干部身份。这样，那些不是由全日制学校毕业的职大、函大、业余大学、广播电视大学、干部培训班等毕业的学生，他们虽然取得了大学专科的文凭，但却不能直接转为干部编制。其次，根据国家人事部门分配的干部指标而被聘用到干部岗位上的人，可以是干部编制。但是这种干部指标往往是很有限的，而且，对于由这种途径进入到干部队伍中来的人往往有较严格的要求。例如，在学历上，常要求有大专以上学历，这样，前述的那些由非全日制职大、业余大学等毕业的学生，就要等待干部指标，有了指标后才能转入干部编制。我国“文化大革命”时期，曾从工人、农民、士兵中提拔了很多干部，据统计大约有 200 万人。这些人虽然在干部的岗位上，但还保留着原来的身份，俗称“以工代干”。这些“以工代干”的人，并不能列入干部编制，而只能仍保留在工人等编制内。直到 80 年代中期以后，国家分配给了基层单位较多的干部指标，才逐步解决了“文化大革命”后遗留的较严重的“以工代干”问题。今天，“以工代干”的还有，这就要等待上级分配给干部编制指标，然后才能“转干”。再次，由部队转到地方上的转业人员列入干部编制。部队转业人员在部队一般都是连级以上的干部，到地方上后当然都列入干部编制。部队中的一般士兵服役期满后一般都是复员到地方上，均列入工人编制或回乡当农民。

在城市的就业者中，所有不符合上述条件的，则一般被列入工人的编制。这种干部身份与工人身份的区分是壁垒分明的，每一个就业者自己都深知自己所处的身份领域。从人数和比例上看，在城市就业者中具有干部身份的人大约占 1/7 到 1/6，其余的人则都是工人身份。这种干部身份与工人身份的区分，在一个财产分层已被打碎的社会中起到了维持社会分层与社会秩序的作用。不过，由于社会流动的渠道过于窄小，作为城市就业主体的工人，其积极性与活力都受到了较大的阻碍与束缚。

### （四）干部级别身份

在我国改革开放前的身份制分层体系中，干部的分层是一个核心内容，人们常把它称为官本位制。这就是说，以干部或官员级别垂直分层作为全社会分层的基础与主线，并由此派生出全社会的分层体系。干部或官员的级别为什么会成为中国大陆社会分层的本位体系呢？这里面当然有数千年历史传统的因素。不过，仅从 1949 年以来的历史看，官本位体系是在 1955

年7月建立国家机关工作人员统一级别、建立统一工资标准和1956年对全国国有企业、事业和国家机关工资制度进行改革的基础上形成的。按照这些规定，我国干部被分为30个级别，对于所有这些级别又配以各种水平的工资标准。这些具体的工资标准，后来虽做过几次调整，但是这一整套30级的干部分层制度，在此后30余年中一直保持了下来。也正是由于这一套分层规则，官本位才成为可能。下面试对于官员分层能成为全社会分层的本位体系的原因做一分析。

第一，干部的级别分层是其他社会分层的基础。1956年，在颁布干部级别和工资分层标准时，国务院就以这些标准为模本对其他机构、团体和社会体系做了等级分层。例如，对于教学人员、工程技术人员、医生、实验人员、编辑出版人员、图书馆人员以及一般的生产工人等，都做了工资级别划分。这样，以干部的分层为主线就衍生出其他多种最主要社会群体的社会分层。

第二，我国的计划经济体制大大强化了官本位的社会结构。20世纪50～80年代，我国一直实行计划经济的制度，整个社会的生产、分配、交换等经营管理的权力大多集中在各级政府部门手中。而且，不仅是经济活动，就连社会、思想、文化等诸方面的活动也是由政府管理的。这种由上至下、层层节制的权力结构就成为当时我国社会活动的主线。人们在这种权力结构中的位置成为决定社会地位高低的最主要因素。

第三，我国较单一的经济成分，使得干部的工资收入分层有可能成为社会财产、收入分层的本位体系。1956年后，我国的城乡社会主义改造完成，我国的经济成分由多种成分转变为比较单一的国有与集体所有经济类型，经济分配与个人收入也单一化了。工资成为城市中绝大多数就业者收入的最主要来源。因此，工资分层就等同于当时的收入或财产分层，人们经济地位的高低与工资水平完全一样。这样，体系最为完备的干部的工资分层就成为当时全社会经济分层的基础与本位。

第四，与干部的工资级别相配套的还有一系列的福利、待遇、服务等制度。例如，中央财政部对于国家机关、企业、事业单位不同级别干部的住房、差旅标准、外出车辆、随行人员、秘书服务、医疗、食品定点供应、家具、生活用具、房租水电、文化娱乐等，都曾有具体规定。这种与干部身份相配套的一整套体系就是50～80年代的社会地位分层的主线。

第五，当时社会上权力分层、声望分层、收入分层三者高度一致的情况也大大强化了官本位制本身。

总之，基于上述原因，这种以干部分层级别作为全社会分层基础的制度，自50年代中期形成后，一直是中国社会最主要的分层制度。甚至连“文化大革命”那样的动乱也不能动摇这一制度。例如，当时，被“下放”的干部到了农村后，仍被视为上层人，老百姓仍根据他们原来的级别来判定他们的地位。“文化大革命”后，这些多年“靠边站”的干部的级别又迅速得到恢复。这些都是官本位制度曾相当巩固的明证。

**（五）工作单位身份**

中国城市中的就业者，大多隶属于某一个工作单位。一个人的工作单位对于一个人是十分重要的。其所以如此，有历史上的原因。1949年后，出于将群众组织起来的这样一种指导思想，工作单位的管理体制得到了加强。单位不仅是一种职业活动场所，而且由于政党与政治体系在单位内部的建立，单位也就成了具有教育功能、思想政治工作功能、社会保障功能等多种功能的组织。50~60年代，受到毛泽东的“单位办社会”思想的影响，特别是1966年，毛泽东发出“五七”指示后，单位办社会的现象就更为普及了。任何一个单位都不仅从事其所处的行业的活动，而且总兼营他业，建立了从食堂、托儿所、幼儿园到理发店、商店等一应俱全的体系。这就是所谓单位办社会的体制（路风，1989）。长期以来，我国城市中的“社会”并不是在单位之外，而是在单位之内。由于单位为其内部工作人员提供了全方位的服务与保障，这样，作为一种互动关系，工作人员也因而更依赖单位和从属于单位。由于单位内的每一个工作人员，其生活的各个方面都与单位息息相关，这样，单位内部就形成了一种“小社会”，不同单位实际上是不同的小社会（Walder，1986）。不同的小社会之间差异很大。这样，实际上就形成了不同的身份群体。

中国的一些特殊制度也更加强了这种单位身份的体制。首先，我国在改革以前实行的是所谓“铁饭碗”制度，一个人一旦就职于某个单位，一般都不会被解雇，也很少有单位间的调动。因此，一个人终生就业于某一个单位的现象就比较普遍。这样，单位就成了一个人终生活动的最主要场所，两者的关系异常密切。再者，我国城市就业者的住房大多是由单位提供的，而单位的住房又在地理位置上相对集中，这样，单位成员也就更容易形成亲密群体。最后，单位不仅付给其工作人员工薪，而且还提供医疗、健康等保险和服务，一些较大的单位还提供食堂服务、商业服务、子女教育等。这样，一个人的生活水平、其生活的各个方面均与单位密切相关，甚至连一个人社会地位的高低，也常与他所在单位的地位有关。单位的地位高、级别高，单位工作人员的地位也随之较高，反之亦然。这样，我国的城市就业者就有了一种“单位身份”。不同单位之间，在资源、地位、声望等方面的差异也就被赋予到各单位工作人员身上。单位身份制的特点是，不同单位之间的差异较大，而同一单位成员之间的差异较小。在单位内部成员之间还是平均主义盛行。再加上单位内成员大体上是终身制、成员在各单位之间的流动很少，这就造成了所谓“干多干少一个样、干好干坏一个样”的局面，这种体制束缚个人积极性的发挥，与竞争机制和市场经济都是相抵触的。

## 第二节　改革以来中国社会分层结构的变化

1979 年以后，中国的政治、经济和其他各方面的政策有了重大调整，开始实行一套全新的改革开放政策。例如，在经济政策上，从单纯的公有制经济转变为多种所有制形式，从单一的计划经济转变为增加市场调节的成分并逐步形成了新型的社会主义市场经济体制，从农村的人民公社体制转变为农民的联产承包责任制，等等；又如在政治上，逐步健全了法治，调整了社会各群体的关系，提高了知识分子的社会地位，等等。

在上述重大政策变迁的影响下，我国社会分层结构也发生了重大变化。这种变化可以从群体分层结构与制度变迁两个方面看。从群体分层结构看，比较大的变化包括：农民队伍的分化、工人队伍的膨胀、新的个体私营工商层的出现、贫富群体之间差距的拉大等。从制度变迁看，比较大的变化有：城乡结构与关系的变迁，单位制的变迁，社会分层评价体系的变化等。下面试具体阐述这些变化。

### 一　农民的职业分化与新职业体系的形成

现代化与工业化基本上是同步的，而改革以来我国工业化迅速推进所带来的最大的职业变化就是农业劳动队伍的缩小和工业劳动队伍的扩大。

改革以前，从 1949 年到 1979 年的 30 年间，中国大陆却是一种很特殊的状况。我国的工业化虽有了较大的发展，但农民的职业分化却几乎处于停顿状态，或者说只有微小的变化。农民占我国全部就业者的比例始终在

80%上下浮动。那么，为什么当时的工业发展没能带来农民的职业分化呢？除了户籍制度的原因以外，当时的人民公社管理体制也是个重要的原因。在人民公社内部，农民没有择业的自由，农民不能脱离公社的组织，没有独立自主的经营权力。再者，当时实行的是“以粮为纲”的农业政策，千百万农民的中心任务就是搞粮食生产，脱离这个轨道就要受到批评和打击。

1979年以后，上述这些限制都大大放松了。首先，人民公社的集中生产的体制被改革为将土地承包给农民家庭的“家庭联产承包责任制”。农民有了独立自主的经营权，或者说，农民成了自由人。从此，农民才有可能从事符合自己意愿的劳动，这样，职业分化才有可能。其次，80年代后，我国的户籍制度有所松动，农民被允许进城开店设坊，兴办一些为城市居民所需的服务业。起初对农民的放松还是有限度的，提出了所谓“离土不离乡”的政策，即允许农民离开农业生产而从事其他行业，但要求农民还只是在家乡范围内就业，而不要流入到大城市中去。但是，一旦放开了农民，就很难控制住了，农民实际上是既离土又离乡了。在政策放松的背景下，我国农民，特别是青壮年农民，开始脱离农业劳动，转而从事其他多种职业。农民离开土地总是与当地乡镇工业发展息息相关。农民离开土地后，最主要的去向就是到乡镇企业就职。他们投身于各种工业生产，人们称此种农民为“农民工”；此外还有大约一亿农民流动到城市里去打工，这部分人俗称“城市农民工”，但对这部分人口始终得不到一个准确的数据。当然，也有不少农民独当一面，干起了个体经济。1979年后，政策允许农民个人承包企业。农村中的一些“能人”承包了村社的企业，也有人自筹资金，办起了企业。经过十余年的演变，目前，这批人有的成了乡镇企业领导者、管理者，有不少成了私营企业主，除此之外，农村中还有一些乡村教师、医生等，比起1979年改革以前的农业劳动者占绝大多数的局面，已是大大改观了。

## 二 体力劳动工人队伍的变化

目前，我国直接从事生产劳动的操作型工人可分为三种类型，一种是城市中的工人，第二种是农村中的工人，第三种是从农村流入城市的农民工。我国城市中持城市户口的工人人数自改革以来变化并不很大。1979年我国城市工人人数为7075万，到1991年达到9068万人，平均每年增加100多万人。以我国这样大的人口与劳动力基数看，这种增长并不很快。此后，城市中，持城市户口的工人人数反而逐年下降。这一方面是因为，城市里直接的工业生产劳动、操作型工作越来越多地由农村来的农民工承担了；另一方面，90 年代中期以后，原来的国有、集体大型工业企业出现了急剧转型的局面，很多操作型工人从工业企业中转移出来，也有不少下岗、离岗、买断、内退人员。所以，到了 2000 年第五次人口普查的时候，持城市居民户口的直接生产操作工人人数下降到了只有 4612 万人。

另一种是农村中的工人，亦称“乡镇企业工人”。乡镇企业是自改革开放以来，随着农村新政策的推行和人民公社的解体而迅速发展起来的农村工业。乡镇企业工人的主体是由离开土地的农民构成的。

至于究竟有多少农民工流入到城市中，迄今，并没有准确的统计数据，一般认为已达到 1.4 亿 ~ 1.5 亿人。农民工在城市里与城市人口分处在两个不同的分层体系上，是两种不同的身份群体。农民工与城里人的工资和收入构成有很大区别，如果将全部收入分解的话，农民工仅仅能够获得工资和奖金，而城市市民还可以获得社区福利、医疗补贴、住房补贴、股份分红、利息、养老金等。所以，户籍导致了收入构成上的巨大差异。农民工所参与的经济网络与市民的经济网络有很大区别（李强，2004）。

总之，我国改革开放后的十余年来，农村的社会结构已发生巨大变化，相当大的一部分农民已演变为工厂的工人。结构变迁的幅度之大、所涉及的地域之广，在中国的历史上是破天荒的。这表明，我国也将像世界上多数发达国家一样，演变为一种现代的社会结构。

## 三 个体、私营工商层的兴起

如前文所述，传统中国社会有四民之说，即士、农、工、商为社会的最主要的四个阶层。在近现代中国社会，所谓“商”实际上指的是工商阶层，或用我们的政治术语说是“民族资产阶级”。从 1956 年我国实施社会主义改造以后，私营的工商阶层曾经在中国大陆消失了 20 余年。1979 年实施改革开放政策后，我国开始允许发展一些个体经济。后来，个体经济产业越搞越大，到 80 年代中期以后，我国又允许发展私营经济，也就是说允许发展比较大型的私营产业。根据调查，到 2005 年，民营经济在我国 GDP 中的比重已经占到 65% 左右（中国民营经济研究会，2006：12 ~ 13）。90 年代中后期以来，我国的个体、私营工商层出现了迅猛发展的趋势，目前正方兴未艾，因此，可以预见，在新的世纪里，个体私营经济的上述各项指标还会持续攀升。

由于个体私营工商层是个新产生的阶层，它的成员是从其他社会群体转变而来的，因而它的构成比较复杂。特别是，如果我们将城市的私营工商层与农村的私营工商层比较，就会发现，它们的社会来源差异很大。在改革的初期，农村的工商层大体上还是由农村的精英层转化而来的，而相反，当时城市中最先进入到个体私营工商层的是城市中的一些闲散人员和无业人员等一些边缘群体，这就造成了当时城市的个体私营工商层素质较低的状况。90 年代以后，情况发生很大变化，特别是邓小平同志南方谈话后，城市个体、私营工商发展迅速，很大一批干部、知识分子开始下海，这样，城市中的私营工商层的素质亦有了较大提高。

个体、私营工商层的兴起以及其素质的迅速提高具有重要意义。这个阶层作为一种独立的经营者阶层，突破了我国过去的身份制与单位制的束缚，因而是市场经济中最有活力的群体之一。

## 四　身份制的变迁

如果试图用一句话概括改革 30 多年来我国社会分层结构的最主要变化，那么，可以说，变化的基本特征是从以“社会身份指标”来区分社会地位向以“非身份指标”来区分社会地位的方向转化。本章前面阐述了改革以前身份制强化的社会背景和社会原因，这里则着重阐述由严格的户籍制度、单位制度、干部工人区分的档案制度、干部级别制度等构成的身份制度，在改革以后发生了什么样的变化。

对于改革开放以后，身份制重要性下降的情况，笔者认为表现为以下五个方面。

第一，农民开始突破了户籍身份的限制，对此上文已有分析，此处不赘述。

第二，“官本位制”有所变化，单位级别和干部级别的身份体制发生变迁。我国改革以前的单位级别和干部级别体系是单一经济成分的产物。改革使我国的经济成分多元化，个体、私营、外资、合资等经济成分的发展如雨后春笋；改革也使得人们的收入多样化，工资收入、股份、证券收入、房地产收入、单位外收入等花样繁多。这样，由官定的工资级别在巨额的财产分层中显得越来越微不足道，这种级别分层也就难以支撑其所谓“本位”体系了。同时，它也受到市场经济的冲击。在计划经济下，政府部门掌握着诸方面管理的最重要权力，因而各级政府官员自然成为全社会的核心群体。近年来，计划经济正在全面让位于市场经济。市场经济的蓬勃发展使得过去控制在各级政府官员手中的经济指挥权有所削弱。随着政府各种权力的逐步下放，官员不再占据社会经济运行的中心位置。市场的发展也直接改变着过去的官本位等级制度。

第三，“档案身份”已被突破。改革以前，绝大多数人几乎终生在一个单位就业，人们在单位之间的调动十分困难。难以调动的体制上的原因在于一套特殊的档案管理制度，或称为档案身份制度。“档案身份”是人才“单位所有”的重要基础。市场改革以后，在劳动就业出现大量流动的情况下，人才的“单位所有”受到了很大的冲击。自此，没有档案的就业成为并不罕见的现象。随着多种经济类型单位的出现，档案身份变得不那么重要了，使人们在就业时不再为档案身份所困，社会上也出现了负责保管档案的“人才交流中心”以衔接不同体制之间的差异。所以，档案身份对于城镇就业者的束缚已大大松解。

第四，取代传统的先天身份指标，人们通过后天努力获得的文凭、学历、技术证书等作为社会屏蔽和筛选的功能越来越突出。自 1977 年我国恢复高考以来，文凭、学历就在社会地位的区分中起到愈来愈重要的作用。80 年代以来，中央在制定干部提升的标准上也强调学历的重要性，没有高等学历的一般都得不到提升。80 年代中期以后，我国正式恢复了学位制度，建立了学士、硕士、博士等一系列学位体制，90 年代以来又逐步建立了一系列的技术证书制度，如会计证书、律师证书、资产评估员证书等。在新世纪里，中国加入 WTO 以后，与国际接轨的技术证书愈来愈成为社会地位区分的基本依据。

第五，产权的“排他”作用将更为突出。如前所述，从本质上看，中国严格户籍制度建立的前提是因为阶级体系和所有权体制被打碎了，户籍等制度成为取代阶级和所有权而维持社会秩序、资源分配秩序的基本制度。改革开放以后，整个社会的财产集中化程度有所降低，民间财产的数量增长十分明显。90 年代以来，私营企业、股份制企业，以及多种所有权成分的各种企业更有了突飞猛进的发展。民间拥有财产的数量和形式均有了飞速发展，比如，住房体制改革以后，私人拥有住房的现象已经变得极为普遍，根据建设部前副部长宋春华提供的数据，我国城市居民住房自有率已经达到 82%，这个比率超过香港地区的 53.6% 和美国的 69%。2007 年 3 月

16日，全国人民代表大会通过了《中华人民共和国物权法》，明确提出对于私有财产和公有财产给予平等的保护。财产所有权制度地位正在逐渐上升，并有可能成为新的维持秩序的首要制度。

从世界各国结构变迁的基本规律看，在身份分层解体并向经济分层演进的初期往往是社会矛盾激化的时候。我们遇到的尴尬处境在于，当我国打碎了阶级体系的时候，明明社会上已不存在经济意义上的阶级了，但是我们却在社会政策上大搞所谓“阶级斗争”；当我国从身份分层向经济分层演变的时候，我国最需要的是一个稳定发展的社会条件，但是，这一时期却又是矛盾最易激化的时候。这就是中国在社会分层方面遇到的最大难题。

当然，身份制度毕竟在我国实行了几十年，其变迁也会遇到重重阻碍。在中国这样人口超过13亿的大国里，任何一种变迁或改革都必须考虑到循序渐进的特点。尤其是身份制度，其变化滞后的特点是十分突出的。在21世纪初，身份制变迁滞后的特点也触发和激化了一些社会矛盾。

## 五　单位制的变迁

改革以后，在市场的冲击下，中国传统的单位制已发生重大变化，主要表现为以下几个方面。

第一，单位与成员的经济关系发生变化，这一点也是单位体制变化的基础。计划体制下的工作单位，对于其成员是一种全面承包的关系，即单位几乎提供了其成员经济所需的各个方面，例如，提供住房、提供食堂、提供子女教育等。作为一种社会交换，单位成员也就将个人的权利全面让渡给了单位，不管这种让渡是主动的还是被迫的（李汉林，2004：36～40）。市场转型以后，单位内部的非市场机制受到重大冲击，单位越来越难对其成员“全面承包”。于是，单位只能满足其成员的部分需求，作为交换，成员个体的自由度也有所扩大。

第二，工作单位从对于其成员的全方位控制，转变为只对于其成员的职业活动加以控制，不再管理其非职业活动。市场转型以前，中国的单位不仅是人们职业活动的场所，而且是人们政治生活、社会生活、文化生活的场所。单位已经侵入了其成员生活的各个方面。市场转型以后，单位内的关系逐渐由以初级关系为主转变为以次级关系为主，单位逐渐在朝向单一的就业场所转化。

第三，从“有上级主管”到“无上级主管”。计划经济时代，我国城市中几乎所有人都有单位，所有单位都有上级主管，由此形成层层节制的集中管理体制。上级主管对下级单位的经济、政治、意识形态活动有全面的管理权力，当然，作为交换，上级主管也承担对下级单位从拨款、分配甚至到办出国手续等类事务的全面义务。市场改革以后，以1994年《中华人民共和国公司法》的颁布为标志，市场经营中的公司变成一个独立负责任的经营主体。公司与工商、税务部门的关系，并不是传统的下级单位将经济、政治、意识形态权利全面让渡给上级单位的关系，工商税务部门也不对公司的债务问题等负有责任。无上级主管单位的出现是市场发展的必然结果，也是社会自组织能力提高的标志。

第四，人们的社会生活开始从单位内转移到单位外。改革以前，人们的社会生活在单位之内，而不是在单位之外。改革30多年来，单位以外的生活空间越来越大。普通民众中的自组织也在蓬勃发展，包括球迷组织、秧歌队、各类发烧友团体等在内的民众兴趣群体，都是单位以外的民众自组织的形式。民间集团和普通民众自组织的发展是社会稳定的重要基础。从长远发展来看，取代传统农村管理模式和城市单位制模式的会是一种新型的“行政—社区”模式（物业管理只是其中的一种形式）。当然，目前这种模式的发展还很不均衡。在经济发达地区，行政—社区的发展已呈不可阻挡的趋势，而在经济不发达地区还是传统的行政管理模式为主。“行政—社区”模式是一种与市场经济相适应的管理模式，与过去那种纵向的、条块分割的单纯行政模式不同，它在保持纵向联系的同时，发展出了横向的市场联系、社团联系和居民联系。

第五，在单位的变迁中，同时出现了弱化和强化两种倾向。所谓弱化，就是前述的单位在市场冲击下其内控力越来越低的现象。所谓强化，是指由于单位有了更为明显的独立经济利益，单位为自身“争利益”的现象更突出。例如，企业实行利改税后，在经济上变得独立起来，这样，企业，特别是国有企业，就更加强烈地要求为自身争得利益。然而，从传统计划体制的纵向关系看，单位自身利益的突出，反而是原有管理体制解体的一种标志。每一个单位的利益突出，会使得凌驾于各单位之上的集中控制体制弱化。

综上所述，在1979年的改革以前，中国社会基本上还保留着很强的传统社会特点，其中身份制就是最突出的特点之一。而1979年改革以后，中国社会分层结构发生重大变迁，其主要特征表现为各种身份制度的衰落与解体，以及新的分层体系的形成。而其变化的总趋势与世界上多数发达国家现代化过程中社会结构演变的趋势，基本上还是一致的，尽管我国的分层结构仍有着为其他国家所不具有的特点。

## 第三节　中国社会分层结构变化的新趋势

上文阐述了百年以来、新中国成立后 60 余年来，特别是 1979 年的改革开放以来中国社会分层的总体特点及其变化。中国的经济体制改革已经进行了 30 多年，20 世纪 90 年代末和进入 21 世纪以来，在社会分层结构上又有什么新的变化呢？笔者试作以下几点分析。

### 一　阶级结构定型化

一个世纪以来，中国的阶层结构处于剧烈变动过程中，定型化的特点不突出。内战、日本人的入侵、解放战争、“土改”、社会主义改造、政治运动、文化大革命、经济体制改革等，造成中国各阶层出现巨大变迁，以往的研究也证明，中国各个阶级和阶层之间的流动率是比较高的。20 世纪 80 年代直到 90 年代中期，是中国富裕阶层产生和膨胀比较迅速的时期，原先经济地位低下者后来跻身于富裕阶层者很多。然而，自 90 年代中期以后，特别是 21 世纪以来，经济地位低下者进入富裕阶层的比例明显下降，富裕者来自同阶层或邻近阶层的比例上升。换言之，80～90 年代，一个穷人想变为富人的话，机会还是比较多的，但是，进入 21 世纪以来，此种机会大大减少了。

目前，我国阶层定型化主要表现为以下几个方面。

第一，阶层之间的界限逐渐形成。21 世纪以来，阶层之间的界限越来越明显，富有阶层准入的条件比以前严格多了（如公司注册资本的限额、土地或铺面房的价格等），这些准入标准越来越成为难以逾越的鸿沟。从产业结构看，80 年代进入市场的多是小商品经营者，这些小商品经营者有些逐步积累做大，到了 90 年代成为富有阶层。但是，90 年代中后期，房地产、金融、高技术产业兴起，进入这些产业的准入条件大大提升，一般社会群体进入难度较大。“中国企业家调查系统”的数据证明，从学历等看，经营层、企业家层，大多有了较高的学历、文凭，这些也成为阶层定型化和界限形成的重要标志，产权和文凭证书的“排他”作用开始出现。

第二，社会下层群体向上流动的比例下降。阶层界限形成的一个重要特征就是阶层之间流动率发生变化。80～90年代的中国，很多低收入者也可以竞争进入高收入层，在上文中，笔者将此种现象称为市场转型的一个“特殊阶段”：“社会边缘群体从市场中获得利益”；当时的研究发现，社会下层群体向上流动的比例，比社会上层群体向上流动的比例还高，甚至引发了“脑体倒挂”的现象。到了90年代末期和21世纪，底层向上流动的机会大大下降。

第三，具有阶层特征的生活方式、文化模式也逐渐形成。社会各个阶层都开始形成一些作为本阶层所特有的生活方式。近来，随着居住房屋的市场化，因房地产价格的巨大差异造成的阶层区隔正在形成，城市中形成了一些高档社区或高档物业小区，在这里，房屋的价格和物业管理的价格都十分昂贵，只有一些富有阶层可以承受。另一方面，在社会边缘群体聚集的地方，也形成了一些低收入和边缘群体的社区。从消费上看，不同的消费档次区分开来，从富有者消费的极高档次的商品和服务，直到专为社会边缘群体服务的小商店、小理发店、小诊所等，各个档次等级次序分明。

第四，阶层内部的认同得到强化。阶层之间流动率的下降与阶层内部互动的加强几乎是一个同步的过程。富有阶层的交往形成了一些新的社会组织，比如，近来有一些高会费的俱乐部、会馆等，如果要进入这些俱乐部、会馆就要交纳很高的费用，从而将低收入者阻挡在门槛之外。又如，目前一些大学开设新型高学费的E－MBA教育，学费高达二三十万元，许多企业的经理、老板以参加这样的学习组织为荣。他们在学习中加强了企业高层管理者的互动，促成了富有阶层内部的社会网络。当然，这些社会网络在一定程度上起到了建立商业信任关系的作用。

如何评价阶层结构定型化的趋势呢？其实，我们对此也不必惊讶，任何市场经济社会，经济分化、分层的最终结果必然是出现分层结构定型化。虽然在现阶段出现了一些阶层向上流动率的下降，但是，阶层结构定型化本身，也并不一定造成长久的流动率下降。阶层结构定型化以后人们社会地位的上升更有规律性，人们争取地位的上升时会采取更为常规的手段，比如考试、文凭、职务晋升等，其结果是社会变得更为稳定。

## 二 中间阶层的发展趋势

从世界各国的经验看，中产阶层在现代化的进程中确实起了重大作用，其意义不可忽视。中国中产阶层与其他国家的中产阶层相比还是有巨大差异性的，对于这种差异性，笔者曾经撰文指出：西方新式中产阶层的主体是由受雇人员构成的，而中国新产生的中产阶层的主体是大批非受雇阶层，如大规模的中小工商业层、独立经营者阶层。其实，差异不止于此，下面试分析一下中国中产阶层的构成，由此我们可以更进一步观察这种差异性。笔者认为，中国中产阶层主要由以下四部分人构成。

第一，中国中产阶层中最为稳定的力量，是传统的干部和知识分子阶层。如果将所有国家机关和企事业单位负责人（干部）都算在内的话，其占就业人口的1.67%。当然在这1.67%的人中，有一小部分属于比中产阶层更高的阶层，由于这部分人人数甚少，我们暂时将其忽略不计。虽然新近的研究证明，干部和知识分子也出现分化，比如，传统的知识分子都是在体制之内的，但是，近些年来市场的发展，也将相当一部分知识分子吸引到了体制之外。所以，干部的全体还可以算做体制内资源，而知识分子的主体很难说属于体制内资源了。将知识分子看做体制内与体制外平分秋色比较符合现状。

当然，不管体制内还是体制外，如果将所有专业技术人员都算在内的话，其目前占就业人口的5.7%。这里面包括所有在政府、机关等国家部门，学校、医院、研究机构等事业单位，厂矿、企业、公司等经营单位工作的从事专业技术工作的人。这里所说的专业技术人员，在统计上，与前述的占就业人口的1.67%的单位负责人完全没有交叉，这两部分人加在一起占就业人口的7.37%。专业技术人员与传统的知识分子的概念并不完全吻合，笔者只是为归类方便暂时将他们归入知识分子大类。

第二，所谓“新中产阶层”。笔者以往的研究已经证明，中国大城市中正在出现一个新生的“新中产阶层”（李强，1999）。这个阶层的基本特征是：年龄比较轻，一般都具有较高的学历，有新的专业知识，懂外语，会电脑，大多就职于三资企业、新兴行业，如金融、证券、信息、高新技术等领域。由于该群体处于产业结构的高端，技术含量高，体制上又多属于外资、外企，所以，其成员在收入上处于明显的优势地位。在消费行为上有着很强的高消费倾向。生活方式上也开始形成所谓的新“格调”。近来流行的所谓“小资”、“BoBo族”、“布尔乔亚和波西米亚”等就是指以该阶层为主导的一种生活方式。新崛起的一代人实际上是一种标志，它不仅是产业结构变化的结果，而且是社会结构变化的产物。从全体人口的角度看，新中产阶层的增长速度并不快，但是，在大城市里他们人数的持续上升还是明显的。当然，近来，大学毕业生、研究生毕业人数的激增，也在一定程度上造成了新中产阶层内部的激烈竞争。该部分人数不多，没有确切统计，估计占就业人口的1%～2%。

第三，效益比较好的国有企业、股份制企业和其他经营比较好的企业、公司、单位的职工层。笔者以往的研究曾证明，从相对的意义上看，改革开放以前，国营企业职工是当时中国社会的典型中间阶层，笔者曾称之为“类中产阶层”。无论与当时占人口80%以上的农民相比，还是与城市中其他非国营企业的劳动群体相比，当时，国营企业职工的经济地位、社会地位都占有明显优势。改革以来，尤其是到了20世纪90年代中期以后，国企职工队伍出现了明显的衰落。很大一部分传统中间层的国企职工成为城市失业、下岗、离岗、内退等大军的主体，被淘汰出中间阶层的队伍。

经过90年代中后期的震荡，到了21世纪初，国有企业的分化已经大体结束，因此，效益比较好的企业、公司职工的经济地位也是比较稳定的，这部分职工大约占就业人口的3%～4%。

第四，大量的个体、私营经营者。在农村里包括那些经营比较成功的富裕起来的阶层成员，在城市里包括大批下海从事工商业活动的中小工商业业主、独立经营者、中小公司经理等。中产阶层的这个部分的构成最为复杂，这也正体现出变迁中的中国社会阶层重组的特点。近来，中产阶层的这个组成部分成为增长速度最快的部分，目前大约占就业人口的5%～6%，如果按照这样的趋势发展，中小工商业经营者有可能上升为中国中产阶层的最主要构成群体。

以上四部分人，有些是交叉的，比如专业技术人员就与“新中产阶层”和效益较好的国有企业职工相交叉，所以，中国中产阶层的总比例比上述四部分之和还要小一些，估计总数不超过中国就业人口的13%。

从对于中产阶层以上四个阶层的分析中可以看到，中国中产阶层具有三个突出特点。

第一，中国并不存在一个统一的中产阶层，中产阶层的各个构成部分具有巨大的差异性，四个群体在经济利益、生活方式、文化程度等方面的差异性大于一致性。这意味着，对于中国来说，形成统一的中产阶层具有巨大的难度。换言之，中国中产阶层很难有所谓统一的利益要求。

第二，中国中产阶层的力量还是比较弱小的。从人数比例上看，前述的中产阶层的四大群体，不管是哪一个，与全国就业者、劳动者、工人、农民比较，都显得人数很少，全部加起来不足13%。所以，中国社会在今后的一段时间内，还不可能形成力量雄厚的中产阶层。中产阶层的长期短缺，使得“结构紧张”在一段时期内还难以消除。为此，在新的世纪里，我们只有积极培育形成中产阶层的社会条件。

第三，从“世界体系论”（沃勒斯坦，2000）的角度看，中国中产阶层的发展是受到制约的。如果中国作为出口初级产品的边缘国家而接受核心国家的高端产品，那么，中国因被大大压低了价格的初级产品而造成的广泛的低收入者阶层就不可避免，其结果只会是支撑着发达国家的庞大的中产阶层，而不会在本国产生庞大的中产阶层。所以，这成为制约中国中产阶层发展的一个严重障碍。

## 三　阶层利益的多元化

从上述对于中产阶层的分析中可以看到，中国的中产阶层不是一个统一的群体，而是分割成了不同的利益群体。其实，中国不仅中产阶层，社会其他阶层也出现了利益分割甚至利益碎片化的趋势。

现代化本身就是一个分化的过程，世界上所有国家的现代化都是从分化开始的，分化也具有某些正向的、积极的作用。过去人们以为，分化只能带来社会的不稳定，其实不尽如此。我们知道社会分化如果是简单的两极分化，那当然是不好的，但如果社会分化是利益的“碎片化”，人们的利益是多元的，那样，反而不容易发生重大利益冲突。比如，过去我国绝大多数城市居民都就业于按照全国统一工资标准的国营集体企业中，那时候，涨工资都需要中央颁布全国涨工资的命令。如今，绝大多数就业者就业于各种类型的公司、企业之中，涨工资是千百万公司、企业自己的事情，大家不用“齐步走”、不会产生“共振”。就业者的利益被众多类型的公司、企业所分化。

最近的变化表明，社会阶层、社会群体利益分化和多元化更为明显了。其基本的趋势是从过去的巨型、整体群体，分化为多元利益群体。在此，笔者试剖析利益分化的三个特点。

第一，阶层分化与身份群体交织在一起产生了多元利益群体。如上文所述，经济利益确实分化了，产生了贫穷与富裕的巨大差别，但是，这种差别与身份群体交织在一起，是环环相交叉的复杂关系，而不是简单的叠加关系。笔者以前分析过，20世纪80年代初的市场改革以前，社会各群体的关系更多的是一种身份制关系。比如，工人、干部、知识分子、农民等，他们之间的区分主要不是市场型的经济地位差异的区分，而是社会身份地位的差异。改革以后，经济指标作为社会地位区分的指标愈来愈突出，最终形成了上文所说的“阶层结构定型化”的趋势。但是，新的阶层产生，并不意味着传统的身份制就完全不起作用了。实际情况是，阶层结构定型化与传统的身份制交织在一起。其结果是，阶层与身份并存，在阶层内部会有很多身份群体。比如，20余年来，我国工业化速度很快，产业工人的队伍迅速膨胀。然而，由于原有的身份制的存在，中国产业工人内部有众多不同的身份群体，其内部的差异性一点不小于外部的差异性。目前在中国工人的内部，既有传统的国有、集体企业工人，也有从农村流入城市的农民工，有在乡镇企业劳动的工人，有相当多的家庭企业劳动的工人。即使在同一个单位里面，也存在着几种不同身份的工人。所以，工人的总人数虽然十分巨大，但是，却分化为很多小的利益群体。

第二，户籍、地域的差异与阶层差异交织在一起，形成了利益多元化、碎片化的特点。改革以后，虽然允许农民进城务工，但是户籍制度并没有弱化，在有一段时间里甚至还有所加强。90年代中期以后，虽然公安部允许各地做户籍改革的实验，但是大城市的户籍管理和控制还是很严格的。新近的改革特点是将外来人口、流动人口区分为不同情况，区别对待，比如上海、广州、北京等特大城市曾推出“蓝印户籍”，“A、B、C户籍”等区分多种户籍的政策。因此，其结果是，在同一个阶层的内部，产生了更为复杂的户籍利益群体。比如，同是在一个城市里经商的老板、经理，由于户籍身份的不同，就形成阶层内的小的利益群体。除了户籍以外，还有地域的巨大差别。近年的经济发展并没有造成地区经济差异的缩小，差异反而更大了，比如，到2002年底，北京郊区农民家庭人均纯收入是贵州农民家庭人均纯收入的3.62倍，而上海郊区农民家庭人均纯收入是贵州农民的4.18倍。所以，中国不同区域的农民有巨大差别，虽然都叫农民，其内部的分化是很厉害的。从大的地域上看，中国东北、华北、华中（或长江中下游）、东南沿海省份、西南地区、西北地区都有显著的经济差异，虽然都是农民，在不同区域经济地位会有巨大差别，很多情况下，区域的差异远远大于阶层的差异。

第三，体制的差异与阶层的差异交织在一起而产生了多元化利益群体。近年来，在我国阶层分化的同时，也产生了巨大的体制变迁和体制分化。20 世纪 90 年代中期以后，体制改革大步前进，迄今为止，由传统的国有、集体体制覆盖的人群已经大大减少，新产生的体制五花八门，包括私营、个体、外商投资、有限责任公司、股份有限公司、股份合作单位、联营、合资企业，以及港澳台地区的商人投资企业等。这些还仅是一些大的分类，笔者在实际调查中发现，实际运作中的体制比这些要复杂得多，比如：承包的、转包的、出租的、租柜台的、包工队式的、挂靠式的、交管理费式的；除了登记了的正式单位以外，还有大量的没有登记的非正式单位，其管理方式更是花样繁多，不同体制的单位，其工资制度、收入体系、福利体系均有巨大差别。中国目前的收入构成、工资体系、福利体系可以说是中华人民共和国历史上最为复杂的时期。由于体制的“碎片化”与阶层分化交织在一起，就形成了利益的碎片化。比如，失业人群本来是一个有明确边界的群体，但是，在我国当前却成为一个异常复杂和利益“碎片化”的群体，很难说有什么边界。且不说笔者以往的调研已经证明失业与“隐性就业”和“隐性失业”的群体交织在一起（李强、肖光强，2000），仅就失去工作这种现象看，也出现了复杂的局面，比如其分为下岗、离岗、内退、买断等情况。再加上不同单位对待曾在本单位工作的下岗者待遇很不一致，失业者的利益也碎片化了。

著名社会学家达伦多夫曾经认为，群体之间的各种利益差异越是相互叠加在一起（如贫富的差异又叠加上种族的差异），群体之间的冲突就会越强烈，反之则会越减缓（Dahrendorf，1959：239）。而中国目前的现实正如达伦多夫所讲的减缓的方面。由于社会利益结构朝向多元化方向发展，使得社会的多重利益交织在一起，而不是形成壁垒森严的裂痕型的分化。从社会学的角度来看，阶层利益的碎片化、社会利益的碎片化减小了社会震动，有利于社会稳定。这在一定程度上解释了，为什么一方面我国的贫富分化很严峻，但另一方面，却又没有产生巨大的社会不稳定。

## 思考题

1. 中国社会分层结构的基本特征是什么？
2. 怎样理解中华人民共和国成立前和成立后社会分层结构的重大区别？
3. 我国改革开放以后社会分层结构发生了哪些重大变化？
4. 我国社会学界在分析改革开放以来社会分层变化方面提出了哪些理论？怎样评价这些理论？
5. 新世纪以来，我国社会分层结构又出现了哪些新的变化趋势？

## 参考文献


边燕杰主编，2002，《市场转型与社会分层：美国社会学者分析中国》，北京：生活·读书·新知三联书店。

陈明显等，1989，《新中国四十年研究》，北京：北京理工大学出版社。

陈婴婴，1995，《职业结构与流动》，北京：东方出版社。

蔡欣怡，2007，《后街金融：中国的私营企业主》，台北：巨流图书股份有限公司。

费孝通，2006，《中国绅士》，北京：中国社会科学出版社。

费正清，2000，《美国与中国》，北京：世界知识出版社。

加塔诺·莫斯卡，2002，《统治阶级》，贾鹤鹏译，南京：译林出版社。

李春玲，1997，《中国城镇社会流动》，北京：社会科学文献出版社。

李春玲，2005，《断裂与碎片：当代中国社会阶层分化实证分析》，北京：社会科学文献出版社。

李明堃、李江涛编，1993，《中国社会分层：改革中的巨变》，香港：商务印书馆（香港）有限公司。

李汉林，2004，《中国单位社会：议论、思考与研究》，上海：上海人民出版社。

李汉林、王奋宇、李路路，1994，《中国城市社区的整合机制与单位现象》，《管理世界》第2期。

李路路，2002，《制度转型与分层结构的变迁——阶层相对关系模式的“双重再生产”》，《中国社会科学》第6期。

李培林、张翼、赵延东、梁栋，2005，《社会冲突与阶级意识：当代中国社会矛盾问题研究》，北京：社会科学文献出版社。

李强，1997，《经济分层与政治分层》，《社会学研究》第4期。

李强，1999a，《市场转型与我国中等阶层的代际更替》，《战略与管理》第3期。

李强，1999b，《生命的历程：重大社会事件与中国人的生命轨迹》，杭州：浙江人民出版社。

李强，1989，《中国大陆的贫富差别》，北京：中国妇女出版社。

李强，2000，《社会分层与贫富差别》，厦门：鹭江出版社。

李强，2004，《农民工与中国社会分层》，北京：社会科学文献出版社。

李强，2005，《“丁字型”的社会结构与“结构紧张”》，《社会学研究》第2期。

李强，2007，《政策变量与中国社会分层结构的调整》，《河北学刊》第5期。

李强等，1999，《生命的历程：重大社会事件与中国人的生命轨迹》，杭州：浙江人民出版社。

李强、洪大用等，1995，《市场经济、发展差距与社会公平》，哈尔滨：黑龙江人民出版社。

李强、肖光强，2000，《“隐性就业”现象研究》，《新视野》第5期。

李友梅、孙立平、沈原主编，2006，《当代中国社会分层：理论与实证》，北京：社会科学文献出版社。

刘兆佳等编，2000，《市场、阶级与政治：变迁中的华人社会》，香港：香港中文大学香港亚太研究所。

路风，1989，《单位：一种特殊的社会组织形式》，《中国社会科学》第1期。

陆学艺，2002，《当代中国社会阶层研究报告》，北京：社会科学文献出版社。

马克斯·韦伯，1994，《经济与社会中“身份群体与阶级”》，载大卫·格鲁斯基编辑《社会分层》，旧金山：维斯特尤出版社。

毛泽东，1967，《中国革命和中国共产党》，载《毛泽东选集》（一卷本），北京：人民出版社。

瞿同祖，2007，《汉代社会结构》，上海：上海人民出版社。

世界银行本书编写组，2006，《2006年世界发展指标》，北京：中国财政经济出版社。

孙立平，2004a，《断裂——20世纪90年代以来的中国社会》，北京：社会科学文献出版社。

孙立平，2004b，《转型与断裂：改革以来中国社会结构的变迁》，北京：清华大学出版社。

孙立平、李强、沈原，1998，《中国社会结构转型的近期趋势与隐患》，《战略与管理》第5期。

魏光奇，2004，《官治与自治：20世纪上半期的中国县制》，北京：商务印书馆。

许欣欣，2000，《当代中国社会结构变迁与流动》，北京：社会科学文献出版社。

杨晓民、周翼虎，1999，《中国单位制》，北京：中国经济出版社。

伊曼纽尔·沃勒斯坦，2000，《现代世界体系》（第1～3卷），罗荣渠译，北京：

高等教育出版社。

张宛丽、李强，2006，《社会分层研究》，载郑杭生主编《新世纪中国社会学："十五"回顾与"十一五"瞻望》，北京：中国人民大学出版社。

中共中央组织部课题组，2001，《中国调查报告（2000～2001）：新形势下人民内部矛盾研究》，北京：中央编译局出版社。

中华人民共和国国家统计局编，1999，《中国统计年鉴1999》，北京：中国统计出版社。

中华人民共和国国家统计局编，2005，《中国统计年鉴2005》，北京：中国统计出版社。

中华全国工商业联合会等主编，2005，《中国私营经济年鉴2002年～2004年6月》，北京：中国致公出版社。

中国民营经济研究会，2006，《民营经济占GDP比重达65%》，载中国民营经济研究会《民营经济内参》。

中国企业家调研课题组，2001，《2001中国企业经营者成长与发展专题调查报告》，中国企业家调查系统，北京。

Bian, Yanjie, 1994, *Work and Inequality in Urban China*, Albany: State University of New York Press.

Bourdieu, Pierre, 1996, *Distinction: A Social Critique of the Judgement of Taste*, Cambridge Massachusetts: Harvard University Press.

Dahrendorf, Ralf, 1959, *Class and Class Conflict in Industrial Society*, Stanford (California): Stanford University Press.

Mills, C. Wright, 1956, *The Power Elite*, New York: Oxford University Press.

Nee, Victor, 1989, "A Theory of Market Transition: from Redistribution to Markets in State Socialism", *American Sociological Review* 54: 663 - 681.

Parkin, Frank, 1979, *Marxism and Class Theory: A Bourgeois Critique*, New York: Columbia University Press.

Parish, William L. and E. Michelson, 1996, "Politics and Markets: Dual Transformation", *American Journal of Sociology* 101: 1042 - 1059.

Walder, Andrew G., 1986, *Communist Neo - traditionalism: Work and Authority in Chinese Industry*, Berkeley: University of California Press.

Weber, 1994, "Class, Status, Party", in *Social Stratification*, edited by David B. Grusky, Boulder: Westview Press Inc.

Whyte, Martin King, and William Parish, 1984, *Urban Life in Contemporary China*, Chicago: University of Chicago Press.

Zhou, Xueguang, 2004, *The State and Life Chances in Urban China: Redistribution and Stratification* 1949 - 1994, Cambridge, United Kingdom: Cambridge University Press.

# 第十章
# 农民工与社会流动

李春玲

1978 年开始的中国经济改革导致了中国社会的剧烈变迁，而由此引发的两个重要的社会现象就是大规模的城乡移民运动和社会阶层之间的地位流动。这两种社会现象反映了中国社会结构的深刻变化，同时也导致了一些新的社会群体和社会阶层应运而生，农民工就是其中一个最重要的、数量庞大并且不断增长的社会群体。这一群体的频繁流动、不稳定的生存状态以及不确定的社会身份，不断冲击着原有的社会结构和制度安排，并促成城乡社会的剧烈变迁。与此同时，人口的城乡迁移也伴随着人们的社会地位的变化，社会分层秩序的变迁改变了原有的社会流动模式，这既为人们创造了新的上升社会流动的机会，但同时也产生了一些新的社会障碍，使一部分人被排斥于地位上升渠道之外。

移民研究和社会流动研究都是当今社会学研究领域中的重要论题。社会流动研究在相当长的时期里一直是宏观社会学研究的一个重点问题，并发展成为一个专门的研究领域，而移民研究在最近的十几年则受到社会学家越来越多的关注，是当今社会学研究的一个热点问题。移民和社会流动是两种不同类型的社会现象，在社会学研究中也被区分为不同的专题领域，但在当今中国社会，城乡移民与社会流动这两种社会现象是相互结合的，移民运动和社会流动的高潮期是并存交错的，这使当今中国社会的移民运动和社会流动模式具有一些特殊性，因而，在本章中，我们把这两种现象放在一起加以讨论。

## 第一节　中国特色的城乡移民运动

大规模的城乡移民运动往往与工业化紧密相连，与工业化相伴随的是城市化，几乎所有的工业化国家都出现过城市人口规模的迅速膨胀，而城市人口的增长主要是由于城乡移民运动而非城市人口自然增长。在20世纪20～30年代中国工业化开始的初期，就出现过小量的城乡移民；50年代的工业化高潮期也导致了城乡移民浪潮；不过，真正的大规模城乡移民运动则开始于80年代中后期，至今这股浪潮还在持续增长。中国的城乡移民运动具有一些独特的特征，与早发的工业化国家和其他的发展中国家的城乡移民经历有所不同。

## 一　城市化战略与城乡移民

中国是一个人口众多的大国，而且有着庞大的农业人口，这使得中国工业化过程中的城乡移民问题更为突出。更为重要的是，中国政府曾经采取过一种特殊的工业化战略，在大力推进工业化的同时限制城市化的自然发展，在相当长的一个时期强力阻止城乡移民潮流，并在城市居民和农村居民之间设置制度隔绝和身份隔绝（户口制度和户口身份），这导致了后来爆发的城乡移民运动规模极为庞大，潮流极为汹涌，猛烈的移民浪潮与试图阻止这股浪潮的一系列制度设置和政府政策法规之间发生冲撞，从而使中国移民运动具有了某些独特之处。

20世纪50年代至70年代末期，中国推行的是一种特殊的工业化模式——优先发展重工业。由于以重工业为主的工业增长所创造的就业机会较少，吸纳农村剩余劳动力的能力弱，无法满足涌入城市的乡村移民的就业需求。在这种情况下，政府不得不采取强制手段并建立城乡户口制度，阻止农村人口向城市移民，甚至还在某些时期让部分城市居民迁往农村，这导致50～70年代中国的城市化水平严重滞后于工业化水平。1950～1977年，中国工业化水平从17%上升至44%，而城市化水平仅从11%上升至18%。实际上，从60年代中期至70年代末期大约15年期间，中国城市人口占总人口的比例几乎没有增长。因此，在这一时期，由农村向城市的移民运动基本上被完全阻隔，而其后果是，农村劳动力转移速度十分缓慢，农村地区积压了大量的过剩劳动力。1949～1979年，中国工农业产值构成发生了根本性的转变，1949年工业所占比重为20.3%，农业所占比重为79.7%，到1979年工业所占比重上升为70.3%，农业所占比重则下降为29.7%。而在同一时期内，劳动力的产业比例则变化很小，农业劳动力占总劳动力的比重始终未低于70%。农业劳动力转移速度严重滞后于工业化进程，使得大量的剩余劳动力滞留在农村，据估计，50～70年代，中国农村新蓄积了大约2亿的剩余劳动力（蔡昉，2001），这成为后来出现的大规模城乡劳动力流动和城乡移民运动的一个主要的原动力。

在这种工业化战略和政府政策导向的大背景之下，50～70年代出现的移民潮流主要是受国家政策和计划的驱动引导，这与大多数工业化国家的城乡移民运动有所不同。这一时期城乡移民的一个小高潮发生在50年代末期的“大跃进”时期，各地政府为了实现经济发展的超高指标，招收大批农村劳动力进入城市，1957～1960年大约有2700万农村人进入城市就业。但随后“大跃进”失败和三年经济困难时期，政府又动员数以千万计的城镇职工返回农村，从而形成了一股由城镇向农村的迁移潮流，其中1962年政府就曾动员2600万城镇职工返回农村（王春光，1996）。这一时期的最大规模的移民运动是因政府调整全国经济格局而开展的支边运动和新兴工业基地的建设运动而引发的迁移。比如，出于国防安全的考虑，政府把一些东部沿海城市的工厂迁入内地中小城市，导致大量职工及其家属西迁；为开发建设边疆，政府有计划地从东部人口稠密地区向黑龙江、宁夏、新疆等边远地区组织集体移民开荒垦殖；为了一些新兴工业基地的建设，政府从各地征招大量专业人员、管理人员及工人迁往这些工业基地，建设全新的移民城市，如石油城市（大庆市）、钢铁城市（攀枝花市）等。这一时期最为著名的迁移浪潮则是由于政治原因而引发的，即“文化大革命”时期的知识青年上山下乡运动和国家机关干部下放农村劳动运动。总之，这一时期的移民运动不是常规性的、由工业化驱动或经济增长带动的城乡移民运动，而是政府计划指令和政治需要所推动的移民运动，而且这些移民运动常常是反向性的城乡移民运动——由城市迁往乡村、由经济发达地区或核心地区迁向经济不发达或边远地区。有些学者称之为“反城市化”战略（李强，2003）。

1978年经济改革开始以后，中国政府的工业化策略和经济发展战略发生转变，同时，严格控制人口和劳动力流动的计划体制逐步转变为市场体制，政府以往所采取的阻止城乡移民潮流的行政和制度手段逐渐失去效用，大规模的城乡移民运动在新一轮的工业化高潮的驱动下开动涌动。尽管如此，经济改革的最初十年，城乡移民运动仍然受到政府政策和制度安排的限制。

1978年开始的经济改革最初是在农村地区推行实施，家庭联产承包制使农业劳动生产率得到极大提高，大量农村劳动力从土地的束缚中解放出来，迫切需要寻找就业门路，农村剩余劳动力问题变得日益突出，引发农民向非农产业流动的强烈愿望。不过，当时限制人口和劳动力城乡流动的户口制度还相当严格，同时政府的政策导向仍然倾向于禁止城乡之间的自由流动。农民在无法进城谋取工作的情况下，只好在当地农村创造一些非农就业机会，他们开办一些小型加工企业（当时称为社队企业）。社队企业在 20 世纪 70 年代末期和 80 年代初期得到迅速的恢复和发展，总产值从 493 亿元增加到 1017 亿元，1978～1983 年这 5 年年均增长速度为 21%，到 1983 年社队企业共吸收农村劳动力 3235 万人，比 1978 年增长 14.4%。与此同时，农村个体、联户办企业悄然兴起并逐渐发展壮大。受到这种现象的启发，著名社会学家费孝通先生和其他一些学者提出了农村剩余劳动力就地转移模式，这种观点立即获得政府决策者的肯定。1984 年中央政府的 4 号文件将社队企业正式改称为乡镇企业，各地政府纷纷支持本地的乡镇企业发展。随后几年里乡镇企业迅猛发展。1985～1988 年，乡镇企业数量由 154 万多个增长到 1888 万多个，乡镇企业从业人数由 5208 万人发展到 9546 万人，乡镇企业总收入由 1268 亿元提高到 4232 亿元，乡镇企业从业人员平均每年增长 20.8%。这 4 年期间累计转移农业劳动力达 5566 万人，平均每年转移 1113 万人，转移劳动力的总量平均每年增长 23.11%，农村劳动力非农化率由 8.8% 迅速提高到 21.5%。乡镇企业的这种发展速度，使政府决策者和专家学者们相信，“离土不离乡”、“进厂不进城”的农村劳动力转移方式可以解决农村剩余劳动力问题，并声称这是中国农民的“伟大创举”，是“中国特色的工业化道路”。与此同时，一些乡镇企业发达的地区，小城镇发展迅猛，出现了“农民造城”现象。学者们再次受到启示，认为不通过人口大规模地由乡村往城市的迁移就可以实现乡村地区的城镇化。

总之，中国的工业化战略和经济发展策略是尽可能地避免大规模的城乡移民，期望在工业化的过程中把城乡移民的冲动力加以分解和分化。

## 二 民工潮与农民工现象

乡镇企业的确是一种避免城乡移民的农村劳动力转移方式，然而，尽管这种方式在 20 世纪 80 年代显得相当的成功，但它还是无法阻止大规模的城乡移民运动的来临。中国政府的决策者和专家学者们作出了多种努力，进行了多种尝试，但还是没能突破这样一个规律——工业化必然伴随着城乡移民潮流，他们只不过使这股潮流到来的晚了一些，而被滞阻已久的潮流一旦冲破阻碍就将以更汹涌的态势冲击而来。

20 世纪 80 年代末期，中国的经济发展出现了波动，全国性的治理整顿，使乡镇企业发展速度下降，部分乡镇企业被关、停、并、转。乡镇企业吸纳农村就业能力明显减弱，仅 1989 年和 1990 年短短两年，乡镇企业职工人数减少了近 300 万人。1989 ~ 1991 年这三年中，累计转移的农业劳动力仅为 296 万人，不到前一阶段一年转移量的 1/3。这三年中平均每年转移的农业劳动力为 99 万人，转移劳动力总量平均每年仅增长 1.1%，农村劳动力非农化率出现了下降的局面，由 21.5% 下降到 20.7%。正是在这一时期，大量的农村劳动力开始离乡外出打工，他们主要是涌向东部经济发达地区和各地的大城市，并逐渐形成了规模越来越庞大的“民工潮”。在这之后，乡镇企业又经历了几次发展的高峰期，比如 1992 ~ 1996 年和 2001 年中国加入世贸组织以后，尤其是近年来，乡镇企业对农村劳动力的吸纳能力呈稳步增长态势。不过，尽管如此，乡镇企业发展还是阻止不了农村劳动力大批拥入城市，显然，单靠乡镇企业这一途径无法解决农村劳动力的产业转移问题，另外，发展较快的乡镇企业大多处于东南沿海地区，这些乡镇企业本身也吸引了大批农民离开家乡外出流动。

图 10 - 1 列出了 1988 ~ 2009 年农村流动就业人口的人数增长情况，它显示了来自农村的流动劳动力的规模增长速度。20 世纪 80 年代末期，农村外出流动劳动力初步形成规模，约为 2600 万（1988 年）和 3000 万（1989 年）；到 90 年代中期，农村流动劳动力数量翻了一倍多，达到 6200 万（1994 年）。同时，在这一时期，农村劳动力跨区域流动和进城就业的数量增长超过了乡镇企业所吸纳农村劳动力的增长速度，从而成为农村劳动力转移的更主要的形式。农村外出流动劳动力的庞大数量和增长速度是国家政策制定者、相关政府管理部门和专家学者们始料未及的，这股流动潮流与政府制订的户口制度和劳动力管理规则是相违背的；这些外出流动的农村劳动力被赋予一个极为否定性的称谓——“盲流”，政府官员和许多学者专家认为，这些劳动力的地区流动扰乱了社会管理秩序和社会稳定。各大城市的政府部门，为了阻止这些农村人涌入城市，不断出台各种行政法规，采用各种行政司法手段，遣送或驱赶外来的农村人，限制他们在城市中的就业，拆除农村流动人口的集聚社区，等等。但是，这些措施收效甚微，

涌入城市的农村人数量不但没有减少，反而越来越多。每年春节前后，在各大城市和交通要道的火车站、公路站、码头等交通枢纽处涌动的“民工潮”成为一个世界景观，数千万的农村外出打工者乘坐火车和汽车返回家乡过年，在春节之后，他们又从家乡带出更多的亲属同乡奔向城市。春节前后的民工大潮成为各大城市政府的心头之痛，也是整个社会管理系统的一个难点。

20世纪90年代的中后期，“民工潮”的规模继续增长，涌入城市的民工与企图阻挡他们涌入的城市政府之间似乎形成了一种博弈局面，城市政府不断地设置一些障碍，虽然无法完全禁止农村人进入城市，但的确给农村人增加了进城的困难、成本和风险。而农村人则义无反顾地冲击这些障碍，坚持不懈地涌入城市寻求谋生机会。这一时期快速推进的国有企业、集体企业和乡镇企业改制，造成大量城镇人口失业及城镇就业压力，这使进城农民工与城市本地人之间的博弈更加激烈。另外，由于在城市打工的农民不具备一种制度所承认的合法身份，他们常常在劳动力市场中遭遇严重歧视和不公正的待遇（比如拖欠工资、被老板限制人身自由等），但又不能、也没有渠道进行合法的申诉，以维护自身权益。正是在这一时期，这些在城市里打工的农村人被公众舆论贴上“农民工”的身份标签，他们既不是农民也不是工人，他们是生活在城市里的农村人。

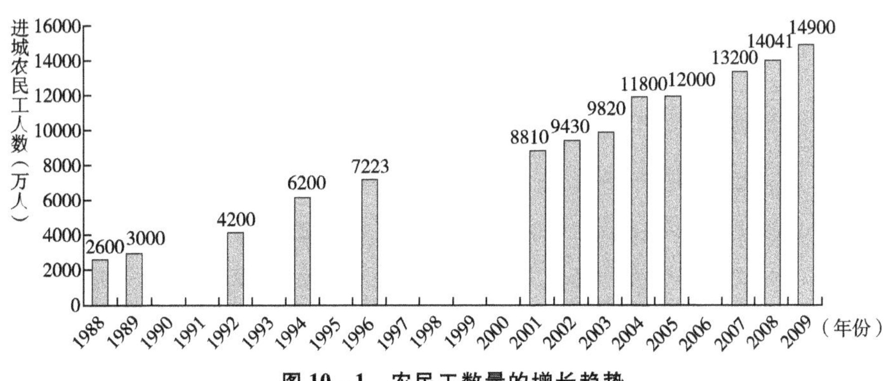


**图10－1　农民工数量的增长趋势**

资料来源：崔传义，2006；国家统计局年度公报，2008；2009；2010。

21世纪初以来，中国经济进入了新一轮的高速增长时期，尤其一些大中城市发展很快，城市规模的迅速扩张，提供了较多的就业岗位，需要大量的农村劳动力来填补这些空缺。与此同时，国家的政策制定者对于来自农村的流动劳动力的态度发生了很大的变化，官方舆论对于流动人口现象逐渐倾向于较为正面的评价，各地城市政府的政策导向也由原来的阻止流动人口转向引导和容纳流动劳动力。另外，城市中的社会公众舆论对于流动人口的态度也变得较为宽容和公正。在这一背景之下，农村流动劳动力数量进一步稳步增长，2001 年农民工人数为 8810 万，2008 年增长到 1.4 亿。虽然 2008 年底至 2009 年上半年的金融危机导致大约 2000 万农民工失业返乡，但随着经济的逐步恢复，农民工数量又继续增长，到 2009 年底农民工总数达到 1.49 亿，其中的很大一部分是在大中城市中就业居住。农民工成为城市人口中的一个重要构成部分，有些学者把他们称为“新工人阶级”，因为他们已取代原来的老工人阶级（以本地城镇居民为主的国有集体企业工人），成为城市制造业和服务业劳动力的主力。

## 第二节　农民工的社会经济地位获得

极为特殊的社会历史背景，以及持续存在的制度环境和国家政策导向，使中国的城乡移民运动的发展历程波折起伏，移民过程阻碍重重，农民工融入城市社会难度很大，但是，这些困难和障碍都阻挡不了农村人进城寻求他们的梦想——工作机会、高的收入和好的生活。对于广大农民来说，向城市移民就是一种社会流动的方式，通过移民，他们有可能改变他们原有的社会经济地位，脱离社会的底层或下层，上升流动进入社会的中上层。

### 一　劳动力流动与移民

由“盲流”变为“民工潮”，再发展到现今的农民工现象，这一变化反映出中国城乡移民运动的特殊历程，它与其他国家的城乡移民过程有一些不同。常规的城乡移民模式是劳动力流动与移民过程基本同步进行，许多农民举家迁离乡村进入城市谋取生计，找到工作和居所以后，基本在城市中定居下来，成为城市居民；另一些青年农民可能单身前往城市寻求就业机会，经过一段时间打工挣钱，具备一定的经济基础之后，在城市里成家立业，成为真正的城市人；这些移民的子女大多数在城市里出生、成长和接受教育，移民第二代与城市人基本没有什么差别。然而，中国的城乡移民过程则较为曲折，由于户口制度的持续影响，进入城市就业的农村人一直是流动劳动力（农民工）而难以成为定居下来的城市居民，他们通常是只身前往城市打工，把家人（配偶或子女）留在家乡，定期返回家乡与家人团聚，打工积攒下来的钱不是在城市里购置房产而是在家乡建造大房子，因为他们人生中的重大事件（如结婚、生育子女、养老和亡故）都安排在家乡而不是在他们工作的城市。近十年来，越来越多的农村劳动力把配偶和子女接入城市与他们一起生活，他们在农村的家乡仍保留着一个家（包括住房和责任田），而他们在城市里的家则常常像是一种临时性的居所。同时，即使他们在城市中已工作和居住了多年，他们还是难以融入城市社会，与城市人之间保持着长期的隔绝，农民工及其家人在城市中是一个特殊的社会群体，既不是城市人，也不是农村人，他们被称为流动人口。“流动人口”这一称谓形象地描绘出了他们的生存状态的特征。他们处于流动当中，没有长期稳定的居所，无法明确他们的归属；这意味着，他们还没有完成他们的移民过程，还没有成为在城市里定居下来的城市市民，仍徘徊在城市与农村之间。近年来，随着流动劳动力在城市就业和居住时间的延长，他们当中越来越多的人想在城市里长久定居下来。李路路的一项研究证实，大约50%的农民工希望能在城市中定居（李路路，2003）。

根据现有调查资料估计，目前全国约有2.2亿流动人口，其中1.49亿是农民工。约60%的农民工进入大中城市就业，即大中城市的农民工约8940万，另外约2980万农民工流入小城市，后者主要分布于东南沿海地区已工业化或半都市化的乡村地区。基于2000年第五次人口普查数据的分析，我们可以大致估计进入城市的农民工的移民状态和人数规模。“五普”数据显示，2000年全国（大陆）居住于城市的人口约29620万，其中32.6%为农业户口，即至少约9656万是来自农村的人口（另有一部分已改变户口身份的农村移民无法统计）。同时，29620万的城市人口中，约15%（大约4443万）是在外省出生的，23%（约6813万）是在本省外县市出生，即约11256万是出生后由外地迁入现居住的城市。另外，持农业户口的城市人口（约9656万）当中，有18.4%（约1777万）是在外省出生的，19.4%（约1873万）是在本省外县市出生。由此我们可以大致估计，城市中的外来农村移民——居住于城市但持农业户口并且出生地不是本市——的人数约为3650万。另外的62.2%（约6006万）的持农业户口的城市人是在本县市出生的，他们大多数是来自城市郊区县的农民，其中也包括因城市地域扩张而使他们的居住点由乡村变成城市的那部分人（村委会改成居委会)，这些人在一定程度上也可称为城乡移民，但地域迁徙的特征不太突出。从严格意义上来讲，9656万居住于城市的农民工（持农业户口的城市人）中，只有约37.8%（3650万）的人是地域迁徙性的城乡移民（外来农村移民）。3650万外来农村移民中，52.3%（约1909万）是在当地城市居住5年以上的长期移民，19.2%（约701万）是在当地城市居住2~4年的过渡移民，28.5%（约1040万）是在当地城市居住未满2年的新移民。长期移民中约73.1%（约1395万）在当地城市拥有了私有住房（购买了商品房、经济适用房、原有公房或自建住房），55.9%（约392万）的过渡移民在当地城市拥有了私有住房，39%（约406万）的新移民在当地城市拥有了私有住房，即约2193万（占所有外来农村移民的60.1%[①]）可以算是定居性移民。

另外一项主要针对大中城市的农民工的调查数据[②]则显示，城市中的农民工家庭只有约11.2%在城市中拥有私有房产（自购私房、自建或继承私房），绝大多数农民工家庭（约64.5%）是租住房屋，18.8%是住在公房、集体宿舍或工棚里，其余的6.2%属于其他情况。这意味着，在大中城市里，只有约1/10的农民工成为定居性移民[③]。在中小城市，由于房产价格还不太高，房地产还不太发达，以及对外来移民的歧视和排斥不太强烈，农村移民购买房产或自建私房的比例较高，有可能达到60%。上述调查数据还显示，52.9%的农村移民在农村老家还耕种着土地，50.3%的农村移民有家人留在农村老家，32.3%的农村移民有子女留在农村老家。从这些数据来判断，在大中城市，大约半数的外来农村移民只能算是流动性的劳动力，还不能算是真正意义上的家庭移民，另外一半的外来农村移民则趋向于举家迁移，而约1/10的外来农村移民基本上在城市里定居下来。

---

① 这一比例明显偏高，人们的一般印象是，进城打工的农民工大多居住于工棚中或租住破旧房屋中，很少会在当地城市购买或建造房产。比例高估的原因有可能是定居性移民普查时容易调查到，而非定居性移民有可能漏报，另外，被调查者有可能把在家乡的自建房屋填答为在城市里的自建房屋。

② 由国家统计局城调队和中国社会科学院经济研究所于2002年实施的“农村进入城市的暂住户调查”。

③ 这项调查抽中的样本大多是农民工（以体力劳动者为主的农村移民），从事白领职业或进入城市中上阶层的农村移民被抽中的比例过低，因此，对定居性移民比例的估计有可能偏低。

## 二　社会隔绝与农民工的市民化障碍

农民工之所以在城市中遭遇重重困难而难以定居，不仅仅是由于前面所提到的控制城乡人口流动的制度安排，更为重要的原因是，这种制度安排形成了一道无形的社会隔绝壁垒，它把农民工排斥于城市正常生活领域之外。以户口制度为基础的城乡二元结构把城市与乡村分离开来，限制城乡之间的人员流动。如今这套制度已不能阻止城乡人口流动和劳动力流动，但是，它所造成的后续影响是，随着农民工进入城市，这套制度的某些部分也被移入城市，从而在城市内部形成了一种二元结构，把本地居民与农民工分离在城市生活的不同领域。由于这种社会隔绝壁垒的存在，农民工常常难以挤入城市人的生活领域和空间；为了能在城市里生存下去，他们不得不自己创造一些新的领域和空间。

在就业领域和劳动力市场，本地人与农民工之间的隔绝十分明显。农民工通常难以进入正规经济部门和一级劳动力市场，他们往往停留在非正规部门和次级劳动力市场，而非正规部门和次级劳动力市场就业的突出特征是低收入、工作不稳定、工作环境恶劣、缺乏劳动保障并且多数是体力性劳动。这种现象在其他国家的城乡移民过程中也普遍存在，农村移民在进入城市的初期阶段大多在非正规部门就业，但经过一段时间，随着工作资历和人力资本的积累，移民逐步进入城市正规部门就业。中国农村移民由非正规部门和次级劳动力市场向正规部门和一级劳动力市场的过渡，由于政策阻碍和体制排斥，变得更加困难。在相当长的一段时间，一些地方城市政府明文规定，某些行业或单位（大多是正规的机关、企事业单位）不准雇用或在一定比例之内雇用外来农民工，这使农民工面临严重的就业歧视，从而不得不转向城市劳动力不愿意从事的就业领域——如建筑工、搬运工、清洁工、保姆和收废品垃圾等。这种状况导致了本地城市劳动力与农民工的就业领域的极大差异，前文的2002年全国抽样调查数据显示出两类劳动力的所有制、就业状态和职业分布存在明显差异。在所有制分布方面，农民工就业者仅有7.2%就业于国有部门和5.5%就业于城市集体企业，0.6%就业于三资企业，其余的86.7%都就业于个体私营企业，而本地城市就业者则有33.8%和14.5%就业于国有部门和集体企业。在就业状态方面，农民工就业者中仅有5.3%属于固定工或长期合同工，其余94.7%都是临时工、短期合同工或自雇者，而本地城市就业者属于固定工或长期合同工的比例则为71.6%。在职业分布方面，超过半数（52.7%）的农民工就业者从事个体私营经营，受雇为白领职业（专业技术人员、管理人员、办事人员）的人仅占6.9%，而其余40.4%的人为蓝领工人，其中一部分从事商业服务业工作，另外一部分则从事体力工作或被人看不起的工作。而本地城市就业者大约半数（51.7%）从事白领职业，从事个体私营经营的比例则很低（4.7%）。这些数据反映出，农民工的就业主要被局限于两个领域，接近半数的农民工从事低收入、不稳定的体力工作或受歧视职业，另一半的农民工从事小商业、小服务业的个体经营，而本地城市劳动力则较少进入这两个领域。另一方面，城市经济发展创造出的大量白领职业岗位，则大多为本地城市人所垄断，农村移民则较少机会能得到这些工作机会。

农村移民与本地城市人之间还存在着社会身份差异。长期以来，农村移民在城市中的合法身份一直没能明确下来。在户口制度较严格的时期，农民工在城市中就业和居住都是不合法的，随着户口制度的松动，农民工在城市中的社会身份的不合法性逐渐淡化，但从国家政策和社会制度角度来说，并未公开明确申明农民工拥有与城市人一样的合法身份和相应权益。尽管农民工可以在城市就业和居住，但他们没有被正式制度确认为具有合法身份的城市人或城市公民，他们也就不能享有市民应该享有的待遇和权利。在城市社会经济生活的许多领域，农民工及其家人仍然不能享有与城市市民同样的待遇，一些市政管理机构还是把他们看成城市里的异类人群，而本地城市人则认为外来的农民工挤占了他们应享有的社会公共资源和经济机会。农村移民缺乏合法正当的市民身份，使他们经常遭受各种各样的歧视，如就业歧视、就学歧视、使用各种公共设施和享用公共服务方面的歧视等。这一点在社会保障方面也有所表现。据中国社会科学院人口与劳动经济研究所2005年的调查，城市本地劳动力拥有基本养老保障的比例为61.7%，而农村移民则只有8.3%；城市本地劳动力拥有基本医疗保障的比例为52.3%，而农民工仅为6.8%（王德文等，2006）。

长期存在的就业领域和制度身份的隔绝，进一步导致了本地城市人与农村移民之间的社会生活的隔绝。农村移民虽然居住在城市里，但他们的生活与城市人的生活极为不同，他们的生活空间和生活方式都与城市人相隔绝。在城市的城乡结合部，农村移民集聚而居，形成许多地缘性或业缘性的移民社区，如北京的“浙江村”、“河南村”、“安徽村”等。在这些农村移民的居住区，农民工自己办起了托儿所、小学校、卫生所、小饭馆、小卖部，甚至还有提供文化娱乐的场所和解决流动劳动力性生理需求的场所。在邻里及亲友之间也有合作互助，他们组成安全防护组织，或者内外分工合作——老人或妇女负责做饭、洗衣和带小孩，年轻人负责打工赚钱。居住在这些社区的农村移民，还形成一些“经营互助型”或“传统帮会型”的非正规组织，比如“同乡商会”、各类包工队以及“垃圾帮”、“乞丐帮”等。这些居住社区几乎已成为功能齐全的小社会，它相对独立于城市生活圈而自成一体。居住在这类居住区的农村移民，很少有机会与本地城市人交往，他们对城市生活了解很少，而本地城市人很少也很难进入农村移民的生活空间。另外有一些农村移民散居于城市的各个地方，他们为城市人提供各类商贸服务，与城市人居住于共同的空间之内，但他们与城市人之间仍然没有社会交往。不论城市人还农村移民本身都感觉到他们之间的社会文化差异，城市人把农民工看成是城市中的异类，而农民工则感觉他们是在城市主流生活的夹缝中生存。被隔绝得更加严密的是那些生活在建筑工棚和工厂集体宿舍中的农民工，他们中的一些人在城市打工多年，却对当地的人文景观和城市风貌所知甚少。

农村移民与城市人之间的社会隔绝表现出代际传递的迹象。农民工子女的成长环境和条件与城市孩子有很大不同。早期的农民工大多把子女留在农村老家，这些孩子被称为“留守儿童”，当他们的父母在城市里有了较稳定的工作和住所之后，会把他们接到城市一起生活，他们又变成了“流动儿童”。根据2000年第五次人口普查数据，农村留守儿童大约有2000万，城市中流动儿童约有1400万。留守儿童进入城市后常常会遭遇适应城市生活环境的困难，他们的家乡口音、衣着和行为方式会遭到城市孩子的嘲笑，城乡教育差异使他们难以跟上城市学校的教学进度。许多流动儿童在移民社区中成长，在移民自己办的小学里上学。如此的成长经历，会使他们长大成人后仍然保留着与城市人之间的社会文化差异。另一些流动儿童与城市孩子上同样的学校，与城市人居住于同样的社区，但他们经常遭受城市孩子及其家长和教师的歧视。

目前，农村移民数量约占中国城市人口的1/3，他们已成为城市人口的重要构成部分，但是，农村移民与城市人之间存在的就业领域、制度身份和社会生活等方面的隔绝，实际上在城市中形成了两个相互分离的社会生活空间，它在城市内部造就了某种意义上的二元社会。由此我们可以意识到，从农村劳动力转移数量和速度来看，目前的中国城乡移民运动发展极快，但从移民的市民化水平来看，中国城乡移民运动还需经历漫长的历程。工业化和现代化并不仅仅意味着劳动力的产业转移（经济层面的转型）——把农民变成工人，同时也必然包括社会生活层面的转型——把农村人变成城市人以及都市生活方式取代乡村生活方式成为社会主流，而这些社会生活层面的转型，特别是个人生活领域的现代化往往是通过城乡移民的方式来实现的。另外，中国城乡移民所遭遇的市民化障碍，有某些方面类似于发达国家的国际移民的境遇。国际移民存在着如何获得合法的公民身份的问题，同时，由于不同的文化、历史、宗教等背景，他们也面临着如何适应当地的社会文化并获得当地人的社会认同等问题。在一些就业压力较为严重、民族和宗教矛盾较为突出的地区，移民问题会引发社会冲突。

## 三　农民工与社会经济地位流动

由乡村迁往城市的移民行动是处于社会底层或较低社会经济地位的农民实现向上社会流动的重要途径，农民工之所以能在重重阻力之下，坚持不懈地涌向城市，是因为在城市中他们有可能获得改变自身命运的机会——提高收入和谋求职业发展，以改善原有的社会经济地位。

刘易斯和托达罗（Lewis，1954；Todaro，1969，1994）都把追求收入提高作为城乡移民的主要动力，的确，农民通过移民过程改善了经济地位状况。在接受调查的农民工中，有53.9%的人移民前在农村的个人年收入在1000元以下，进城后现在的年收入（2002年）仍维持原有水平（1～1000元）的人仅占1.5%，其余98.5%的人收入都有所提高，其中，收入为1001～5000元的占31%，5001～10000元占47.5%，10001～20000元占16.9%，20001～30000元占1.9%，30000元以上占1.2%。38.8%的被调查者移民前在农村时的年收入为1001～5000元，其中27.5%的人移民后现在的年收入没有提高，另外的72.5%的人收入都得到提高。6.3%的被调查者移民前在农村的年收入为5001～10000元，他们当中67.4%的人收入没有提高，另外32.6%的人收入有所提高。移民前在农村的年收入为10000元以上的被调查者极少。总体而言，83.7%的农民工实现了经济地位的向上流动，14.3%的农民工的经济地位没有明显变化，仅有2%的农民工出现了经济地位的向下流动。与此同时，对于未来5年的收入变化的预期，有6.9%的农民工认为他们的收入会“大幅度上升”，54.8%认为会“小幅度上升”，28.8%认为“不变”，9.5%认为会“下降”，即61.7%的农民工预期他们的经济地位还将进一步提高（崔传义，2006）。

收入的提高和经济地位改善只是移民行动获益的一个方面，而另一方面，移民们通过职业变动也实现了社会地位的向上流动。图10－2反映出移民前后的社会流动状况①。接受调查的农民工中18.8%在移民前未工作，他们大多是初、高中毕业生或肄业生，在农村未找到合适的工作而处于待业或失业状态。移民进城后，有0.9%成为企事业单位负责人，7.7%成为专业技术人员，35.1%成为个体户或私营企业主，5.7%成为办事人员，28.6%从事商业服务业工作，5.3%进工厂当工人，5.1%是建筑工人或家庭服务员，11.6%从事其他职业。这些数据表明，在农村未工作的移民进城后约83.3%实现了上升社会流动，其中14.3%流入白领职业（企事业单位负责人、专业技术人员和办事人员），35.1%成为个体私营经营者，33.9%流入蓝领职业（商业服务业员工和工业工人），而其余的16.7%（建筑工人、家庭服务员或其他职业），虽然不能看成向上流动，但也不能算是向下流动。被调查的农民工中有64.5%在移民前从事农业劳动，移民进城后89.2%实现了上升社会流动，其中，3.9%流入白领职业，55.6%从事个体私营，29.7%流入蓝领职业，另外，10.8%的建筑工人、家庭服务员或从事其他职业的人属于不流动或下降流动。被调查的农民工中有6.2%在移民前是乡镇企业工人，其中，移民进城后约86.5%实现了上升社会流动，其中13.1%流入白领职业，46.3%从事个体私营经营，27.1%是商业服务业员工。被调查的农民工中有8.9%在移民前是个体经营者，其中，移民进城后约2.9%上升流动进入白领职业，63%的人继续从事个体私营经营，他们中的一部分也应属于上升流动——由小个体户变为企业主。被调查的农村移民中移民前是民办教师和村干部的比例很低（同为0.8%），他们当中也有少量比例实现了上升社会流动——分别有3.4%和3.8%成为企事业单位负责人，以及62.1%和61.5%的个体私营经营者中有一部分成为企业主。总体而言，从职业变动角度来看，85.8%的农民工实现了上升社会流动，8%未流动，6.2%下降流动。除了职业变化以外，个人的主观感

① 根据职业声望量表判断是上升流动、不流动还是下降流动（李春玲，2005：195～201）。

受也是反映社会地位变化的一个方面。上述调查数据还显示，把现在在城市的生活与过去在农村的生活相比较，55.9%的农民工感觉“更幸福”，40.8%感觉“差不多”，3.3%感觉“更不幸福”，即超过半数的农民工感受到了社会地位的上升。

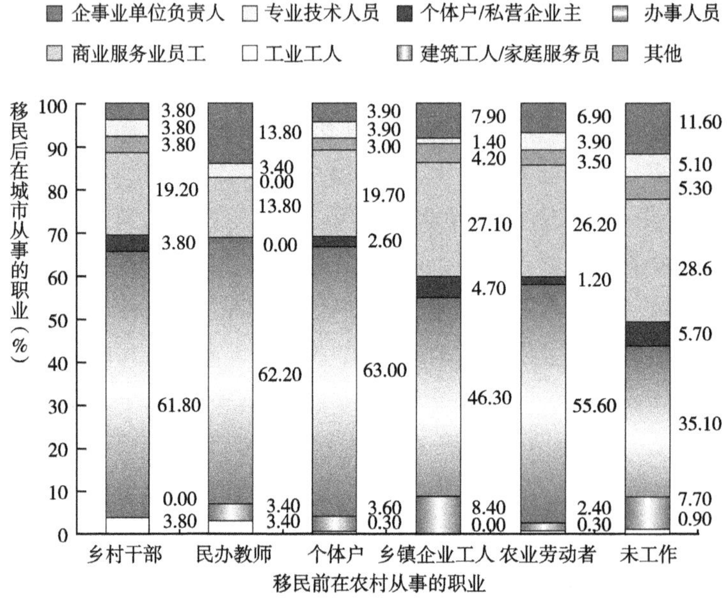


**图 10－2 农民工社会流动图**

农民工想通过劳动力流动和移民行动来改变他们的社会经济地位，而且他们中的大部分也的确实现了不同程度的社会经济地位的提升，因此在农村移民群体内部也出现了社会分化现象。但是，由于前面部分所提到的社会隔绝壁垒的作用，农村移民所能获得的上升流动机会较少，上升流动的空间和渠道狭窄。对于农民工的社会流动和地位获得模式研究表明（李春玲，2006；王奋宇、赵延东，2003），与本地劳动力相比较，农民工更努力地争取，实际上也更频繁地经历着工作变动和职业流动，而他们获取上升社会流动的机会明显少于本地劳动力；农民工有可能争取到的上升流动机会多处于远离国家控制和制度规范较弱的领域，他们所能取得的较高的阶层位置是中小企业主和中小企业的管理者，而不太可能成为正规经济部门的管理人员和专业技术人员以及政府机关干部。同时，农民工的社会经济地位获得模式与本地城市人极其不同：由于二元社会结构的作用，农民工被隔离在特定的社会和经济空间之内，从而迫使他们不能按照常规的地位获得模式去争取上升社会流动机会，而是采取了特殊的方式和沿着特殊的路径进行流动。对农村移民来说，家庭出身背景、人力资本投资、工作资历的积累、受雇于好单位等因素（即现在制度安排所设置的常规社会流动路径）并不是最重要的，更重要的可能是社会网络、机遇、冒险等非常规因素。

## 第三节　社会转型时期的社会流动

由城乡移民运动而引发的社会流动只是当代中国社会流动浪潮的一个组成部分，工业化、城市化以及制度变革不仅为农村移民提供了社会流动的渠道，同时也为其他社会成员创造了社会流动的空间。由传统农业社会向现代工业社会的转型常常伴随着社会流动模式的根本转变。传统社会的社会流动率较低，由于社会等级制度严格，人们改变社会地位的机会较少，个人在社会中的地位等级通常是由其父母的地位身份所确定，而且常常终其一生而难以改变。出身帝王将相家庭的人，世袭其父母地位而终生富贵；出身平民百姓家庭的人，会像其父母一样处于社会的下层而较少机会跃升入社会上层。因而，传统社会的特征是世袭性、先赋性（先天性因素决定个人地位）、封闭性（严格的等级制度）和低社会流动率。现代工业社会的情况则不同：尽管家庭出身背景对个人地位还有影响，但这种影响在逐步弱化，因为社会等级制度日益松动，原来处于社会底层的人可以通过获取经济成功（发财致富）和学历文凭来改变自身的地位，而处于社会上层的人也有可能落入社会中下层甚至底层。因而现代工业社会往往具有较高的社会流动率。同时，工业化带来的产业结构和职业结构升级，向人们提供了大量的上升流动机会，由于白领职业岗位数量大增，许多工农子弟有机会进入非农职业和白领职业行列，这些上升流动通常采取阶梯性逐级上升形式——由下层（蓝领工人）上升到中下层（普通办事人员）再上升到中上层（专业人员和管理人员）。因而，现代工业社会的特征是开放性、获致性（可以通过个人后天努力而改变身份地位）以及高社会流动率、较多的上升流动机会和阶梯性逐级流动。中国社会由传统向现代的转型也伴随着社会流动率和社会流动模式的变化，不过，由于中国极其特殊的社会政治变迁过程，中国社会流动的演变也表现出一些独特性。

## 一 经济改革之前的社会流动

中国社会由传统农业社会向现代工业社会的转型经历了漫长的过程，这一转型至今还在持续进行当中。在传统向现代转型的过程中，中国社会还经历了剧烈的政治变动和制度改造，这使中国社会结构的变迁历程和社会流动模式转变，与其他一些社会的变迁历程——由传统的、封建性的农业社会转变为现代的、资本主义的工业社会——有所不同。

1949 年中国共产党夺取政权后，新成立的政府对原有社会结构进行了彻底改造，资产阶级和地主阶级被基本消灭，工人和农民的社会政治经济地位得到极大提高，这些社会改造运动导致了大规模的、剧烈的社会流动。社会改造运动之后形成的社会结构还未来得及完全稳定下来，又迎来了新一轮的重大社会变动，这就是 20 世纪 60 ~ 70 年代的"文化大革命"，它对大批的知识分子和一部分中国共产党中高层干部造成了冲击，而一些普通工人和农民在造反运动中成为新的"政治贵族"。这一系列的社会改造运动和政治运动，造成了这一时期极为特殊的社会流动模式，虽然这一时期是中国工业化推进的重要时期，但这时期的社会流动模式与其他国家的社会流动变迁有一些不同特征。图 10 - 3 描绘了经济改革以前社会流动的基本状况和模式。

从社会流动的基本形态和人们的社会经济地位状况来看，在这一时期，社会成员可以区分为三大类：干部、工人和农民。根据这三个群体的社会经济地位状况和职业流动的走向，我们可以把这三个群体进行高低等级排列：干部在社会流动等级体系中排列在上层，工人处于中间层，农民处于下层。在人们的社会流动经历中，有三道结构性屏障给人们设置了障碍。这三道屏障就是户口身份屏障（户籍制度）、档案身份屏障（行政档案制度）和政治身份屏障（意识形态）。户口身份屏障是一道最难以跨越的障碍，1940 ~ 1979 年期间，仅有 5.2% 的农民跨过了这道屏障，其中 3.1% 成为工人，2.1% 成为干部。行政档案制度也是很严格的，政府按照一系列的规定把非农民身份的就业者划归为两类：干部和工人。一旦被确定为工人身份，要转而成为干部，也是十分困难的。政府按照计划每年安排少量的工人转干部的指标，这是工人可以争取到的少量的上升流动机会。在干部身份的人群内部，存在着一道政治身份屏障，它阻碍了专业技术人员流动进入机关干部和企业干部群体。由于执政党对专业技术人员的政治忠诚程度和政治立场持怀疑态度，专业技术人员在干部群体中一直处于一种边缘性的、不稳定的地位，只有极少数的专业技术人员（1.5%）能通过严格的政治考查而转成机关或企业干部。

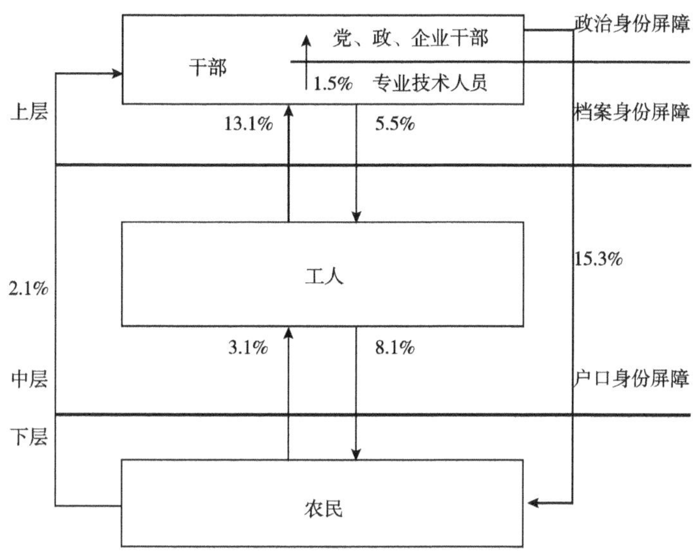


**图 10－3　1980 年以前社会流动路径与屏障（代内流动）**①

人们在社会流动过程中所遭遇到的这三道屏障，并不是人们之间的社会经济地位差异或阶层分化所导致的后果，它们实际上是一些特殊的制度安排，这些制度安排试图通过政府的行政手段，给每一个人确定一种制度身份及相应的社会保障和福利待遇，并使每个人的制度身份固定化而不发生改变。与其他的社会结构因素所导致的流动屏障相比，制度性屏障更为严格也更缺乏弹性，人们要突破它们的阻碍也更加困难。因此，户口制度、行政档案制度和政治身份制度给人们的社会流动设置了三道难以逾越的高墙，使经济改革以前的社会结构在一定程度上具有刚性的、僵硬的、封闭的特征，人们的社会流动受到了极大的局限。

但另一方面，尽管存在这三道严格的制度屏障，干部、工人和农民三

① 图 10－1 和图 10－2 中，箭头代表流动方向，双向箭头代表相互流动，带箭头的线的粗细程度代表流动率的高低，箭头旁边所标数据为流动率。本章中有关社会流动分析的数据来自中国社会科学院社会学研究所“当代中国社会阶层结构”课题组于 2001 年收集的全国抽样调查数据（参见陆学艺，2004；李春玲，2005）。

个群体之间仍然保持一定比例的相互流动。在经济改革以前，农民受户口制度的严厉约束难以进城就业，发生社会流动的机会很少，但也有农民一跃成为干部，甚至直接成为较高级别的干部。这种大跨度的流动（长距离流动）在经济改革以后几乎不太可能发生，在其他工业化或正在工业化的社会中也较少发生。工人的情况也是如此，虽然行政档案身份极大地约束了工人的向上流动机会，但1980年以前大约有13.1%的工人流动进入干部群体，这一向上流动比例还是相当高的。实际上，经济改革之前的工人的向上社会流动率要高于经济改革开始以后。最令人感到意外的是干部、工人和农民三个群体之间跨越制度屏障的向下流动比例。干部流向工人的比例为5.5%，按照通常的社会流动模式，这一向下流动（由白领转向蓝领）比例是比较高的。由工人流向农民的比例（8.1%）竟然远远高于农民流向工人的比例（3.1%）。最令人不可思议的是干部流向农民（直接由上层流向下层）的比例（15.3%）。这些情况表明，经济改革以前，在制度性的流动屏障限制了人们的社会流动的同时，还存在一些特殊的流动机制，保持着上层、中层与下层之间的流动渠道。这些特殊的流动机制包括：上大学、参军、提干（代干）和政治运动或政治变迁。上大学和参军为许多工人和农民提供了改变身份的机会，特别是招收工农兵大学生的政策，使一批普通工人和农民成为干部。以工代干和以农代干政策，使部分工人和农民在没有改变制度身份的情况下成为干部，不过，这些干部有可能又返回去当工人和农民。历次政治运动也造就了上下流动的契机，一些干部和知识分子下放成为工人和农民，同时，部分工人和农民直接升任领导干部（进入省市区县各级革委会）。这些特殊的流动渠道也是制度安排的一个部分，它与其他工业化社会的流动机制有所不同，这种流动机会的获得主要并不取决于个人的努力或人力资本积累，也不是取决于家庭背景，而更大程度上取决于政府在特定时期采取的特殊政策。通过政策设置的这些流动渠道，政府实际上控制了社会流动的方向和流量。

另外，经济改革之前的代际流动模式也较为特殊。一般来说，传统社会的代际流动具有较强的世袭性，父母的身份地位很大程度上决定了个人的身份地位，而工业化现代社会的代际流动的世袭性则极大弱化，不过，由于父母的职业及教育背景对子女教育获得有显著影响，而教育水平会在很大程度上决定个人的身份地位，因此，家庭背景对人们的社会经济地位获得还是有很大影响的。然而，在经济改革之前的代际流动中，家庭背景与其子女的教育获得和职业地位获得之间的关系都比较弱。干部出身干部家庭或知识分子出身知识分子家庭的比例都远低于经济改革开始之后，而工农子弟成为干部和知识分子的比例则较高。不过，对于某些特殊人群，家庭背景还是有强烈影响，比如出身地、富、反、坏、右家庭的子女在争取高等教育机会和工作分配方面受到极为不公平的待遇，而少数高干子女在参军、上大学和分配工作时获得一些特权，但这些人群的数量并不是很多。

总体而言，经济改革之前的中国社会有一套极其特殊的社会流动模式和流动机制，它的上下流动规则与一般的工业化社会不同。国家设置的制度屏障阻止了人们的社会位置的改变，导致了刚性的、僵硬的社会结构，同时，国家政策又时常制造一些流动渠道，使社会的上层与中下层能够沟通，避免社会上层群体形成封闭的、排他性的特权阶级或阶层，从而使刚性的社会结构时不时地松动一下，以保持其灵活性。因此，经济改革之前的社会流动模式既不同于传统的社会流动——世袭性、先赋性、封闭性和低社会流动率，同时也不同于现代工业化国家的社会流动——开放性、获致性、高社会流动率以及较多的阶梯性上升流动，而这一时期的社会流动途径和规则都表现出非常态性，它是由政府政策和制度导致的结果。

## 二 社会流动模式的转变

1978 年开始的经济改革带来了中国社会的巨变，而社会流动的基本模式也发生了根本转变。很明显，经济改革以来形成的社会结构比经济改革以前远为复杂，社会群体更为分化，流动路径更为繁多，同时，阻碍流动的结构性屏障与经济改革以前完全不同。

首先的一个重大变化是，经济改革之前的社会阶层结构——以干部、工人和农民为主要构成成分——逐步分解分化，并逐渐形成了新的社会阶层和阶层结构，社会流动的等级体系也发生了相应的变化。

其次的一个变化是，经济改革以前阻碍人们社会流动的三道制度性屏障（户口制度、行政档案制度和政治身份），其作用现今已大大削弱。经济改革开始以后，随着社会政治政策的转变，政治身份对流动机会的影响不再重要，尽管党员身份对党政领导干部的选拔还有影响，但党员身份的获得不再像以前那样需要经历严格的政治审查和政治考验。行政档案制度在党政机关虽然还存在着，但工人上升流动成为其他白领职业人员，主要并不受档案身份的制约，相反，它更大程度上是受文凭学历技能资格的限制。户口身份屏障的打破则经历了较长的时期，20 世纪 90 年代约半数（48.4%）农业劳动者上升流入其他社会阶层，这一比例是经济改革之前的 9 倍多，它表明户口身份对农民流动的制约极大地弱化了。目前来看，农民上升流动的主要制约因素并非户口身份，而是工业化和城市化能产生多少非农职业空缺。

经济改革促使以往的制度性屏障迅速打破，说明了一个问题，即因制度设置而导致的流动屏障，虽然具有僵硬的、刚性的、严格的特性，但它们较缺乏稳定性和持久性，一旦政策改变导致制度安排的变化，制度性屏障较易于解除，除非制度性屏障已导致了社会群体之间持续的、明显的社会经济差异。不过，尽管原有的制度性屏障趋于弱化，但一个新的制度屏障——体制内外的区分——却十分明显，由于这一体制屏障的约束，某些人或某些群体（比如个体工商户、农业劳动者、私营企业主等）只能在体制外进行上下流动，而难以进入体制内。体制内部分下层成员则被强制性地排挤出体制内（下岗职工），同时体制内的中上层成员可以自由选择是留在体制内或向体制外流动，而且通常他们向体制外的流动是上升流动（谋取更好的职业和工作）。体制屏障是转轨时期（由计划体制向市场体制的转轨）的社会流动的一个特征，随着转轨的进一步推进，体制屏障的作用将会逐步弱化。

第三个变化是，随着原有的制度性屏障的弱化和崩溃，新的流动屏障开始形成。新的流动屏障的形成原因和运作机制与原有的制度性屏障极为不同，新的流动屏障是阶层分化和新的阶层结构趋于形成所导致的后果，这也就是说，阻碍人们上升流动的主要原因并非是由于政府的行政规定及相应的制度安排，而是由于社会经济分化所导致的阶级阶层之间的差异、排斥和隔绝。基于对 20 世纪 90 年代以来的社会流动现象的观察，我们可以发现有三道因阶层分化而导致的结构屏障。第一道屏障是是否占有最重要的资源种类（权力资源和经济资源）而导致的阶层分化，没有这两种资源的阶层想要跨越这道屏障进入拥有这两种资源的阶层是有一定困难的。在经济改革以前甚至经济改革开始的最初十年，拥有权力资源和经济资源的社会群体与没有这两种资源的社会群体之间的鸿沟并没有那么明显。第二道屏障是劳动技术分工（白领职业与蓝领职业）或者说拥有文化资源与没有文化资源而导致的阶层分化，蓝领阶层想要上升流动进入白领阶层比以前困难得多，各种学历文凭和资格认证构成了这道屏障的基础。第三道屏障存在于有机会争取到就业岗位的人与没机会获得工作的人之间，那些既没有权力资源、经济资源和文化资源，也没有社会关系资源甚至连最基本的人力资本也缺乏的人，被抛入底层社会而难以寻求到改善境遇的机会。

由这三道阶层结构屏障而形成的社会流动等级体系与经济改革以前的制度屏障等级体系有很大的不同。制度性屏障具有刚性、僵硬和严格特性，而由阶层结构所导致的屏障则具有弹性、灵活和松动的特性，它们的运作机制和阻碍人们社会流动的方式是不同的。经济改革之前的制度屏障是绝对严格的，人们单靠自身努力是难以逾越的。而由阶层差异所导致的流动屏障，人们则可以通过个人的努力奋斗，来获取教育、经济财富和权力地位，并跨越屏障而实现上升社会流动。因此，总体而言，经济改革以来的社会流动更多地取决于获致性因素（个人后天的努力）而不是先赋性因素（出生时已具有的身份特征）。尽管如此，某些先赋性因素——家庭背景以及家庭所拥有的社会资源——仍然对个人的社会流动经历产生影响。但这些先赋性因素发挥作用的基础是阶级阶层之间的差异以及这些差异的稳定化（阶级阶层结构），它的运作方式不是政府的行政规定而是社会排斥机制。在后面部分有关社会阶层和流动人口的社会流动的分析中，我们可以观察到许多社会排斥现象。另外，以阶级阶层等级体系为基础的社会流动模式的另一个重要特征是，多数的社会流动属于短距离的逐级上升或下降流动，大跨度的上下流动（长距离流动）较少发生，等级地位相近的阶层之间的相互流动（层内流动）远远多于跨越结构性屏障的层间流动。

## 三　开放性与社会流动率

由传统社会向现代社会的转型往往意味着社会变得越来越开放，而其中的一个标志性特征就是社会流动率的提高，同时，衡量一个社会的公平程度高低，是看其上升流动机会是否在社会成员中较为公平分配。那么，由现在的社会流动状况来看，中国社会是否朝着越来越开放和越来越公平的方向发展呢？

单从总的代际流动率和代内流动率来说，经济改革以来的社会结构更加开放，因为这一时期的流动率明显比经济改革之前高。

表 10 - 1 列出了不同年代的代际和代内总流动率、不流动率、向上流动率和向下流动率。所有的数字都显示经济改革之后的流动率比经济改革之前高。从代际流动率来看，1980 年以前开始就业的人的总流动率为 41.4%，而 1980 年以后开始就业的人的总流动率则为 54%，经济改革之后的流动率比经济改革之前上升了 13 个百分点，同时，向上流动率和向下流

动率也分别上升了8个百分点和4个百分点。最初职业与当前职业的代内流动率也显示了同样的趋势，1980年以前开始就业的人的总流动率为35.3%，1980年以后开始就业的人的总流动率为38.2%，尽管后者的流动率比前者提高得并不是很大，但应考虑到，1980年以前开始就业的人已经历了较长的就业期，发生社会流动的可能性应该比1980年以后就业者更大，然而，他们的流动率还比后者要低，这就说明，1980年之后或者说经济改革以来，社会向人们提供的流动机会比1980年之前多。与此同时，最初职业与当前职业的代内流动率数据还显示了一个奇怪现象：虽然1980年以后开始就业的人的总流动率高于1980年以前开始就业的人，但他们的向上流动率却比1980年以前开始就业的人略低，而向下流动率明显比1980年以后开始就业的人高。这可能是由于1980年以前就业的人经历的职业历程比1980年以后就业的人更长，从而他们获得向上流动的可能性就更大，向上流动率也就会略高，但与此同时，两组人群的向下流动率的差异，说明经济改革之后人们向下流动的可能性要大于经济改革以前。

**表10-1 代际流动率和代内流动率的年代比较①**

单位:%

| | 代际流动 | | | 代内流动（初职—现职） | | | 代内流动（前职—现职） | | | |
|---|---|---|---|---|---|---|---|---|---|---|
| | 总体 | 1980年以前就业者 | 1980年以后就业者 | 总体 | 1980年以前就业者 | 1980年以后就业者 | 总体 | 49~79年变动工作 | 80~89年变动工作 | 99~01年变动工作 |
| 不流动率 | 51.7 | 58.6 | 46.0 | 63.2 | 64.7 | 61.8 | 63.7 | 86.7 | 69.8 | 45.8 |
| 总流动率 | 48.3 | 41.4 | 54.0 | 36.8 | 35.3 | 38.2 | 36.3 | 13.3 | 30.2 | 54.2 |
| 向上流动率 | 37.0 | 32.4 | 40.9 | 23.2 | 23.8 | 22.6 | 20.9 | 7.4 | 18.7 | 30.5 |
| 向下流动率 | 11.3 | 9.1 | 13.1 | 13.6 | 11.5 | 15.6 | 15.5 | 5.9 | 11.5 | 23.6 |

前职与现职的代内流动数据也显示了同样趋势：经济改革以来的总流

① 代际流动是指父亲的职业（或阶层）地位与子女的职业（或阶层）地位的变动情况；代内流动是指个人的职业（或阶层）地位的变动情况。总流动率是指在代际或代内流动表中职业或阶层地位发生变化的比例，不流动率是指未发生职业或阶层地位变化的比例，向上流动率是指从较低等级位置向较高等级位置变动的比例，向下流动率是指从较高等级位置向较低等级位置变动的比例。表中各列的向上流动率与向下流动率之和等于总流动率，总流动率与不流动率之和为百分之百。表中“初职”是指最初职业，“现职”是指当前职业，“前职”是指当前职业之前的那个职业。

动率、向上流动率和向下流动率都高于经济改革以前。发生在1949年至1979年期间的工作变动，只有略超过十分之一的人（13.3%）实现了阶层地位的变化，其中，向上流动率是7.4%，向下流动率是5.9%；发生在1980年至1989年期间的工作变动，有大约三分之一的人（30.2%）实现了阶层地位的变化，其中，向上流动率是18.7%，向下流动率是11.5%；发生在1990年至2001年期间的工作变动，超过半数的人（54.2%）实现了阶层地位的变化，其中，向上流动率是30.5%，向下流动率是23.6%。这些数据更清楚地显示，经济改革以来，人们的向上流动机会增加，同时，向下流动的可能性也提高。

从流动率不断增长的趋势来看，当今中国社会变得日益开放。不过，与其他工业化国家社会流动变化趋势略有不同的是，中国社会流动率增长不仅表现在向上流动方面，同时也表现在向下流动方面。这一特征可能是由于"双重转型"所导致的后果，即当今的中国社会流动是发生在工业化和制度变迁的"双重转型"背景之下。工业化推进带来了产业结构和职业结构升级，这必然导致向上流动机会的大量增加，这是所有工业化国家的社会流动趋势。中国的特殊性在于，工业化的推进伴随着制度变迁（经济体制改革），在体制改革的过程中，有一批人经历了向下流动，这又导致了向下流动率的上升。

## 思考题

1. 中国的社会流动模式的变化主要有哪些特点？这些特点是什么原因造成的？
2. 如何从社会流动角度判断一个社会的开放性或封闭性？
3. 导致近十几年中国社会出现大规模的人口流动的主要原因有哪些？
4. 劳动力流动、人口流动和移民这三个概念的具体含义是什么？它们之间有什么区别？
5. 国际移民与国内移民有什么不同？

## 参考文献

蔡昉主编，2001，《中国人口流动方式与途径》，北京：社会科学文献出版社。

崔传义，2003，《适应农民进城　调整城乡关系》，载李培林主编，2003，《农民工——中国进城农民工的经济社会分析》，北京：社会科学文献出版社。

——，2006，《我国农村富余劳动力转移》，载中国人民大学农业与农村发展学院编《进城农民工：现状、趋势、我们能做什么》（论文集）。

国家统计局编，2002，《中国统计年鉴》，北京：中国统计出版社。

国家统计局人口与就业统计司编，1995，《中国人口统计年鉴》，北京：中国统计出版社。

——，2002，《中国人口统计年鉴》，北京：中国统计出版社。

国家统计局年度公报，2008，2009，2010，公布于国家统计局网站：http://www.stats.gov.cn/。

李春玲，2005，《断裂与碎片——当代中国社会阶层分化趋势的实证分析》，北京：社会科学文献出版社。

——，2006，《流动人口地位获得的非制度途径——流动劳动力与非流动劳动力之比较》，《社会学研究》第5期。

李路路，2003，《向城市移民：一个不可逆转的过程》，载李培林主编《农民工——中国进城农民工的经济社会分析》，北京：社会科学文献出版社。

李培林主编，2003，《农民工——中国进城农民工的经济社会分析》，北京：社会科学文献出版社。

李强，2003，《当前我国城市化和流动人口的几个理论问题》，载李培林主编《农民工——中国进城农民工的经济社会分析》，北京：社会科学文献出版社。

陆学艺主编，2004，《当代中国社会流动》，北京：社会科学文献出版社。

王春光，1996，《中国农村社会变迁》，昆明：云南人民出版社。

王德文等，2006，《迁移对城市贫困与收入分配的影响》，载中国人民大学农业与农村发展学院编《进城农民工：现状、趋势、我们能做什么》（论文集）。

王奋宇、赵延东，2003，《流动农民的经济地位获得及决定因素》，载李培林主编《农民工——中国进城农民工的经济社会分析》，北京：社会科学文献出版社。

中国人民大学农业与农村发展学院编，2006，《进城农民工：现状、趋势、我们能做什么》（论文集）。

中国现代化战略研究课题组，2006，《中国现代化报告2006》，北京：北京大学出版社。

Lewis, W. A., 1954, "Economic Development with Unlimited Supplies of Labor", Manchester School of Economic and Social Studies 22.

Todaro, Michael P., 1969, "A Model of Labor Migration and Urban Unemployment in LDC", *American Economic Review* 59.

——, 1994, *Economic Development*, New York: Longman.

# 第十一章
# 反贫困和社会政策

关信平

中国是一个发展中的大国，过去长期以来贫困问题一直很严重。新中国成立以来，中国政府和全社会一直为保证民众的基本生活而努力。改革开放以来，在国民经济高速发展、人均收入不断提高的同时，也出现了较严重的城乡贫困问题，为此，中国政府从 20 世纪 80 年代开始进行了大规模的反贫困行动。在中国过去 30 年来整个社会政策的行动体系中，反贫困行动是最为重要，也是最为成功的方面之一。从总体上看，中国的反贫困行动取得了很大的成功，使数以亿计的人口摆脱了贫困，促进了本国的经济与社会发展，而且在反贫困的行动过程中创造出了中国经验，对世界减贫战略作出了巨大的贡献。认真总结中国的贫困问题和反贫困经验对于今后持续性的反贫困行动，乃至对整个世界的反贫困行动都具有重要的意义。

## 第一节　当代贫困问题及中国贫困的特点

### 一　当代社会中贫困现象的普遍性

在从古到今的任何一个社会中都在不同程度上存在着贫困现象。尽管在不同的时期和不同的社会中，贫困的具体涵义、表现和主要根源有很大的差异，但贫困现象本身在世界各国都一直存在，即使是在当今经济最发达的国家中，贫困现象仍然触目惊心。当今世界上最奇特的现象之一就是，在人类社会中，一方面是高度发达的技术和生产力及其所带来的巨大财富，而另外一面却是无所不在的甚至是极度的贫困现象。

从贫困与富裕共同存在的事实中我们至少可以得出以下几个结论：

①过去的经验已证明，尽管经济增长是摆脱贫困的前提条件，但仅靠经济增长无法自动地消除贫困现象。相反，在经济高速增长时期贫困还可能加剧。②贫困现象的存在一方面是由于经济发展的落后，另一方面也由于社会制度本身的缺陷所致。就后一方面而言，导致贫困长期存在的因素主要是社会分配的不公平，而分配不公又是由各个社会在经济制度、社会结构、文化和政策等方面的不合理因素所致。③经济增长在消除“匮乏型贫困”方面已在全世界取得了巨大成就，但促进经济增长的某些制度和政策同时也是导致结构型贫困的因素之一。

贫困问题是当今社会中严重的社会问题之一。它一方面会给陷于贫困的个人和家庭带来生活困难；另一方面也是导致其他许多社会及政治问题的根源之一，因而对社会发展和社会稳定造成负面影响，甚至会对人类安全构成严重的威胁。为此，消除或缓解贫困一直是各国经济与社会发展中最重要的目标之一。但是在当代社会中，由于贫困问题深深地根植于社会结构、社会制度和社会文化之中，与各种经济、政治和社会因素越来越复杂地交织在一起，因此解决贫困问题的难度也越来越大。

作为一个发展中国家，中国在过去很长时间里由于经济落后等原因，人们的收入和生活水平一直比较低下。但在计划经济时代里，中国人的收入分配相对比较平均，因此虽然生活都比较艰苦，但人们并不觉得存在贫困问题。同时，当时在意识形态上也认为贫困是资本主义社会中的问题，而在社会主义社会中尽管也会存在经济上的困难，但不会存在贫困问题。在改革开放以后，中国经济有了很大的发展，在总体上逐渐摆脱了由于经济匮乏而带来的普遍性贫困。但是，在人均收入水平和平均生活水平都大大提高的情况下，经济发展的不平衡，失业或就业不稳定，收入分配差距拉大等原因，致使部分社会成员陷入贫困。同时，中国政府、学者和民众都意识到我国现阶段存在着贫困问题，并且我国的贫困问题不会随着经济发展而自动缓解或消除，而必须在政府的主导下，通过动员全社会的努力，采用经济、政治和社会政策等各个方面的手段去缓解贫困。

## 二　贫困概念的定义和测量

迄今为止，研究者对贫困概念进行了大量的分析，给予了多种多样的定义。从总体上看，贫困是在特定的社会背景下，部分社会成员由于缺乏必要的资源而在一定程度上被剥夺了正常获得生活资料和参与经济、社会活动的权利，并使他们的生活持续性地低于该社会的常规生活标准（关信平，1999）。在贫困研究和反贫困政策中，需要对贫困进行经验测量，即采用一定的标准去具体界定哪些人是贫困者。对贫困的经验测量有两个重要的步骤：一是要确定对贫困进行经验测量所用的指标；二是确定划分贫困的标准。对贫困的测量有各种各样的指标，例如收入测量法、消费测量法、财产测量法、恩格尔系数法等。中国官方的贫困测量最常用的是收入测量法，即采用人们的收入为测量其生活状况的标准。对贫困地区的测量是按照地区人均收入水平，而对家庭贫困则采用家庭人均收入的测量方法。采用收入测量法虽然有简便易行的好处，但收入并不能完全反映一个家庭的实际生活状况以及困难和需求的状况。有些家庭虽然收入水平并不很低，但由于家庭中有患大病、重残等成员，其生活也会很艰苦。因此，在采用收入指标的同时，还辅之以对家庭实际困难的测量。

第二个重要步骤是确定贫困标准，即确定一个贫困与非贫困的分界点，也被称为“贫困线”。判定贫困线有相对性标准和绝对性标准，它们是建立在人们对“绝对贫困”和“相对贫困”的概念之上的。所谓“绝对贫困”是指家庭获得的实际收入水平、拥有消费资料和得到的服务达不到维持其最基本的生活需要；“相对贫困”是指收入虽能达到或超过维持基本生活的需要，但与其他人相比仍处于较低的生活水准。相对贫困在很大程度上反映了社会分配的不平等状况。最初的贫困问题研究者一般采用绝对贫困概念，在测量层次上寻找“维生所需要的生活必需品”的货币价值作为划分贫困与非贫困的界线标准。随着社会的发展，研究者对贫困概念的理解逐渐从绝对贫困走向相对贫困的概念，逐渐按照一种相对的标准来确定贫困线。

中国从20世纪80年代中期起在确定农村贫困时一直采用家庭和地区的人均收入和人均粮食产量的指标。在80年代中期开始大规模反贫困行动时，人均收入低于206元的地区被划为贫困地区。80年代后期，随着物价的上涨，农村温饱线的货币标准也在不断调整，90年代初上升为500元/年左右，21世纪初上升到625元/年，到目前上升到1196元/年，仅占农村居民人均纯收入的1/4左右。此外，中国城市贫困标准（低保标准）也是偏低的，一般在城市人均收入的20%～25%左右，有些城市还不到20%。总而言之，迄今为止中国在确定农村贫困和反贫困实践中仍主要采用绝对贫困的标准，以“温饱线”，即以维持最基本的生活条件为贫困的标准。如果按照世界银行建议的每人每天1美元的国际贫困线标准，中国农村的贫困线仍明显偏低。

## 三 中国的贫困的类型和模式

### 1. 贫困的基本类型

现代社会中贫困现象是多种多样的，有个人贫困、普遍贫困和结构性贫困之分。个人贫困是指个人或家庭因病残、丧偶、年老、家庭成员过多以及其他各种特殊原因所导致的贫困。普遍性贫困是指在一个国家社会经济不发达的情况下，全体或大多数社会成员普遍地处于贫困状况之中。结构性贫困是指由于收入分配的不平等而导致部分社会成员陷入贫困。

在一个国家（社会）范围内，结构性贫困中又包括阶级—阶层性贫困和区域性贫困两种类型。阶级—阶层性贫困是指由于阶级或阶层分化而导致的贫困。区域性贫困则是指由于各个区域之间经济社会发展水平差距较大，某些区域经济社会发展相对落后所导致的贫困。过去20多年里，中国的农村贫困研究主要集中在区域性贫困问题上；但是在城市贫困中，阶层性贫困的特点比较突出。

### 2. 当代各国贫困问题的主要模式

就贫困问题与经济发展的关系而言，从世界范围看，贫困与经济发展之间存在以下几种基本模式。

（1）经济不发展而导致的贫困。经济落后状况下，社会生产出来的物质财富不足，人均收入低下，基本生活必需品供应不足，抵御自然灾害的能力差，公共医疗和教育等社会服务水平低下，婴儿死亡率较高，人口平均预期寿命较短。这种贫困模式主要存在于发展中国家的贫困农村地区，中国区域性的农村贫困问题也属于这一类模式。

（2）"富裕中的贫困"。这是许多发达国家和地区存在的贫困问题，主要表现为贫困和富裕并存于同一社会。其原因一是发达国家产业结构变迁导致大量失业和贫困；二是在劳动力市场、教育机构和其他重要的社会参与机会中存在的社会排斥或歧视；三是不合理的福利制度导致穷人的"福利依赖"，使其自身摆脱贫困的动机不足等。

（3）经济高速发展中的贫困。许多发展中国家经济快速发展吸引了大量的外来劳动力从农村涌入城市，但城市中就业机会分配不平等、对下层居民的社会保护不足，导致城市中失业现象严重和下层劳动者的收入水平低下，以及住房和公共设施的紧张。

（4）经济—社会转型中的贫困。在广泛和深入的经济—社会转型过程中，经济体制的转化、产业结构的转化和社会福利保障制度的转型等原因，使得部分社会成员失去就业和社会保护，因而陷入临时或长期的失业与贫困之中。

中国社会多样化的特点，以及中国所处的发展阶段和特殊的制度及发展模式，使得中国的贫困模式不是单一的模式，而是兼有以上各种模式的特点。首先，中国的区域性农村贫困主要是由于区域性的经济发展的落后和因此而导致的产品匮乏和人均收入低下；其次，从20世纪80年代以来，中国经济体制的改革和从计划经济向市场经济的转型，以及经济高速的发展所带来的许多问题是导致中国城市贫困的重要原因，因此中国的城市贫困具有经济转型中的贫困和经济高速发展中的贫困特点；最后，目前在中国一些比较富裕的城市地区中的贫困现象已经开始具有“富裕中的贫困”的特点。鉴于中国贫困具有多重原因和多种模式并存的特点，因此在中国开展反贫困行动就不会是一种单一的行动，而是要针对不同地区、不同对象而采取多种政策的综合性、多样化的反贫困行动体系。

## 第二节 中国农村贫困问题及反贫困行动

### 一 中国农村贫困的状况和特点

新中国成立后的前30年，在公有制和计划经济条件下，农村实行集体经济，农民拥有土地的使用权，因而基本保证了其基本生活，但由于经济落后而导致的贫困问题长期普遍存在。20世纪70年代末开始的农村经济体制改革在总体上促进了农村地区经济的高速发展，使大部分地区摆脱了贫困，但同时也导致了中国部分地区农村贫困问题日益突出。80~90年代前期中国的贫困问题主要为农村贫困问题，80年代中期以来，政府开始重视农村贫困问题，开展了大规模的农村反贫困行动。

#### （一）农村贫困标准和规模

在中国最初在20世纪80年代中期开展农村反贫困行动时，采用的是绝对贫困的标准，即以“菜篮子法”去测量人们的需要，并按照维持基本温饱的标准去划分农村贫困线。中国1986年制定了全国统一的农村绝对贫困标准，即农民年人均纯收入低于206元的农村人口定为贫困人口。按照这一标准，1985年中国农村中的绝对贫困人口为1.25亿人，占农村总人口的14.8%。这部分人被定为农村扶贫对象，被纳入农村扶贫开发项目的覆盖范围。随着物价的不断变化，农村贫困标准也逐渐调整，到2007年时达到785元。尽管2007年按货币单位计算的贫困标准提高了很多，但实际上这种提高只是反映了通货膨胀和物价的提高，其实际的购买力并没有提高。也就是说，在2007年的785元的实际购买力等同于1986年的206元的实际购买力，仍然是一个很低的标准。按照这一标准，2007年中国农村贫困人口只有1479万，占农村总人口的1.6%。为了缓解农村贫困标准太低以及因此而导致的扶贫面过窄的问题，2000年中国又制定了一个865元/年的"农村低收入标准"，即农民年人均纯收入在865元以下，并在绝对贫困标准之上的为低收入人口，当时为6213万人。到2007年底，低收入标准调整为1067元，低收入人口减少到2841万人。2008年底，中国进一步上调扶贫标准，并且把"农村贫困标准"与"低收入标准"合二为一，取消将农村绝对贫困人口和低收入人口区别对待的政策。在2007年1067元低收入标准的基础上，根据2008年度物价指数作出调整，确立了从2009年起开始实施人均纯收入1196元的新扶贫标准。据国家统计局统计，2008年在这个标准以下的扶贫对象为4007万人。又经过一年的反贫困行动后，在2009年底农村扶贫对象进一步减少到3597万人，占农村人口的3.8%（《人民日报》，2010；《人民政协报》，2010）。

### （二）农村贫困的类型和原因

#### 1. 农村贫困的类型

中国自20世纪80年代以来的农村贫困问题主要是区域性贫困，政府的扶贫计划也主要是针对区域性贫困（李卫武，1988；朱玲，1992）。但是，随着农村经济的发展和人均收入的提高，农村中的个人性贫困和阶层性贫困问题逐步凸显。现阶段中国农村的贫困问题中同时存在着个人贫困、阶层性贫困和区域性贫困的状况。其中在非贫困地区，解决个人贫困已经成为反贫困政策行动的主要内容。

#### 2. 农村贫困的原因

从20世纪80年代起，中国研究者就对区域性农村贫困的原因加以深入研究，研究结果可以归纳为以下四个方面。

（1）自然条件是导致区域性贫困的基本原因。中国的贫困地区主要集中在中西部。贫困地区的地貌、土质、气候、水资源等条件都明显差于其他地区；并且贫困地区往往自然灾害频繁，水土流失严重，可利用的自然资源不足，生态平衡遭到破坏（参见朱玲，1992；吴忠，1991；魏文明、袁庆芳，1990；严瑞珍，1990）。毫无疑问，自然条件是导致区域性贫困的最重要的初始原因。但也有许多地区的贫困原因不完全是缺乏资源，而是由于当地缺乏利用自然资源的社会经济条件，或者对其资源利用的结构不合理。自然条件确实是制约贫困地区经济发展的硬性约束条件，但它只有与一定的技术、经济和社会文化条件结合起来，才能对贫困和脱贫产生实质性的影响（王小强、白南风，1986；曹光明，1991）。

（2）经济原因。经济学的角度主要是从经济活动的基础条件、历史，经济活动类型和经济体制等方面来考察贫困的根源。贫困地区的基础设施（农田、水利、交通、通讯、能源等）条件差，使其经济活动受到很大的限制，有的甚至基本的生活条件也难以保证，经济发展就更无从谈起。另外，贫困地区往往产业层次较低，严重依赖传统的农业，并且在农业内部依赖种植业，尤其是粮食生产。贫困地区在劳动力素质和人力资源、技术创新和应用新技术的能力等方面也明显落后，导致其农业生产技术落后，农业机械化和现代化程度低，农业效率低下，并缺乏抵御自然灾害的能力。另外，贫困地区的经济类型仍以传统的小农经济为主，市场发育程度较低。最后，贫困地区往往远离中心城市，本身的城市化水平也较低，小城镇发展缓慢。由于上述原因，导致贫困地区的经济增长缓慢，并且发展后劲不足（何承金、赵学董，1991；朱玲，1992）。

（3）贫困问题与人口的数量和质量密切相关。一方面，人口增多使人均收入降低，并对资源和环境带来更大的压力，加速自然条件的恶化，从而进一步阻碍贫困地区的经济发展。同时，贫困本身也刺激出生率的提高，从而造成恶性循环。一些研究者将这种现象描述为“越生越穷，越穷越生”（屈锡华，1994）。另一方面，人口素质对贫困的影响更大。许多实际调查都发现，人口的文化素质与经济活动结果之间存在明显的相关，贫困地区人口的文化素质低于全国平均水平。劳动力接受职业技术培训的比例和平均时间短，劳动力当中的专业技术人员比例较低，并且主要分布在城镇里的政府机构中。更为严重的是，贫困地区的人才流失较为严重（王小强、白南风，1986；穆光宗，1992；屈锡华，1994；杨秋宝、惠升，1992；柳玉芝，1993）。

（4）对农村贫困的社会学解释从社会组织、社会结构、社会文化及心理，以及社会服务等方面来探讨贫困的社会文化根源。在社会组织方面，人民公社解体后，农村基层正式组织功能弱化现象是导致许多地区长期处于贫困的重要原因之一。在转向市场经济的进程中，缺乏组织的分散经营难以应付较大范围市场竞争的挑战，无法有效地将当地潜在的资源转化为可实际利用的市场资源，并且也难以组织起大规模的脱贫集体行动。在社会结构方面，一些农村地区的贫富分化状况比城市更为严重。在社会文化和社会心理方面，农村乡土文化和农民的心理意识中存在着一些导致贫困的因素。贫困者一般具有保守、依赖、对外界变化反应迟钝的心理特点。他们比其他人更相信命运，更倾向于随遇而安，也更缺乏勤奋精神和改变贫困现状的决心。在经济活动中，他们习惯于沿袭非市场化的传统小农经济传统，崇尚平均主义等。在社会服务方面，贫困地区的教育、健康、社会福利等方面均相对落后。贫困地区学龄儿童失学率较高，缺乏医疗卫生设施和合格的医疗卫生人员。社会服务的落后严重阻碍着当地人口素质的提高，阻碍着人们利用各种发展的机会，进而阻碍着经济的发展（李强，1992；汪三贵，1994；屈锡华，1994）。

上述各种导致贫困的原因在各个贫困地区都不同程度地存在。在最初的贫困研究和反贫困行动中，研究者和政府都比较重视自然条件和人口因素的作用，对经济因素和社会文化因素（尤其是后者）相对重视不足。20世纪90年代以后贫困研究和反贫困行动逐渐延伸到后两个方面。尤其是当大多数贫困地区基本解决温饱问题以后，他们在经济持续发展的过程中，其经济体制和社会文化因素的各种制约因素就变得更为明显。

## 二 20世纪80年代中期以来中国的农村扶贫开发行动

中国政府的反贫困行动由来已久。在计划经济时代，除了民政系统的社会救济项目以外，中央和省市政府一直都在向贫困地区调拨款物，帮助贫困地区发展生产。这种反贫困的行为被研究者称为“输血机制”。然而这种“输血”长期以来并没有在贫困地区产生有效的自我“造血”能力。自20世纪80年代以来，政府改变了扶贫战略，开始实行以经济增长为目标的扶贫开发战略。经过20年的努力，该战略已经取得了巨大的成就。过去20年的农村扶贫开发行动可以分为以下几个阶段。

### （一）20 世纪 80 年代中国农村反贫困战略的要点

从 80 年代中期到 90 年代前期是中国农村扶贫开发行动的第一个阶段。这一阶段的反贫困行动有如下一些特点。一是从救济到开发。政府不再以被动的救济为反贫困的主要手段，而是代之以用有限的资金扶助贫困地区内部产生利用当地资源的能力，从而实现区域经济增长。二是整体开发战略。政府的扶贫款物在贫困地区集中使用，以求通过扶贫开发项目来带动一个地区的经济增长。三是效率导向原则。强调扶贫资金利用的效率，力求用有限的资金达到最大的扶贫效果，并使扶贫战略能够良性运行。四是重点投入、分级负责。在全国筛选出几百个贫困县，中央政府的扶贫资金重点投向其中的国家级贫困县，余下的分别由省、县、乡级政府负责。五是实行开放性扶贫战略。鼓励发达地区通过各种方式带动贫困地区的经济增长和脱贫致富。六是动员社会力量扶贫。中央和省市政府部门以及各种社会团体参与扶贫战略，主要通过投入科技、教育等智力资源，以及一定的资金和物资投入来帮助贫困地区的经济和社会发展。

可以看出，80 年代中期以来的扶贫开发战略特点比较突出。首先，它注重的是贫困地区的经济增长，而不是在地区之间简单地进行资源和财富的再分配。其次，扶贫战略的目标是要使贫困地区最终形成自我发展的能力。再次，始终将高效率地使用有限的扶贫资金作为达到战略目标的手段。最后，在扶贫行动中将政府投入、市场机制与广泛的社会参与结合在一起，发挥各种机制和各个方面的优势。

### （二）20 世纪 90 年代的扶贫攻坚行动

通过 20 世纪 80 ~ 90 年代初的努力，中国农村贫困人口已从 1985 年的 1.25 亿人降到了 1993 年的 8000 万人。但是 90 年代初以后贫困人口的递减速度开始减缓，这表明剩下的贫困地区条件更差，脱贫的难度也更大。80 年代中、后期的扶贫方式到了 90 年代以后也出现了一些不适应性，需要作出相应的政策调整。为此，中央政府及时总结了前一阶段扶贫工作的经验，于 1994 年发布了《国家八七扶贫攻坚计划》，开始了新一轮的反贫困行动（以下简称《计划》）。该《计划》规定，1994 ~ 2000 年的 7 年里，中国要使剩下的 8000 万人摆脱绝对贫困，在 20 世纪末之前基本消除绝对贫困。为了达到这一目标，政府在 90 年代中后期加大了扶贫工作的力度，从中央到地方的各级政府在扶贫资金、组织网络、政策保障、部门分工、社会动员、国际合作等方面都拟订了较具体的方案。此外，农村扶贫方式也进行了战略性调整，除了继续坚持80年代行之有效的“开发性扶贫”战略、继续重视效率导向的扶贫方式以外，还在以下几个方面作出了调整，以提高扶贫行动的实际效果。

1. 从扶持贫困地区到扶持贫困人口的转变

80年代在“增长极”理论指导下的扶贫方式使经济增长的效果很难惠及真正的穷人（康晓光，1995：158～160），鉴于这种情况，90年代以来在扶贫资金的分配和使用上逐渐注意到了使真正的穷人受益。一是将把扶贫资金直接给贫困县政府的做法改为对贫困地区发展项目资金投入的方式，并要求扶贫项目能够惠及真正的穷人；二是普遍采取了“扶贫到户”的方式，即以“温饱工程”、“五小工程”、“小额贷款”等方式使扶贫资金直接到达贫困乡村和贫困农户，支持其改善生产和生活条件，以提高粮食产量和经济收入。

2. 逐渐重视教育和人力资源开发

90年代以后各级政府在总体的扶贫行动中对“教育扶贫”行动的重视程度有所增强，相应的投入也有所增加。尤其是强化了普及义务教育的规划和相应的政策，使义务教育阶段学生流失现象有所控制。同时鼓励非政府组织参与到“教育扶贫”行动中。“希望工程”、“春蕾计划”等一大批教育扶贫项目取得了较好的效果。一些国际组织和国（境）外的非政府组织也参与到贫困地区教育事业的发展中，对此起到了积极的推动作用。此外，90年代以来继续“异地开发”的人力资源开发战略，通过“吊庄移民”和劳务输出等方式使贫困地区闲置的劳动力在异地获得就业机会。

3. 开始重视贫困地区的可持续发展问题

进入90年代以后，政府的扶贫行动中逐渐引入了可持续发展的思路，重视在扶贫开发的同时保护资源与环境，防止贫困地区以大规模毁坏森林、土地等资源为代价而追求眼前经济增长，开始在扶贫项目中考虑引入保护当地森林、绿地、水源等资源的项目，并且开始考虑到了开发“绿色食品”的问题等。同时，在90年代的扶贫行动中更加重视“综合开发”，即在开发项目中同时考虑到经济增长和收入提高、粮食保障、基础设施建设、改善基本生存条件、生态保护以及社会发展等各个方面。

总之，20世纪90年代以来中国农村的扶贫工作继续向深度和广度发展，取得了较好的收效。到2000年底，中国农村绝对贫困人口下降到3200万人左右。然而，90年代最后几年的反贫困效果也说明，尽管政府做了很大的努力，一些条件特别差的地区仍然很难在短期内摆脱贫困；一些已经脱贫的地区其经济和社会发展能力仍然不稳定，一旦遇到不利的自然及经济条件，很容易返贫。90 年代的反贫困行动，使政府和研究者都认识到，中国农村反贫困是一个复杂的过程和艰巨的任务。它事实上很难通过短短几年的努力就一劳永逸地解决。政府认识到了中国农村贫困问题和反贫困行动的长期性，并在思想上和政策上有了长期作战的一定准备。

**（三）2001 年以来的农村扶贫开发行动**

进入新世纪后，中国的农村扶贫开发工作进入了一个新的阶段。中央政府制定了《中国农村扶贫开发纲要（2001～2010 年）》，扶贫工作由过去解决温饱为主转入解决温饱和巩固温饱并重的新阶段。政府一方面着手解决剩余未解决温饱贫困人口的温饱问题，同时继续帮助初步解决温饱问题的低收入人口继续增加收入，进一步改善其生产生活条件，以巩固扶贫成果。从 2001 年以来，中国继续开展大规模的农村扶贫行动，加上中国经济的高速增长、农村劳动力转移和政府加大支持农村的政策力度等重要的条件，使农村贫困人口进一步减少，农村贫困人口从 3209 万人下降到 2365 万人；低收入、贫困线标准以下人口（包括贫困人口）从 2000 年的 9400 多万下降到 2005 年底的 6432 万，并且在 2009 年底进一步下降到 3597 万。但是，与 90 年代前相比，农村贫困缓解速度明显放慢，剩余贫困人口脱贫越来越难，已经脱贫的人口中返贫现象严重，城乡间、地区间的经济收入差距进一步拉大，下一步的农村反贫困工作仍然十分艰巨。

面向未来的发展，各级政府计划按照党和国家建设社会主义新农村的基本方针，继续积极开展扶贫工作。在“十一五”期间扶贫工作的主要目标是：基本解决农村贫困人口的温饱问题，并逐步增加他们的收入；基本完成 14.8 万个贫困村的整村推进扶贫规划。为此，各地都将进一步加大对扶贫开发和农村社会保障工作的支持力度，提高对农村基础设施和基本社会服务等公共物品的供给能力，在继续致力于减少绝对贫困人口的同时，缩小城乡差距，缩小地区间差距，缩小低收入群体与全社会的差距，从而实现全社会的平衡增长（国家统计局农村社会经济调查司，2006）。

毫无疑问，中国的扶贫开发工作取得了巨大的成绩。但由于这一扶贫方式资金投入很大，并且近年来的扶贫效果减弱，因此今后仅靠扶贫开发行动很难将农村反贫困行动深化。为此，在继续推进农村扶贫开发行动的同时，近年来中国也加快了建立农村社会救助制度的步伐，从另一条战线上推进农村的反贫困行动。

## 三　中国农村社会救助体系的建立和发展

如上所述，过去20多年里中国农村扶贫开发工作取得了举世瞩目的成就。但是，在中国农村中有相当一部分人因病残、年老体弱、丧失劳动能力以及自然灾害和生存条件恶劣等原因，需要在实施扶贫开发的同时，通过建立社会救助制度来切实保障他们的基本生活。为此，中国在传统的农村特困户救助的基础上，逐步建立和完善了农村社会救助的制度体系。农村社会救助是指由政府向农村中的贫困家庭和灾民等特殊困难者提供基本生活、医疗、教育等方面救助的制度。农村社会救助制度通过直接为贫困户提供帮助来使他们能够满足基本生存需要。早在20世纪50年代，中国在农村合作化的过程中就建立了社会救助制度。目前中国农村的社会救助制度包括“五保”供养、最低生活保障、特困户救助、临时救济、自然灾害救助、医疗救助、艾滋病家庭救助、教育救助等。

### （一）“五保”供养

“五保”供养是中国农村长期实施的一项基本的社会政策，过去是集体经济中的一项重要的集体福利制度。改革开放后经过多次调整，中央于2006年颁布了新的《农村五保供养工作条例》，将农村“五保”供养从集体福利事业发展成为国家社会救助项目。目前农村“五保”供养制度主要面向农村“三无对象”（即无劳动能力、无法定供养人、无其他收入来源者）。2007年1月全国总计救助对象为494.4万人（民政部，2007）。

### （二）最低生活保障

农村最低生活保障制度是向家庭人均收入低于一定标准的农村贫困居民提供基本生活救助。农村低保户是农村中最贫困的群体，其中大病、重残等特殊困难户占据相当大的比重。这些人如不获得救助，则难以生存。这项制度最早起源于1994年。迄今为止中央政府还没有专门出台正式的法规文件，各地主要是依据1996年底民政部《关于加快农村社会保障体系建设的意见》和《农村社会保障体系建设指导方案》中的要求，积极稳妥地建立农村居民最低生活保障制度，制定并实施本地的农村低保制度。党的“十六大”就提出要在有条件的地区探索建立农村低保制度。2006年初，中央一号文件再次强调“要积极探索建立农村最低生活保障制度”。2006年12月召开的中央农村工作会议进一步明确提出“在全国范围建立农村最低生活保障制度”，从而大大推进了这一制度建立和发展的速度。到2007年1月全国已有23个省市区全面实施了农村居民最低生活保障制度，有1610万人享受到农村低保的救助（民政部，2007）。

在过去多年持续努力的基础上，2007年国务院发布了《国务院关于在全国建立农村最低生活保障制度的通知》，在全国范围内普及农村最低生活保障制度。农村低保没有全国统一的低保标准，由各地根据本地的情况制定低保标准。2009年全国平均农村低保标准为每人每年1210元，较2008年底的988元提高了22%；农村低保对象月人均实际补助为64元，较2008年底的50元提高了28%。2007年，全国各级财政共支出农村低保资金109亿元；2008年增加到229亿元，增长110%；2009年又增加345亿元，增长近51%。截至2009年12月底，全国共有农村低保对象4759.3万人，比2008年底的4305万人增加了10.6%（米勇生，2010）。

此外，在农村最低生活保障制度普及以前，在部分农村地区实行了农村特困户救助。农村特困户救助是在农村原有定期或不定期救济制度基础上发展起来的，是部分农村地区（主要是中西部地区）在没有全面建设低保制度的情况下，对个别贫困农户提供的定期、定量救济。据2007年1月的统计，全国共计救助612万人（民政部，2007）。2007年全国普及农村最低生活保障制度后，特困户救助制度被逐渐取消了。

### （三）临时救济

临时救济主要针对的是不符合“五保”供养条件和农村特困户救济标准，生活水平略高于特困户的一般贫困户。他们生活水平处于最低生活保障可能救助的边界，但很不稳定，一旦遭受饥荒、疾病、意外伤害等就可能陷入贫困的境地。临时救济一般采取不定期的、多种多样的扶贫帮困措施。

### （四）自然灾害救助

自然灾害的救助对象是突然遭受灾害侵袭的农户。救助内容一方面立足于使灾民获得衣食住行等基本生活保障；另一方面是帮助灾民恢复生产，促使灾民早日自立。救灾资金每年由中央安排特大自然灾害补助费，地方配合投入资金。

### （五）医疗救助

2003年正式在全国农村启动医疗救助项目。主要针对农村“五保”户、农村特困户（低保户），以及地方政府规定的其他符合条件的农村贫困农民。政府通过资助贫困农民参加当地合作医疗，并对个人负担的过高医疗费用予以适当的医疗救助，以及补助国家规定的特种传染病救治费用（如艾滋病），来减轻贫困农户疾病负担。

总的看来，中国农村社会救助制度建设在近年来取得了重大进展，已经初步建立起社会救助体系，并且在缓解农村贫困中发挥着越来越重要的作用。应该指出的是，农村社会救助只是农村反贫困行动的一个方面，它必须与农村社会保障制度总体建设、贫困地区扶贫开发工作、农村土地制度改革和农村经济总体发展相结合，才能更好地发挥作用。目前，国务院扶贫办和民政部正会同其他部门一起，积极推动农村最低生活保障制度与扶贫开发工作的衔接，以期使这两项重要的反贫困行动发挥更大的作用。

## 第三节　当代中国的城市贫困问题及反贫困行动

### 一　当代中国城市贫困问题的基本情况

#### （一）中国当前城市贫困的由来

自工业革命以来，城市贫困一直是困扰各国的一个严重社会问题。当今世界各国都在不同程度上存在着城市贫困问题。新中国成立后，人民政府大力发展生产、促进就业，并且建立了基本生活资料的定量供应制度、充分就业制度，以及较为平均的工资分配制度和城市中的基本社会保障和公共服务体系。在这些经济和社会政策的作用下，计划经济时代中国城市中曾较为有效地防止了大面积的、长期性的贫困。

20 世纪 90 年代以来，在城市经济快速发展和居民平均收入和生活水平大大提高的同时，城市中的部分企业出现了经济效益滑坡、企业破产的现象，导致部分企业职工的失业、下岗或收入不足，进而导致部分城市居民贫困问题突显。此外，城市社会福利制度的变化，也在一定程度上导致社会福利制度对部分低收入者的保护程度降低，从而使他们的生活更加艰难。总之，在经济制度的转型和经济总量增长的同时，城市中的贫困问题日渐突出，并引起政府及社会各界的高度重视，各级政府为此出台了相应的反贫困措施。

#### （二）当前中国城市贫困问题的现状

迄今为止，中国在各种研究文献和城市反贫困实践中，比较多地采用城市居民最低生活保障标准作为测算贫困者规模的标准。根据民政部的统计数字，到 2007 年 1 月，全国城市中最低生活保障对象为 2240.9 万人（民政部，2007）。鉴于城市最低生活保障制度并不包含所有的贫困者，因此实际的贫困者数量应该高于这一数字。

由于失业、下岗和低收入等原因导致城市贫困者的生活相当困难。按照民政部关于低保救助平均补差额（66 元/月）的数据推论，2001 年低保对象的家庭人均收入水平只有 100 ~200 元/月（洪大用、王辉，2002）。根据一项在上海等 5 大城市所做的 2500 户贫困者家庭的调查，贫困者家庭的人均月收入仅为当地人均月收入的 21% ~31%。这些数据都说明，城市贫困者家庭的收入水平相当低下（唐钧，2002）。由于收入水平低下，贫困者家庭的绝大部分收入不得不用来维持最基本的生存需要，恩格尔系数很高。除了基本生活困难之外，城市贫困者家庭在医疗、子女教育、住房、冬季取暖等方面也存在严重的困难。

**（三）当前城市贫困者的类别**

从致贫的原因上看，现阶段中国城市贫困者可分为以下几类。

1. 传统救济对象

过去几十年中，城市中的“三无”人员一直是政府社会救济的对象。实行低保制度后，这部分人也被纳入到了低保对象之中。但这部分人目前在城市贫困人口中只占很小的比例。

2. 个人和家庭原因导致的贫困

因年老、残疾和长期患病等原因而导致个人丧失劳动能力者，他们不仅自己无法为家庭创造收入，还需要家庭给其提供额外的医疗、照料等方面的开支。在家庭原因方面，部分家庭中主要劳动者失业或收入低下，一些单亲家庭、祖孙家庭等特殊家庭中的特殊困难都是导致他们陷入贫困的原因。在过去的城市社会救济体系中，由于贫困个人有家庭，并且部分家庭成员有一定的收入，因此他们很难获得政府的救济。建立低保制度后，这部分人中的收入不足者被纳入了低保的范围。

3. 下岗失业导致的贫困

20 世纪 90 年代以来中国城市中出现了大量的下岗人员。尽管各个城市的“再就业工程”使他们当中的许多人重新就业，但仍有相当一部分人处于失业或收入不足的状况，其中部分家庭因此而陷入贫困。

4. 企业不景气导致职工贫困

20 世纪 90 年代以来，特困职工在全国低保对象中占相当高的比例。更严重的是，不景气的企业往往比较集中在某些行业，这些行业又更多地集中在中西部地区、老工业基地和资源枯竭矿山较多的地区，因而导致城市贫困者在某些行业中更加集中，某些城市和城市内部某些区域中的贫困问题更加严重。

### （四）导致现阶段城市贫困问题的深层次原因

除了上述直接原因外，现阶段中国的城市贫困问题还受到一系列深层次的经济与社会因素的影响。其中重要的影响因素是20世纪90年代以来中国城市的市场经济转型与社会政策转型共同造成了贫困增多的情况。迅速推进的经济体制转型在客观上造成了部分劳动者的失业下岗和收入降低。同时，养老、医疗、教育、住房等社会政策的改革在一定时期导致了社会保护机制的弱化，使其难以及时有效地弥补市场经济转型对部分劳动者的损害。此外，过去十几年世界范围内经济全球化的加速和其影响的深化，以及中国对外开放的推进，全球化的经济、政治和文化因素对中国内部社会分化和贫困问题的影响也日益明显。

综上，在过去10年中中国城市中的贫困问题是由一系列复杂的因素所导致的。其中既有贫困者个人的客观原因和主观原因，又有社会层面的经济、组织、文化等方面的原因；既有过去长期积累的难题，又有改革开放以来出现的新问题；既有国内的因素，又有经济全球化所带来的全球及国际影响因素。在研究中国城市贫困问题时，必须对这些复杂的因素作出深入的分析。

## 二　当前中国城市反贫困体系概况

### （一）目前城市反贫困行动的基本目标

从反贫困的目标层次上看，大致可以分为消除贫困、预防贫困和缓解贫困等不同的目标。中国现阶段城市反贫困行动的基本目标是要通过建立基本的社会保障制度去预防贫困，实施有效的经济和社会政策去缓解贫困，并逐步创造消除贫困的经济和社会条件。从近期目标上看，首先是采取有效的措施为贫困者提供最基本的救助，防止贫困者生活的恶化；然后帮助贫困者逐步摆脱各种困难，恢复正常的就业和收入，并逐步增强贫困者自身的能力，以应付未来市场经济中的各种挑战。从长远的角度上看，要通过发展经济和实行更为公平的分配制度，以及逐步铲除孳生贫困的经济、社会和文化的土壤，最终达到消除贫困的目标。

### （二）现阶段中国城市反贫困体系的主要行动

世界各国，包括大多数发展中国家都采取了多种反贫困手段，归纳起来看，各国反贫困主要途径一是为贫困者提供就业机会；二是为贫困者提供基本保障；三是为贫困者提供各种社会服务。中国城市的反贫困行动体系也包含了这几个方面的内容（见表 11－1）。

**表 11－1　中国城市反贫困行动体系**

| 行动类别 | 具体项目 | 行动目标 |
|---|---|---|
| 就业政策系列 | 提供就业信息 | 帮助下岗失业人员获得就业机会 |
| | 介绍就业 | |
| | 提供再就业培训 | 增大下岗失业者获取就业机会的能力 |
| | 促进非正规就业 | 拓宽就业渠道 |
| 社会保险系列 | 养老保险 | 防止普通劳动者因年老、疾病、失业、工伤、生育等原因而陷入贫困 |
| | 医疗保险 | |
| | 失业保险 | |
| | 工伤、生育等保险 | |
| 社会救助系列 | 最低生活保障制度 | 为城市贫困者提供基本生活保障 |
| | 医疗救助 | 为贫困者和特殊困难者减免医疗费用，并提供特殊医疗服务 |
| | 教育救助 | 为贫困家庭子女上学提供帮助（免学杂费和提供贷款、助学金等） |
| | 住房救助 | 向贫困者提供廉租住房 |
| | 司法救助和法律援助 | 帮助贫困者应对各种司法程序 |
| 其　　他 | “送温暖工程” | 对特殊困难者提供补充性救助，以及在重要节日提供现金或实物的补充性救助 |
| | 税费减免 | 为贫困者减免工商起照等费用，以及减免供暖等各项城市收费 |
| | 促进全社会的扶贫帮困 | 动员全社会的力量，推广慈善捐助，建立各种扶贫帮困基金等 |

从总体上看，目前中国的城市反贫困行动已经从过去临时性的措施逐步走向建立制度化的反贫困政策体系。这套体系中的各类政策在反贫困行动中具有不同的功效，就业政策系列是积极的反贫困行动，社会保险系列的目标是预防贫困，社会救助系列则是直接针对贫困者的“最后保障线”，

而其他系列的行动则从各个方面起到专门性或补充性的作用。

### （三）最低生活保障制度及其在城市反贫困体系中的地位与作用

中国的城市最低生活保障制度是具有中国特色的社会救助制度。这套制度的前身是过去长期实行的城市社会救济制度。改革开放后，随着企业困难职工和下岗失业人员的增多，城市贫困问题变得越来越复杂化，原有的社会救济制度已不能有效地发挥反贫困的作用。因此，从 20 世纪 90 年代早期开始，在上海等城市中率先开始试行了面向所有贫困者的最低生活保障制度，1998 年后在全国所有城市中都逐步建立起了最低生活保障制度。在最初几年里，城市低保的覆盖面比较窄，但 2002 年以来，在中央政府的推动和各个城市地方政府的努力下，全国各个城市中最低生活保障制度的覆盖面和救助标准都迅速扩展。到 2008 年，全国城市低保对象为 2334.6 万人，全国城市低保资金共投入 385.2 亿元，其中中央财政投入 269.5 亿元。

目前，城市居民最低生活保障制度已成为城市反贫困体系之中最重要的制度之一，承担着重要的任务，发挥着重要的作用。首先，通过最低生活保障制度，各级政府承诺为所有的贫困者提供基本的生活保障，为保障基本的民生问题构筑了坚实的制度基础，体现了社会主义国家政府为老百姓承担的基本义务。其次，在中国社会保障体系尚不健全的条件下，最低生活保障制度的重要意义尤为突出，它担当着为所有城市居民提供基本生活安全网，防止贫困者生活恶化的作用。再次，最低生活保障制度在保证国有企业改革和市场经济转型的过程中发挥了重要的作用。最后，通过向所有城市贫困者提供基本生活保障，最低生活保障制度在缓解社会矛盾、维护社会稳定方面发挥着重要的作用。

低保制度是城市反贫困行动体系中的一道最后的“安全网”，它是必不可少的，但单纯的救济只能解决贫困者眼前的困难，难以消除造成他们贫困的个人原因及社会根源。因此应该将低保制度与再就业工作等积极的反贫困行动更紧密地结合起来，使其在城市反贫困行动体系中发挥更加积极的作用。

### （四）城市中其他社会救助项目及其作用

除了城市居民最低生活保障制度以外，在中国城市中还有其他一些社会救助项目。其中重要的项目包括医疗救助、住房救助、教育救助、法律援助和其他救助项目等。

1. 医疗救助

医疗救助是政府向城市贫困家庭提供的一项医疗保障。该项制度始建于2005年。城市医疗救助的对象主要有两类：一类是城市居民最低生活保障对象中未参加城镇职工基本医疗保险人员；另一类是已参加城镇职工基本医疗保险但个人负担仍然较重的人员和其他特殊困难群众。近年来，各地的城市医疗救助制度逐步将其他经济困难家庭人员也纳入了医疗救助范围，主要包括低收入家庭重病患者以及当地政府规定的其他特殊困难人员。具体的救助方式为：以住院救助为主，同时兼顾门诊救助；对患病的救助对象在扣除各项医疗保险可支付部分、单位应报销部分及社会互助帮困等后，个人负担超过一定金额的医疗费用或特殊病种医疗费用给予一定比例或一定数量的补助。近年来，各个城市不断完善救助服务内容，根据救助对象的不同医疗需求而开展医疗救助服务。

2. 住房救助

城市住房救助主要是由城市政府向城市中的低收入住房困难家庭提供廉租住房的制度，其目标是解决城市中最困难家庭的基本住房困难问题。城市低收入住房困难家庭一般指领取最低生活保障金的家庭和其他特殊困难家庭中，人均住房面积低于当地政府规定的住房困难标准的家庭。城市低收入家庭廉租住房保障方式实行货币补贴和实物配租相结合。货币补贴是指县级以上地方人民政府向申请廉租住房保障的城市低收入住房困难家庭发放租赁住房补贴，由其自行承租住房；实物配租是指县级以上地方人民政府向申请廉租住房保障的城市低收入住房困难家庭提供住房，并按照规定标准收取租金。

3. 教育救助

教育救助是向困难家庭的子女受教育提供补贴的制度。其具体内容包括：首先，由民政部门和教育行政管理部门对困难家庭子女在义务教育阶段实行“两免一补”（免杂费、免书本费、补助寄宿生活费），在高中教育阶段向其提供必要的学习和生活补助。其次，国家向高等院校经济困难的学生提供国家助学贷款，高等院校以助学金、奖学金、勤工俭学等各种方式向经济困难学生提供帮助。最后，政府鼓励社会上各类组织和个人向学校提供捐助，建立对经济困难学生的补助基金，并且以其他各种方式向经济困难学生提供经济援助。

4. 法律援助

法律援助是指政府为了保障经济困难公民获得必要的法律服务而给他

们提供的法律咨询、代理、刑事辩护等无偿法律服务。中国于2003年颁布实施了《法律援助条例》，以促进和规范法律援助工作，保障经济困难的公民获得必要的法律服务。家庭经济困难的公民需要法律服务时，可以通过一定的程序申请法律援助，符合条件的申请者将获得法律援助。

5. 其他救助项目

各个城市中还针对贫困家庭的实际需要而设立了多种多样的贫困救助项目。例如，在北方城市中普遍设立了冬季取暖补贴；城市基层政府向低保对象以外的低收入家庭和其他生活困难家庭提供临时救助；城市中的工会、妇联、残联等组织向经济困难的职工（包括下岗职工）、妇女（包括单亲母亲）和残疾人提供各种经济帮助；城市中的社区和其他各类社会组织也以各种方式向城市贫困者提供各种帮助。

## 三 中国城市贫困问题的未来走向分析

中国过去十几年在城市反贫困行动方面刚刚迈出了第一步。在未来若干年中，随着经济全球化对中国经济与社会各个方面实际影响的增大，中国的城市贫困问题还会发生许多新的变化。这些变化包括：城市贫困的长期化和稳固化，贫困的结构化和人口学特征进一步突出，老年人贫困、儿童贫困和外来人口贫困将可能成为更加突出的问题。此外，城市贫困可能出现区位化及集中于棚户区的趋势。再有，在社会层面上社会排斥和歧视，个人层面上的缺乏动机和缺乏能力将成为城市贫困更重要的原因。

未来城市贫困问题的这些变化将会带来更多的社会矛盾和政治后果，并使反贫困行动的难度加大。随着贫困者数量的减少、成分的改变和成因的变化，未来的贫困者得到城市政府和主体社会重视的程度有可能会降低；随着他们社会参与和对社会影响的降低，以及贫困文化圈的形成和与主流文化差距的扩大，对他们的社会排斥现象也就更容易发生。一旦形成比较严重的社会排斥，将会在制度和文化的层面上强化贫困现象，并形成贫困的代际传递机制，使贫困问题成为城市社会中长期存在的“毒瘤”。

鉴于以上原因，未来中国的城市贫困问题很可能会更加复杂。因此应该在过去十年城市反贫困行动取得阶段性成果的基础上，及时考虑中国城市反贫困的长期行动计划。未来长期的反贫困行动应该建立在更加积极的反贫困目标框架下。其中最主要的方向应该有：确定以“增能”为导向的、积极的长期反贫困行动目标和反相对贫困的工作思路，建立社会政策与社会工作并行的积极反贫困体系，建立以保证基本生活需求为基础的综合性的贫困救助体系。重点要建立针对外来人口、老年人、残疾人、单亲家庭、贫困儿童等特殊人群的反贫困措施。通过建立统一的、更加有效的管理体制逐渐将各种反贫困行动整合起来，逐步形成城市反贫困行动的综合体系，以使城市反贫困行动的范围更加合理，目标性更强，效果更好。

未来的城市反贫困行动将主要是解决长期贫困、依赖性贫困和特殊困难人群的贫困等更为复杂的贫困问题。为了使反贫困行动长期有效地进行，应该根据城市贫困问题特点的变化及时调整反贫困行动的目标、原则和具体政策措施。第一，在中国社会主义市场经济条件下实施城市反贫困行动应该更多地遵循社会关照的原则，关照每一个社会成员的基本生活，为所有的贫困者提供基本的生活保障。第二，城市反贫困行动应该逐步加大对社会公平原则的关注，以兼顾社会各阶层的利益，对在经济和社会转型中利益受损群体提供必要的补偿，使所有社会成员都能公平地分享经济与社会发展的成果。第三，在城市反贫困行动中应进一步加入效率原则，有效地使用各种资源，使有限的资源发挥更大的社会效益。第四，应及时注重鼓励和帮助贫困者通过调动自身的潜能去克服困难，而不只是依赖政府和社会的福利救助。第五，城市反贫困行动应该与改革开放、发展经济和维护社会稳定的目标相一致，通过反贫困行动一方面促进经济发展，另一方面提高社会成员的凝聚力，促进社会整合和社会稳定。

## 思考题

1. 什么是贫困？应当用什么标准衡量贫困？
2. 中国贫困现象的基本特点是什么？
3. 中国改革开放以来反贫困战略的要点是什么？
4. 中国的城市贫困问题与农村贫困问题有什么差异？
5. 中国大规模的反贫困行动产生的成果和影响？

## 参考文献

ADB 专家组，2001，《中国城市贫困研究报告》（未公开发表）。

曹光明，1991，《贫困本质初探》，《开发研究》第6期。

陈佳贵、王延中主编，2004，《中国社会保障发展报告（2001～2004）》，北京：社会科学文献出版社。

范小建，2010，《在农村低保和扶贫开发两项制度有效衔接试点工作总结会议上的总结讲话》，2010年2月4日，国务院扶贫办网站，http://www.cpad.gov.cn/data/2010/0212/article_342098.htm。

关信平，1999，《中国城市贫困问题研究》，长沙：湖南人民出版社。

——，2002，《全球化时代社会政策发展的国际趋势及中国社会政策的转型》，《江海学刊》第3期。

——，2009，《社会政策概论》（第二版），北京：高等教育出版社。

国家统计局课题组，1991，《中国城镇贫困课题研究》，《统计研究》第6期。

国家统计局农村社会经济调查司，2006，《中国农村贫困监测报告（2006）》，北京：中国统计出版社。

何承金、赵学董，1991，《论中国的贫困状况与发展农业区域经济》，《四川大学学报》（哲学社会科学版）第1期。

洪大用、王辉，2002，《城市居民最低生活保障制度改革的进展》，载汝信等主编《2002年：中国社会形势分析与预测》，北京：社会科学文献出版社。

康晓光，1995，《中国贫困与反贫困理论》，南宁：广西人民出版社。

李强，1992，《应注意对中国相对贫困层的研究》，《科技导报》第8期。

李培林，2004，《科学发展观的“中国经验”基础》，《中国社会科学》第6期。

李卫武，1988，《中国贫困的经济特征及脱贫的战略思考》，《江汉论坛》第8期。

刘平，2005，《从新二元社会分析到社会政策选择——老工业基地下岗失业治理问题研究》，《社会科学辑刊》第1期。

柳玉芝，1993，《中国贫困地区农户经济收入差异分析》，《人口与经济》第5期。

米勇生，2010，《在农村低保和扶贫开发两项制度有效衔接试点工作总结会议上的讲话》，国务院扶贫办网站，http://www.cpad.gov.cn/data/2010/0222/article_342120.htm 2010年2月3日。

穆光宗，1992，《论人口素质和脱贫致富的关系》，《农村经济与社会》第4期。

屈锡华，1994，《扶贫经济开发与中国贫困地区人口发展的整体素质》，《中国人口科学》第2期。

人民日报，2010，（记者顾仲阳）《实施1196元新扶贫标准，新扶贫新在哪》，《人民日报》2009年3月20日第2版，国务院扶贫办网站，http://www.cpad.gov.cn/data/2009/0320/article_340063.htm。

人民政协报，2010，《人民政协报专访范小建：特殊类型贫困地区将成为扶贫的重中之重》，《人民政协报》，2010年3月9日，国务院扶贫办网站，http://www.cpad.gov.cn/

data/2010/0309/article_ 342224. htm。

汪三贵，1994，《反贫困与政府干预》，《农业经济问题》第3期。

王小强、白南风，1986，《富饶中的贫困》，成都：四川人民出版社。

魏文明、袁庆芳，1990，《贫困地区贫困成因及对策》，《经济论坛》第6期。

吴忠，1991，《贫困与反贫困的理论探讨（上、下）》，《开发研究》第4期。

严瑞珍，1990，《中国贫困山区经济发展的道路》，《农业经济问题》第8期。

杨秋宝、惠升，1992，《推进贫困地区经济发展的战略选择》，《陕西师大学报》（哲学社会科学版）第4期。

郑功成等，2002，《中国社会保障：制度变迁与评估》，北京：中国人民大学出版社。

中国改革发展研究院“反贫困研究”课题组，1998，《中国反贫困治理结构》，北京：中国经济出版社。

周彬彬，1991，《向贫困挑战：国外缓解贫困的理论与实践》，北京：人民出版社。

朱玲，1992，《中国扶贫理论和政策研究评述》，《管理世界》第4期。

Brockerhoff, Martin & Ellen Brennan, 1998, "The Poverty of Cities in Developing Regions", *Population and Development Review* 24 (1): 1 – 44.

Ehtisham, Ahmad et al. (eds.), 1991, *Social Security in Developing Countries*, Clarendon Press, Oxford.

Guan, Xinping, 2005, "China's Social Policy: Reform and Development in the Context of Marketization and Globalization", in *Transforming the Development Welfare State in East Asia*, (ed.) by Huck – ju Kwon, Palgrave Macmillan, New York.

Pernia, M. Ernesto, 1994, *Urban Poverty in Asia: A Survey of Critical Issues*, Hong Kong; New York : Published for the Asian Development Bank by Oxford University Press.

Schansberg, D. Eric, 1996, *Poor Policy: How Government Harms the Poor*, Boulder, Colo. : Westview Press.

Townsend, Peter, 1993, *The International Analysis of Poverty*, Hertfordshire: Harvester Wheatsheaf.

**图书在版编目(CIP)数据**

中国社会 / 李培林主编. —北京：社会科学文献出版社，2011.7（2015.7 重印）
（现代社会学文库；第 2 辑）
ISBN 978 - 7 - 5097 - 2083 - 7

Ⅰ.①中…　Ⅱ.①李…　Ⅲ.①社会发展 - 研究 - 中国　Ⅳ.①D668

中国版本图书馆 CIP 数据核字（2011）第 004076 号

**现代社会学文库·第二辑**
**中国社会**

主　　编 / 李培林

出 版 人 / 谢寿光
出 版 者 / 社会科学文献出版社
地　　址 / 北京市西城区北三环中路甲 29 号院 3 号楼华龙大厦
邮政编码 / 100029

责任部门 / 社会政法分社（010）59367156　　责任编辑 / 郑　嬿
电子信箱 / shekebu@ ssap. cn　　责任校对 / 郭红生
项目统筹 / 童根兴　　责任印制 / 岳　阳
经　　销 / 社会科学文献出版社市场营销中心（010）59367081　59367090
读者服务 / 读者服务中心（010）59367028

印　　装 / 北京京华虎彩印刷有限公司
开　　本 / 787mm × 1092mm　1/16　　印　张 / 18
版　　次 / 2011 年 7 月第 1 版　　字　数 / 302 千字
印　　次 / 2015 年 7 月第 2 次印刷
书　　号 / ISBN 978 - 7 - 5097 - 2083 - 7
定　　价 / 39.00 元